周易美学四十讲

李 墨 ◎ 著

图书在版编目（CIP）数据

周易美学四十讲 / 李墨著. -- 北京：九州出版社，
2024.9. -- ISBN 978-7-5225-3400-8
Ⅰ. B221.5
中国国家版本馆 CIP 数据核字第 2024B43S51 号

周易美学四十讲

作　　者	李　墨　著
责任编辑	沧　桑
出版发行	九州出版社
地　　址	北京市西城区阜外大街甲 35 号（100037）
发行电话	（010）68992190/3/5/6
网　　址	www.jiuzhoupress.com
印　　刷	唐山才智印刷有限公司
开　　本	710 毫米×1000 毫米　16 开
印　　张	20
字　　数	359 千字
版　　次	2025 年 1 月第 1 版
印　　次	2025 年 1 月第 1 次印刷
书　　号	ISBN 978-7-5225-3400-8
定　　价	89.00 元

★版权所有　侵权必究★

目 录
CONTENTS

上 编

第一讲　《周易》"经""传"概述 …………………………………… 3
第二讲　卦爻之象：生命理念与美感的摹仿体验 ………………… 14
第三讲　圣人之学：辩证美学观与儒道学说概览 ………………… 24
第四讲　"元亨利贞"与美的理念 …………………………………… 38
第五讲　三才和谐与崇高之美 ……………………………………… 44
第六讲　阴阳刚柔与文质之美 ……………………………………… 47
第七讲　书画器物与意象之美 ……………………………………… 54

中 编

第八讲　乾卦与坤卦 ………………………………………………… 63
第九讲　屯卦与蒙卦 ………………………………………………… 72
第十讲　需卦与讼卦 ………………………………………………… 79
第十一讲　师卦与比卦 ……………………………………………… 87
第十二讲　小畜卦与履卦 …………………………………………… 94
第十三讲　泰卦与否卦 ……………………………………………… 101
第十四讲　同人卦与大有卦 ………………………………………… 109
第十五讲　谦卦与豫卦 ……………………………………………… 116
第十六讲　随卦与蛊卦 ……………………………………………… 123

1

第十七讲	临卦与观卦	130
第十八讲	噬嗑卦与贲卦	137
第十九讲	剥卦与复卦	143
第二十讲	无妄卦与大畜卦	149
第二十一讲	颐卦与大过卦	156
第二十二讲	坎卦与离卦	162

下 编

第二十三讲	咸卦与恒卦	171
第二十四讲	遁卦与大壮卦	178
第二十五讲	晋卦与明夷卦	185
第二十六讲	家人卦与睽卦	192
第二十七讲	蹇卦与解卦	199
第二十八讲	损卦与益卦	205
第二十九讲	夬卦与姤卦	211
第三十讲	萃卦与升卦	218
第三十一讲	困卦与井卦	224
第三十二讲	革卦与鼎卦	231
第三十三讲	震卦与艮卦	238
第三十四讲	渐卦与归妹卦	244
第三十五讲	丰卦与旅卦	251
第三十六讲	巽卦与兑卦	258
第三十七讲	涣卦与节卦	265
第三十八章	中孚卦与小过卦	271
第三十九讲	既济卦与未济卦	277
第四十讲	系辞传与说卦传	283

上 编

第一讲

《周易》"经""传"概述

【体例介绍】

◎《周易》简称《易》，亦称《易经》。《周易》由《易经》即经文部分和《易传》即传文部分组成。儒家尊为五经之首。玄学、道家奉为"三玄"之一。《周易》既是一部卜筮之书、哲学之书，也是一部历史之书，被称为"群经之首"。其内容涉及历史、社会、制度，范围极广，蕴涵着丰富的思辨哲理，传文部分主要是哲学内容。

《周易》具有卜筮、哲学、历史、科学等多种属性，是一部以占筮为形式的古老的哲学著作。对《周易》的"周"字有多种解释。一指"周全、周普、周遍"之意。二指地名之意。三指周朝，为朝代名。

《周易正义》："文王作《易》之时，正在羑里，周德未兴，犹是殷世也，故题周别于殷。以此文王所演故谓《周易》。其《周书》《周礼》，题周以别余代。"又为"周旋、周环、周期"之意。以上诸说中，一般以《周易》之"周"为朝代名为宜。"易"字的解释很多。一为蜥蜴，易为蜴本字，引申为变易。二为"生生之谓易"，意为宇宙万物生生不息，变动不居，如日月之象。三为简易、变易、不易。象征宇宙之本，即"神之用"。一般认为，"易"以"变易"之意为主。其他说法则为一己之见。

◎《易经》指《周易》中相对于《易传》而言的经文部分，传说为文王所作。由卦画、卦名、卦辞、爻题、爻辞构成，其六十四卦，三百八十四爻，加上乾、坤两卦的"用九"爻、"用六"爻，共计三百八十六爻，即有六十四卦卦辞，三百八十六爻爻辞。合计450条，4900多字，一般认为是古代卜筮记录。其内容十分广泛，有自然现象、历史人物事件、人事行为得失、吉凶断语。

《易经》分上下两经，上经从乾卦开始到离卦共计三十卦。下经从咸卦开始到未济共计三十四卦。上经多讲自然现象，下经多讲人事社会。五四运动以后，学术界有些人认为《周易》非文王、周公所作，成书年代也有争议。《易经》

原本末附《易传》。自西汉始，才以《彖》《象》《系辞》等传解经。以后郑玄和王弼都以传附经，所以现存版本基本上是经传合刊。

◎在中国传统文化的观念里，《周易》古经的八卦符号据说是在黄帝之前的伏羲时代（约公元前四千七百年）创立的，八卦的演绎开启了中国最早的符号哲学。到了公元前十二世纪的周文王时期，八卦符号逐渐演化为六十四卦，同时每一卦和每一爻所代表符号的象征意义被赋以卦辞和爻辞，君主将这种综合了文字和符号的占筮之法定名为"易"，演"易"以"神道设教"，阐释万事万物发展演进之规律。而后，孔子及其门生宣扬人道，在演"易"的基础上进一步对《易经》作出补充和发展，形成以附录形式写于《易经》后的《易传》（也称为"十翼"），其中的思想观点从形而上的宇宙观到社会伦理教化等领域均有所覆及，以此将占断吉凶的占筮之术发展为表达儒家思想的哲学理论，建立了人文易哲学的思想体系。

【易传体例】

◎《易传》亦称《易大传》《十翼》。《十翼》共分七部分、十篇：《彖传》上下、《象传》上下、《系辞》上下及《文言》《说卦》《序卦》《杂卦》。这些都是对《易经》（即经文部分）的注释和引申。所谓"翼"，有附翼、辅佐之义。据说是孔子所作，司马迁在《史记·孔子世家》说："孔子晚而喜《易》，序《彖》《系》《象》《说卦》《文言》。读《易》，韦编三绝。曰：假我数年，若是，我于易则彬彬矣。"也有人认为"十翼"非孔子所做。

《易传》流传下来最早的文本是魏晋时期王弼注本，唐代孔颖达《周易正义》作疏。宋代朱熹《周易本义》对《系辞》中个别章节做了调整，并又把经与传两部分分开。《易传》是我国古代最重要的哲学著作，它提出"一阴一阳之谓道"，认为宇宙自然存在着阴阳辩证对立，这种对立是事物发展的规律。六十四卦即反映了这种规律，《易传》完成了《周易》从占筮之书到哲学书的过渡。

◎《彖传》亦称《彖》，分上下两部分。说明《易经》各卦之义，专门解释卦名、卦象、卦辞，而不涉及爻辞。主要从三个方面解释卦义：或以卦象象征万物释卦义，或以义理、德才释卦义，或以爻象在卦中的地位释卦义。

例如：

1. 认为"天地盈虚，与时消息"是自然界和人类生活的普遍法则。天地万物存在着对立统一、内在感应相通的关系。

2. "天地感而万物化生"，言对立之物的转化、变化、发展与统一，蕴含着生命演化演进的内在逻辑。

3."水火相息，二女同居，其志不相得。万物睽而其事类。"言矛盾体之间的对立与排斥以及统一性。另外还提出当位、中位、应位、趋时、承乘、时中、往来、刚柔消长等逻辑关系学说，以及顺天应人、尚贤养贤、修德进业等人文道德学说，对后世影响深远。

《象传》节选：

乾《象》曰：大哉乾元！万物资始，乃统天。云行雨施，品物流形。大明终始，六位时成，时乘六龙以御天。乾道变化，各正性命，保合大和，乃利贞。首出庶物，万国咸宁。坤《象》曰：至哉坤元，万物资生，乃顺承天。坤厚载物，德合无疆。含弘光大，品物咸亨。牝马地类，行地无疆，柔顺利贞。君子攸行，先迷失道，后顺得常。西南得朋，乃与类行；东北丧朋，乃终有庆。安贞之吉，应地无疆。

◎《象传》亦称《象》，分为《大象》和《小象》两部分。

用以说明《易经》各卦的卦象、爻象。说明卦象的称为"大象"，说明爻象的称为"小象"。认为《易经》卦、爻都是一种"象"。多举天地万物之象，以比喻人事。比如用天、地、风、雷、水、火、山、泽等现象来解释乾、坤、巽、震、坎、离、艮、兑八卦。认为天地万物的具体物象与乾坤等抽象物象之间存在一种"模糊对应"关系，如乾可对应天、马、父、君王、头首等等。

《象传》节选：

乾《大象传》曰：天行健；君子以自强不息。潜龙勿用，阳在下也。见龙在田，德施普也。终日乾乾，反复道也。或跃在渊，进无咎也。飞龙在天，大人造也。亢龙有悔，盈不可久也。用九，天德不可为首也。

坤《大象传》曰：地势坤；君子以厚德载物。履霜坚冰，阴始凝也。驯致其道，至坚冰也。六二之动，直以方也。不习无不利，地道光也。含章可贞，以时发也。或从王事，知光大也。括囊无咎，慎不害也。黄裳元吉，文在中也。龙战于野，其道穷也。用六永贞，以大终也。

◎八卦具体对应关系如下表：
乾卦，为天，五行属金，位列西北
兑卦，为泽，五行属金，位列正西
离卦，为火，五行属火，位列正南

5

震卦，为雷，五行属木，位列正东
巽卦，为风，五行属木，位列东南
坎卦，为水，五行属水，位列正北
艮卦，为山，五行属土，位列东北
坤卦，为地，五行属土，位列西南

八卦依次顺序以及所表示数字：乾一，兑二，离三，震四，巽五，坎六，艮七，坤八。

◎《周易》八卦同中医五行存在密切关联，古有"医巫同源"之说，即现代语境下的"医易同源"。

中医五行对应表

五行——木　火　土　金　水
天干——甲乙　丙丁　戊己　庚辛　壬癸
五图：长方　三角　正方　圆　水波形
五脏——肝　心　脾　肺　肾
六腑——胆　小肠　胃　大肠　膀胱
四时——春　夏　长夏　秋　冬
时令——生　搚长　化　收　藏
五方——东　南　中　西　北
生——风　火　湿　燥　寒
五色——青　赤　黄　白　黑
五声——呼　笑　歌　哭　吟
五畜——鸡　羊　牛　马　猪
五谷——麦　黍　稷　稻　豆
五味——酸　苦　甘　辛　咸
五嗅——臊　焦　香　腥　腐
五华——爪　面　唇　皮毛　发
五星——岁星　木星　荧惑　火星　镇星　土星　太白星　金星　辰星　水星
五志——怒　喜　思　忧　恐
主——筋　五脏　肌肉　皮毛　骨

◎《系辞》亦称《系辞传》，分上下两篇，是《周易》经文之外全书原理的通论，是对《易经》的结构章法的具体说明。认为任何事物都具有阴阳两重性，阴阳对立和相互作用是事物变化的普遍规律，提出了"形而上者谓之道，形而下者谓之器""刚柔相推而生变化""生生之谓易"的观点和"太极生两仪，两仪生四象，四象生八卦，八卦定吉凶，吉凶生大业"的生命宇宙观。阐释八卦来源、占筮方法等。它对中国古代哲学产生了巨大影响。"系"为系属之义，即系在卦、爻后面的卦辞和爻辞，这里是系在整部《周易》后面的解说。

《系辞传》节选：

  天尊地卑，乾坤定矣。卑高以陈，贵贱位矣。动静有常，刚柔断矣。方以类聚，物以群分，吉凶生矣。在天成象，在地成形，变化见矣。是故刚柔相摩，八卦相荡。鼓之以雷霆，润之以风雨，日月运行，一寒一暑，乾道成男，坤道成女。乾知大始，坤作成物。乾以易知，坤以简能。易则易知，简则易从；易知则有亲，易从则有功；有亲则可久，有功则可大；可久则贤人之德，可大则贤人之业。易简，而天下之理得矣；天下之理得，而成位乎其中矣。

◎《文言》亦称《文言传》，专门对乾、坤两卦所做的解释。以孔子答问形式，借阐发天地之德，说明君臣上下，进退存亡之道，修身、齐家、治国之理。即在阐释乾坤二卦内在哲学思想基础上，对"卦德"进行详细阐释。《乾·文言》颂扬"元、亨、利、贞"四德，说明居高位而危，应不失其正，倡导践行居安思危理念；《坤·文言》颂扬坤道的至柔、至静，主张承天而时行，顺应自然法则，并要防微杜渐，宽厚包容、谨慎处事。"文"是修饰，"文言"是指颂扬乾、坤两卦所蕴含人文精神的崇高与伟大。

《文言传》节选：

  "元"者，善之长也；"亨"者，嘉之会也；"利"者，义之和也；"贞"者，事之干也。君子体仁足以长人，嘉会足以合礼，利物足以和义，贞固足以干事。君子行此四德者，故曰："乾，元亨利贞。"

  坤至柔而动也刚，至静而德方，后得主而有常，含万物而化光。坤道其顺乎，承天而时行……阴虽有美，"含"之以从王事，弗敢成也。地道也，妻道也，臣道也。地道"无成"而代"有终"也。天地变化，草木蕃，天地闭，贤人隐。《易》曰："括囊，无咎无誉。"盖言谨也。君子"黄"中通理，正位居体，美在其中，而畅于四支，发于事业，美之至也！阴疑于阳必战，为其嫌于无阳也。故称"龙"焉犹未离其类也，故称"血"焉。夫"玄黄"者，天地之杂也，天玄而地黄。

◎《说卦》亦称《说卦传》，分前后两部分。前半部分是对《易》的整体概论；后半部分解释八卦的性质、方位、象征意义以及重卦的由来。《说卦》提出"立天之道曰阴与阳，立地之道曰柔与刚，立人之道曰仁与义"的命题，将世界万物分成阴、阳两类，其运动、变化、刚健者为阳性事物，如乾、天、君、父、夫等；其静止、安全、柔顺者为阴性事物，如坤、地、臣、母、妇等。以八卦象征的八种自然现象的不同组合关系，说明重卦的由来。提出八卦方位，即震东、巽东南、离南、坤西南、兑西、乾西北、坎北、艮东北，成为宋代后天方位说的渊源。《说卦》以乾坤为父母，其他六卦为六子，被宋人视为后天次序。《说卦》提出的"穷理尽性以至于命"，成为后世理学道德性命理论的基础。

《说卦传》节选：

（第七章）乾，健也；坤，顺也；震，动也；巽，入也；坎，陷也；离，丽也；艮，止也；兑，说也。

（第八章）乾为马，坤为牛，震为龙，巽为鸡，坎为豕，离为雉，艮为狗，兑为羊。

（第九章）乾为首，坤为腹，震为足，巽为股，坎为耳，离为目，艮为手，兑为口。

（第十章）乾天也，故称父，坤地也，故称母；震一索而得男，故谓之长男；巽一索而得女，故谓之长女；坎再索而男，故谓之中男；离再索而得女，故谓之中女；艮三索而得男，故谓之少男；兑三索而得女，故谓之少女。

（第十一章）乾为天、为圜、为君、为父、为玉、为金、为寒、为冰、为大赤、为良马、为瘠马、为驳马、为木果。

坤为地、为母、为布、为釜、为吝啬、为均、为子母牛、为大舆、为文、为众、为柄，其于地也为黑。

震为雷、为龙、为玄黄、为大涂、为长子、为决躁。其于马也，为善鸣。其于稼也，为反生。

巽为木、为风、为长女、为绳直、为工、为白、为长、为高、为进退、为不果、为臭。其于人也，为寡发、为多白眼、为近利市三倍。

坎为水、为沟、为隐伏、为弓轮。其于人也，为加忧、为心病、为耳痛、为血卦、为赤。其于马也，为美脊、为下首、为薄蹄、为曳。为通、为月、为盗。其于木也，为坚多心。

离为火、为日、为电、为中女、为甲胄、为戈兵。其于人也，为大腹，为乾卦。为鳖、为蟹、为蠃、为蚌、为龟。其于木也，为科上槁。

艮为山、为径路、为小石、为门阙、为果、为苽、为指、为狗、为鼠、为黔喙之属。其于木也，为坚多节。

兑为泽、为少女、为巫、为口舌、为毁折、为附决。其于地也，刚卤。为妾、为羊。

◎《序卦》亦称《序卦传》，说明《易经》六十四卦排列的顺序与道理。从天地万物说起，以"有天地，然后万物生焉"来说明乾坤两卦居于首位。又以万物生长的过程、事物变化的因果关系及物极必反、相反相生的运动规律等解释其他各卦的相互关系，说明六十四卦排列的次序。以两卦为一组，用对立统一思想，试图将六十四卦建立起因果关系链。孔颖达《周易正义》云："序卦者，文王既繇六十四卦分为上下两篇，其先后之次，其理不见，故孔子就上下二经，各序其相次之义，故谓之序卦焉。"文王初做卦序排列只作占断之用，而未曾就其排序缘由说明，孔子及其门下从六十四卦整体性和关联性出发，将儒家辩证哲学思想借对卦序的阐释予以生发，大致可归纳为几点：一是喻示生命成长的"生生"理念。卦序自资生万物的乾坤二卦为肇始，以屯蒙喻义初生，"物生必蒙，故受之以蒙；蒙者，物之稚也"（《序卦传》）。此后两卦为一组，以时空、因果为联系排列顺序，指示六十四卦作为一个完整逻辑体的连环相生。二是以卦序特征喻人事。"有天地，然后有万物；有万物，然后有男女……有上下，然后礼义有所错。"（《序卦传》）

"凡易道之在自然界事物者，如屯、蒙之生养，泰、否之反类，剥、复之往返，均在上经；而男女、家庭、国家、事业等人事，均在下经。将天地之道，一路引到儒家思想的伦常上，言浅而义明，道出了'人法天'之义。"三是以波浪式发展喻示事物发展的历史规律。《序卦传》内容涵盖国家兴衰、人生轨迹、社会发展等多个范畴，均以事物"盈虚反复"、波浪式前进为主线，最后一卦以未济卦作为结束，又象征着事物发展变化的永不停止。

《序卦传》节选：

有天地，然后万物生焉。盈天地之间者唯万物，故受之以《屯》。《屯》者，盈也；物之始生也。物生必蒙，故受之以《蒙》。《蒙》者，蒙也；物之稚也。物稚不可不养也，故受之以《需》。《需》者，饮食之道也。饮食必有讼，故受之以《讼》。讼必有众起，故受之以《师》。《师》者，众也。众必有所比，故受之以《比》。《比》者，比也。比必有所畜，故受之以《小畜》。物畜然后有礼，故受之以《履》。履而泰然后安，故受之以《泰》。《泰》者，通也。物不可以终通，故受之以《否》。物不可以终否，故受之以《同人》。与人同者物必归焉，故受之以《大有》。有大者不可以盈，故受之以《谦》。

◎《杂卦》亦称《杂卦传》，用以说明六十四卦之间的错综关系。晋韩康伯说："杂卦者杂糅众卦，错综其义，或以同相类，或以异相明也。"以相反相成的观点把六十四卦分为三十二对，两两一组，一正一反，简明扼要地解释其卦义和相互关系，与《序卦》相互补充印证。

《杂卦传》节选：

《乾》刚《坤》柔，《比》乐《师》忧。《临》《观》之义，或与或求。《屯》见而不失其居，《蒙》杂而著。《震》，起也。《艮》，止、也。《损》《益》盛衰之始也。《大畜》时也。《无妄》灾也。《萃》聚而《升》不来也。《谦》轻而《豫》怠也。《噬嗑》食也，《贲》无色也。《兑》见而《巽》伏也。《随》无故也，《蛊》则饬也。《剥》烂也，《复》反也。《晋》昼也。《明夷》诛也。《井》通而《困》相遇也。《咸》速也。《恒》久也。《涣》离也。《节》止也。《解》缓也。《蹇》难也。《睽》外也。《家人》内也。《否》《泰》反其类也。《大壮》则止，《遁》则退也。《大有》众也。《同人》亲也。《革》去故也。《鼎》取新也。《小过》过也。《中孚》信也。《丰》多故也。亲寡《旅》也。《离》上而《坎》下也。《小畜》寡也。《履》不处也。《需》不进也。《讼》不亲也。《大过》颠也。《姤》遇也，柔遇刚也，《渐》女归待男行也。《颐》养正也。《既济》定也。《归妹》女之终也。《未济》男之穷也。《夬》决也，刚决柔也，君子道长，小人道忧也。

【易传与儒家思想】

◎作为群经之首的《易经》自孔子阐释之后，成为拥有一个完整思想体系的哲学著作。从文本上看，孔子及其门徒根据古经，分别从卦象、卦辞、爻辞、卦序等方面作出论释，形成也被统称为"十翼"的《易传》，而后以附录的形式与古经作为一个整体使用、不做区分，即《周易》的完整文本。

儒家学说之所以能够完成对《易经》文本的渗入与对接，使其以哲学文本形式流传出现，一方面离不开社会生产力发展推动的历史潮流运动，自周朝建立以来，以崇尚神灵为时代特征的社会风气逐渐被"神道设教"式的人道思想所取代，人们完全依赖天地鬼神的神秘主义集体意识向认识自我、信赖人智进行转向，"周人尊礼尚施，事鬼敬神而远之，近人而忠焉"（《礼记·表记篇》），在既能满足"事鬼敬神而远之"的现实状况，又通过"尊礼尚施"以达到"近人而忠焉"要求的基础上，孔子顺应时代要求，将其学说指向定位于对古经的重新阐释注解，"除舍弃命著行术一部分外，其他如卦象、卦爻辞、易名称等，均承袭筮术易之旧，故为易学之正统"。

◎孔子个人拥有丰富厚重的生活实践与人生经历，现实环境中磨砺的修为及其所展现超群的智慧才能与人格品质，也是推动儒学易形成的关键，作为历史上第一位教育家，对《易经》的研究投入巨大精力，孔子极其重视对"人"的教化和关怀，他由"礼"的约束和规范出发，主张通过"德"之教化引导人从内心树立"仁义"之品质，由"礼"推及至"仁"，推及至"天"，再于此过程中完成由"天"到"人"自身的精神归返，使天与人达到贯通合一。这一思想借助于《周易》"神道设教"的功能得以大众化传播，而其由内而外的推及过程，便是通过《大学》中"格致诚正、修齐治平"来具体体现。

同时，孔子强调人感性的生命体悟同宇宙自然、同人类社会之间的关联，他并未完全舍弃古经中关于占筮等神秘主义内容，而是将其哲理化并作出学术上的合理阐释，消弭"仁"之"人道"同自然万物的客观世界之间看似不可逾越的鸿沟，由此也为《周易》天人合一辩证思想的树立创造了思想条件。

【易传与乾坤二义】

◎明确乾坤之"元"意义。这部分主要见《象传》，乾卦有"大哉乾元，万物资始，乃统天"之意义，是万物生成运转的原初动力，在特定时空中"乾道变化，各正性命，保和太和，乃利贞"，象征着不断向上发展而又保持"中道"的自然观和伦理观，唯有此"乃利贞"，方能保证事物运行的持久亨通。坤卦"至哉坤元，万物资生，乃顺承天"，具有同乾卦一样的元属性，但表现形式相异，具有"坤厚载物，德合无疆，含弘光大，品物咸亨"之品质特性，与乾卦一同表征着阴阳刚柔的相摩相推，此对立统一又相辅相成的"互系"作用，构成万物生发生长的造化之始。

◎喻指人的主观能动意义。《象传》中大量类比引申均指向天人贯通之道，如"君子尚消息盈虚，天行也"（《象传·剥卦》）"观乎天文以察时变，观乎人文以化成天下"（《象传·贲卦》）等等，此目的指向，在于对作为实践主体的人的主观能动价值的挖掘与彰显，君子之行只有与天地运行之道相协调，按照自然规律处理解决问题方能有所成就。《象传》中言乾坤内容也极为丰富。我们看《大象传》中对各卦的体例结构，可知每一个卦分上中下三个层次，分别言及象、人、事，如"天行健，君子以自强不息"（《象传·乾卦》）"地势坤，君子以厚德载物"（《象传·坤卦》）等均是此例。"天行健"讲的是"天"，"天"是象，以"天行健"的物象变化喻指君子（人）应有的行动——"自强不息"（事）。坤卦如是。

◎阴阳物象及其象征。"一阴一阳之谓道，继之者善也，成之者性也。仁者见之谓之仁，知者见之谓之知。"《系辞传》中阴阳之道的哲学化内涵呈现出一定的伦理倾向，不同于西方概念性的思维，纯粹客观性表现的宇宙观在《系辞传》的视角下蕴含着深刻的社会属性。

从自然性上讲：坤、乾各自对应的阴、阳，既可以表示相互对立的事物，又可用来分析一个事物内部所存在着的相互对立的两个方面。一般来说，象征激烈运动着的、外向的、上升的、温热的、明亮的，都属于阳；相对静止着的、内守的、下降的、寒冷、晦暗的，都属于阴。以天地而言，天气轻清为阳，地气重浊为阴；以水火而言，水性寒而润下属阴，火性热而炎上属阳。

从社会性上讲：坤（阴）与乾（阳）之间的普遍联系、相互转化，是所谓易之"道"在宇宙自然与人类社会之间的象征体现，天、地、人因为这种内在"类"的同一性象征，而将范畴与范畴的边界打破，由阴阳之道所沟通的类比性构成了联系转化的方式和内容，而人本身作为一个实践的主体，既承担着对这一实践过程运行的把握，又需要对结果作出反应。故我们经常看到《易传》中总有"君子"应当如何如何，即是对人本身作为具有能动性的实践主体的一种德性要求。

◎百姓日用而不知。《周易·系辞》中说"百姓日用而不知"，而在我们生活中的很多角落，其实都有《周易》的影子。比如，处于逆境之中，会想到《否卦》之"否极泰来"；前无去路时，会想到《剥卦》之"剥极而复"；看到社会出现乱象时，则要求《革卦》之"革故鼎新"；遇到分配不均时，则知道《损卦》之"有损有益"。还有我们平时常说的"变卦""九重阳""正大光明""变通""谋事在人""阴阳""太极""八卦阵""先天""后天""反目成仇""立竿见影""易医同理"等词语，都是《周易》思想与日常生活密不可分的。

而我们说"百姓日用而不知"中的"不知"一词，并非指百姓对"一阴一阳之谓道"全然不知，而是"知其然而不知其所以然"。其表现为人们还不具备以阴阳学说为核心、天地人为一体的系统思维、辩证思维以及建立在这些思维之上的审美意识。"故君子之道鲜矣"，这里的君子之道，所指的是"仁义"之道。"一阴一阳之谓道"，作为应用之道，渗透在百姓生活与艺术活动的方方面面。

第二讲

卦爻之象：生命理念与美感的摹仿体验

【符号是对生命活动的摹仿】

◎生产实践是人类生命活动的基本形式

人类实践之所以与动物不同，之所以能反过来推动社会生产力的发展，就在于人是把自然界作为实践对象和劳动工具。生产劳动是人脱离动物界的标志，也是人类"通过实践创造对象世界，证明人是有意识的类存在物"的必然路径，符号的运用表征着人类在对自然界这种能动的、积极的改造中所创造出的"人化的自然界"，《周易》八卦符号的创制就是华夏民族在早期生产实践过程中凝成的智慧结晶，也是"符号易"形成的开始。

符号的创制是人在对自然改造的现实活动中，由人脑能动创造的客观化了的主观的东西，表达了人类对自然界、对人本身以及对人与自然界之间有意识的能动关系的总结。八卦符号的创制也是如此，它的形成当然也离不开一定的客观物质条件和时代背景，并因此而获得与人类社会其他符号文明所不同的一种哲学意蕴与民族特征。八卦符号的创制始于前农业社会的畜牧时代，在那个社会生产方式即将从原始生产方式开始进化的时期，人利用符号所完成的不仅仅限于对直观事物的分类和描述，更是一种关于模拟能力养成、逻辑意识养成、审美意识养成的重要方式。

◎摹仿能力养成

以《系辞传》一段对伏羲氏观象画卦为例，"古者包牺氏之王天下也，仰则观象于天，俯则观法于地，观鸟兽之文与地之宜，近取诸身，远取诸物，于是始作八卦，以通神明之德，以类万物之情"。可以看到，远古社会人类的"自然观既不是纯理论的，也不是纯实践的，而是交感的。如果我们没有抓住这一点，我们就不可能找到通往神话世界之路"。八卦的画成所基于的，可能就是这种意识与实践的"交感"，如果表达卦象的基本符号"—"和"--"只来源于诸如日月、男女等某一具体物象，而不是作为万物"共相"的抽象表达，就无法达到"通神明之德，类万物之情"的创制目的。

阴阳八卦之"象"是远古华夏民族独有摹仿能力的展现，具有重要的美学价值。公元前5世纪至公元前4世纪，古希腊爱利亚学派创始人克塞诺芬尼就以"模仿"说，表达过这样一个观点：人根据自己的样子来造神。之后的许多哲学家也相继提出过类似观点。苏格拉底对"模仿说"加以丰富，认为不仅要模仿人的外形，更要描绘出人的精神方面的特质。再后来，人们更主要地在人对事物形象的模拟上来立论，认为文艺源于人对"自然"（世界）的模仿，而作为"万物的尺度，"思维着的人具有自我决定的能力，这是人作为道德主体、审美主体的本质所在。自亚里士多德始，摹仿成为美学和文学理论的核心用语。亚里士多德关于"摹仿"的定义融合两重含义：

一是艺术是现存现实的呈现，二是艺术本身就是一实体，并非仅仅是对事物的反映。亚氏的观点可在艺术对象"摹仿论""情感论""生活论"等多个维度为卦象符号的审美价值提供解释依据。

亚里士多德指出了艺术模仿的审美心理效果，认为模仿是人产生快感的源泉，即八卦符号所产生的"交感"效应。远古时期，生产力水平的低下使人类尚不能对所处现实生活环境，特别是死亡、痛快、饥饿、灾异作出好的解释。这其中的茫然、担忧和恐惧会让人从内心感到困惑和不安，从而导致灵魂失去自然状态。而对自然事物的艺术化、抽象化的摹仿，则能缓解这种不安的心理，使人们在欣赏艺术品的过程中，从艺术品本身产生一种认知感，从而使灵魂恢复自然状态。此时人们对八卦符号的审美意识虽尚未达到艺术品式的认知，但符号的抽象摹仿已经可以被称为一种艺术创造了，如亚里士多德所认为的，艺术模仿不只是对实在世界进行复制和抄录，而是在自然事物基础上的自由创造，即把事物的存在从一种形式转换为另一种形式，例如诗人把事物的实体存在转换为语言符号的存在。因此我们可以说，八卦符号的创造本质上是一种高度抽象摹仿意义上的艺术创造。

◎逻辑意识养成

我们以太极到八卦的生成顺序为例，就基本符号的生成顺序而言，《系辞传》有云："易有太极，是生两仪，两仪生四象，四象生八卦。"能够呈现"太极"思想的"一"可以看作八卦成卦的最初形态以及后续演化的根本动力。在中国哲学思想中，太极之"太"意为"至大"，太极之"极"意为"穷尽"，在《周易》概念体系中，太极乃创生万物、统摄万物的根本和动力源泉。远古人们所直接观察和感悟到的就是大自然春去秋来、寒暑冷热等"循环式"的律动规律,而符号"—"所要表达的,就是能够反映主导大自然运动的那个背后永恒的力量。根据这种逻辑推演模式。从小到大,由简到繁,即是生命演化、成长、发展的一个普遍规律,人们透过八卦符号形成的关于这种规律的认识,促使人们以此完善自身对待分析客观事物的逻辑思维能力,也就是遵循生命发展规律的规律来安排处理周遭情势。

卦象以及解释卦象的卦爻辞的出现,标志着华夏民族系统逻辑思维能力的形成。与更古老时期人与自然合而为一的原始生命观不同,早期人类逻辑思维尚未出现分化的特征,人与自然是"一元"关系,神与人同形同性,神是人的肖像,是自然的一部分,人没有意识到自身与自然的主客体"二元"关系,一切迁移和流转只是对之前的僵硬重复,因而艺术无须进行解释性的创造,只需再现性的摹仿即可。而卦爻符号与辞的出现,使得人类具有了一种将自然界客体化、对象化的逻辑能力,创造性、艺术性的符号摹仿即是这种逻辑能力的真实体现。德国古典哲学代表黑格尔在其《美学》《精神现象学》中阐释的美学与艺术思想,正是思辨逻辑之于审美活动的体现。黑格尔认为,艺术对象并不是脱离人的现实,而是人所创造的现实,并且是对创造这现实的人自身的直观,人们在自己创造的对象中反观到并认识到自己,这同卦象符号的艺术认识作用实质上是一致的。

◎审美意识养成

首先是关于"象"的审美认识。"四象"是阴阳两仪("—""- -")平行交错组合为四个新符号所生成的"象",表示阴阳两仪同时作用于一个事物。《系辞传》云"象者,像也",从阴阳符号的新的组合来看,"四象"的创制确实能从较大范围上表示事物的形象,但它的范围仍较为有限。呈现出的四个"象",仍不能较为全面形象模拟更多的事物及其运动,如在对同种属性的强弱程度的表达方面,"四象"所解决的是简单形象上的"象",而对更加细微和更加全面的"像"的模拟仍存在差距,无法满足"以类万物之情"的符号目的,这样一来,便有了"八卦"的出现。在"四象"的基础上增加一画阴阳("—""- -")所形成的象,就构成了"卦",即八个画成三画的象,这八个象便是所谓的"八卦"符号,在后世这八种符号被命名为:乾☰、坤☷、震☳、巽☴、坎☵、离☲、艮☶、兑☱。

在八卦的内部结构中,由于每一卦由作为奇数的三个阴阳爻组成,表明所表征的事物永远无法处于等量的平衡状态,存在于事物内部阴阳力量的此消彼长永不停息,二者在符号意义上的互动和组合不仅丰富细微反映了对形象事物的"共相"描述,更加直观表达出远古人类以及被他们认为与他们同属同一生命类别的其他生命体,具有更高层次的逻辑思维和生命体验,而且隐喻了事物内部存在某种不安定、不平衡的动力因子,驱使着事物连续不断向着更高阶段运动变化。

对"象"的审美认识,如前所述,须首先承认卦爻象作为艺术创造物的审美对象地位。从黑格尔对于艺术的定义我们可知,艺术是一种关于"绝对理念"的感性直观,换句话讲,这个"绝对理念"与我们中国哲学美学中的"道"相近,也就是说是一个类似于"道"与"器"之间的关系。卦爻象是"器",对象解释的卦爻辞实际上是在阐释这个"器"背后的"道",如果按照黑格尔"感性直观"逻辑走下去,就必须将主观的审美活动,例如情感、思想、直觉、想象、人格、生活等等美学影响因素纳入进来,综合形成一个关于"感性"的直观,在不同的象的变化、运动中感受认识人类自己的现实生活和精神状态,从而完成审美活动。

《周易·系辞传下》中说:"古者包羲氏之王天下也,仰则观象于天,观鸟兽之文,俯则观法于地,与地之宜,远取诸物,近取诸身,于是始作八卦,以类万物之情,通神明之德。"又言:"上古结绳而治,后世圣人易之以书契。"这里的意思正是上古时期的周易创作者们通过对世界的观察与思考而创作出的周易的过程。体现了古人创造的过程和观物取象的思维方法。仰韶文化的陶器文字的最古老的渊源就是《周易》,在仰韶文化的陶器文字中,有很多也是和《周易》中的卦象一样,用一些简单的符号表示出复杂的意义。诸如Ⅱ、X、+、t等等,都是和易学思想中观天地万物。这些卦象"类万物之情,通神明之德"是与结绳而治的"书契"离不开的。

其次是基于"象"的模拟而产生的"交感"。如现代人惊叹于石器时代远古人类绘画中所展现的惊人辨察力一样,远古人类所相信和崇拜的,是作为永恒的类的生命形式,即某种具有神秘色彩的图腾,以及他们自己作为个别的生命形式同其他生命体产生的"交感"。由此,能够代表和表达这种"交感"的符号形式也相应被模拟出来,这种形式上更为复杂的模拟,在《周易》符号体系中是通过"—"和"- -"(阳与阴的符号模拟)的多种组合而建立的,它们被称为"四象"和"八卦"。

一般说来,艺术美是通过眼睛、心灵等外在方式传达到欣赏者内心的一种情感信息传导,当这些与人的内心所渴望的某种感情产生共鸣时,艺术美的情感价值随即展现。卦象符号是一种带有感情融入的艺术表现和信息传递,是远古华夏民族普遍的集体情感的自然流露，通过与周遭客观现实产生的"交感"，远古人类将其所要表现和追求领域，定位为超越现实的一种无限的根源性的世界，定位为有着崇高意义的精神领域。

除了关于艺术美的情感共鸣渠道，"交感"的另一种获得方式在远古人那里，还与所谓的神秘主义以及原始图腾崇拜有关。西方神学信仰的人文艺术环境可以溯源到原始神秘主义的文化基因，其中，图腾崇拜说是西方关于艺术起源的理论中较有影响的一种观点。这种理论是在直接研究原始艺术作品与原始神秘主义活动之间的关系的基础上提出来的，最早由英国著名人类学家泰勒在他的《原始文化》一书中涉及。这种观点的实质，其实还是马克思主义唯物史观所指向的生活说，即从原始人类的现实生活需要出发，用实用性来解释艺术的起源，因为在远古人类的初级需要中，最初的艺术服务生活需求的现实性必然要求其内在的实用价值与功能价值。例如，远古人类所描绘的史前洞穴壁画，多是关于动物形象的直接模拟，虽然有许多在我们今天看来带有一定的具象之美，但这种摹写却不是出于一种与审美有关的欣赏动机，而是关于服务狩猎活动的现实需求动机。物我相融的"交感说"对于我们理解原始艺术，特别是原始艺术发生的动机，以及这些艺术形式在当时条件下所具有的审美意义都具有重要价值。

最后，审美使得符号所表现的这种"交感"或体验具有了一种文化价值与哲学意义。远古人类"自觉"地将自身同一于自然界，符号是远古人类将其自身带入自然界、混同于自然界，同时又认识和改造自然界一种表达方式。在古代中国，这一时期主要以商周时期为划分。殷商时期作为早期华夏民族由游牧生产方式过渡到农耕方式的特殊时期，很大程度承袭着远古人类对原始神秘力量和符号的信仰依赖，八卦符号因"神道"所产生的"宗教审美观"，只不过是这一时期人们尚未脱离远古状态万物"同一"原始生命观的表现。

例如，需要通过对作为客体的"天地""鬼神"崇拜信仰，来找到主体自我的生命存在感。这种精神上的信仰和依赖既是社会生产力仍然落后的客观反映，也因新的生产方式出现而呈现出新的符号特征：八卦符号神话色彩的逐步减弱，以及世俗色彩的逐步增强，即由"神道"到"设教"的价值内涵的过渡。这一时期演变的时间节点主要集中在西周时期，在符号形式上表现为周文王对八卦到六十四卦的新的演绎，以及卦爻辞的增加。

周文王对八卦的重新演绎，既包含对其所处时代思想观念的哲学化总结，也有基于现实政治需要和社会生产条件的实用性考量。一方面，殷商时期占卜活动的规模之大和频率之高达到顶峰，人们对鬼神的信仰敬畏程度在《礼记·

表记篇》中可见一斑,"殷人尊神,率民以事神,先鬼而后礼",不仅全民尊神,君王也必须率民以事神。为了推翻殷纣王的残暴统治,周文王必须借助某种"神道"方式领导人心思想,以至改造社会整体思想风气,"是故圣人以通天下之志,以定天下之业,以断天下之疑"(《系辞传》)。

另一方面,这种改造的关键之举即对占卜之法的更新创制,其效果历经殷商覆灭,直至周朝得以体现,"周人尊礼尚施,事鬼敬神而远之,近人而忠焉"(《礼记·表记篇》),文王对八卦符号的重新演绎使"神道"逐渐走下神坛,为孔子及其门徒赞"易"以扬"人道"创造了思想条件,也为更为形而上学的社会审美活动奠定了思想基础。

【卦象符号展现生命之美】

◎ 阴阳变化之美

周易之美并不同于西方美学关于美的概念界定、解读、演绎的那套逻辑系统,而是以其卦象符号所展现天地万物合规律生长的和谐之美、变化之美、生命之美,诠释华夏民族关于美的自我定义。周易将阴阳定位为蕴藏在自然规律背后的、推动自然规律发展变化的基础要素,是万物孕育、生长、发展、成熟、衰退直至消亡的原动力,构成了周易辩证逻辑思维的核心要素。

在出现时序上,符号阳"—"早于符号阴"--",一方面,这两种符号所象征的因子所构成的互动关系,永远驱动着宇宙中一切事物处于恒常的变化运动状态。与此同时,运动变化中所生成的新的动因"—",又包涵太极本身所固有的自我分类、推演之属性,连同与它成互动关系作用的"--"一起,同时在两种维度中不断运动,以此为基点勾勒出事物未来发展变化的轨迹,即现在发生的情形的走向依赖于过去曾发生的情形。这便是《易经》在认识上的途径,故"夫易,彰往而察来,而微显阐幽"(《系辞传》)。

在相互关系上,《易经》中存在的阴"--"、阳"—"符号的互动关系表明"事物之间既相互区别由互相依赖、互相渗透、相互转行的两体偶对性,致使任何事物内部或一切事物之间均呈现相反相成的关系"。阴阳符号及其互动关系的阐释,都是基于对阴阳事物"类"的判断和划分,并以此为根据推理出来,所谓"生生之谓易",包含着相反相成互动作用意义上的派生创新,即"阴—阳"作为对立面是紧密联系着的:

一方依赖另一方而成为自己,一方包含另一方的内在种因,同时也是基于人的思维判断所进行的推类推理活动,正因如此,阴阳符号作为对类的划分和对范畴的勾连，实则打破了语言、时空和物质界限之间的壁垒，通过对范畴的互系和沟通，以四种基本形式表达出二者之间的变化关系：阴阳互体（互为存在条件），阴阳化育（共同孕育生命），阴阳对立（对立统一为一体），阴阳同根（一致的本质规定性），从而完成了对"一阴一阳之谓道"辩证思想的理论抽象。以阴阳变化之美来诠释、辨析美术作品风格的特性与本质，在既对立又统一的包容性中，重新审视审美品格多样性与文化历史变迁，对于美术创作发展的存在价值与重要意义。

中国书法重"象"、重"意"、重"韵"、重"神"，而汉字的发展源起和过程，显然也是和易学思想的这个演化过程相类似的。从最简单的笔画开始，通过阴阳等不同笔画的变化、分解，从而产生出很多不同的多变而丰富的笔画。但是基本的笔画却又只有八画，分别为点、横、折、竖、钩、撇、挑、捺，仿佛易学中的八卦一样，由八卦的组成却可勾勒万物之形象，汉字即万物在抽象文字意义上的象形表达与信息载体。这种从极其简单的笔画逐渐发展成汉字，并最后成为一种高度复杂艺术的书法门类，在世界艺术史上也是极其罕见的。蔡邕是东汉著名的学者、文学家、书法家、音乐家，是被当时人视为"旷世逸才"的大儒。他的思想基本上属于以忠孝仁义为本、积极入世的儒家一派。又由于与生俱来的艺术天赋，他的性格保留了"闲居玩古，不交当世"的一面，具有道家逍遥出世，追求心灵自由解放的美学倾向。蔡邕认为，"为书之体，须入其形。若愁若喜，若飞若动，若坐若行，若卧若起，若往若来，若利剑长戈，若虫食木叶，若强弓硬矢，若云雾，若日月，若水火，纵横有可象者，方得谓之书矣"。这段话显示了蔡邕对书法之象的精湛理解。同时也指出了万物之象，万物之形对于书法创作的重要性。此种所谓的书法意象美，其源头就是《周易》卦象中所蕴含的思想。[1]

◎ 生生不息之美

"二气交感，化生万物"（宋代周敦颐《太极图说》），万物的化生源于阴阳之间的相互作用，这一哲学思想虽在先秦诸家被广泛提出，《荀子·礼记》说："天地和而万物生，阴阳接而变化起。"但其源头还要溯源到周易，周易之美认为由阴阳变化、感应、化育而形成的生生不息之美，是展现生命之美的必

---

[1] 徐海涛. 周易象数美学研究 [D]. 武汉：武汉大学，2016：34.

要条件。将阴阳交感视为万物化生的变化和根本条件，其中的"合""接""感应"等都具有相互作用，相互影响之意。

由此，在某种程度上我们可以说，周易阴阳变化提供的生命生发之原动力，所表达的是一种生生不息之美。《周易·系辞下》有云，"易，穷则变，变则通，通则久"。卦象符号的增减变化揭示的，就是由"变"到"通"，由"通"到"化"的"通变"思想，即以变化通达最终化育万物的生命演进过程。"通"是对旧的事物的改造，而"化"是生出新的事物，其中贯穿的是一个"变"字，整个过程是一个革故鼎新，消亡改造旧事物与催生新事物的诞生，故宇宙之大化曰生，说的就是由阴阳变化推动的生生不息。

中国书画艺术的美学根据源于《周易》阴阳之说，卦象符号的阴阳变化，所指向的正是笔法、构图、神韵等中国书画最为精要的部分，所表达的正是书画中涌动的那种生命感。我们讲书画同源，这个源就是自然，就是人们生活的现实世界，只是它不同于西方艺术那种关于客观事物的直接仿真摹写，而是一种意象化、符号化的质的摹写。以书法艺术为例，书法之所以也被看成为一种矛盾艺术，就在于其基本技法的形式始终离不开对阴阳变化关系的遵循。书法艺术还讲究刚柔相济，大小相间，动静结合，参差错落，行距照应，浓淡适度，在笔墨关系上，讲究提按、藏露、刚柔、义圆、浓淡等阴阳关系的对立统一，等等。只有将这各种阴阳关系的方方面面展巧出来，在神韵和形意上同时成功的作品才能成为好的作品，也就是后人所说的形神兼备的作品，即一件富有生命美的书法艺术作品。

> 张怀瑾在其《论用笔十法》中说："阴阳相应，阳为外，阴为内，展为阳，敛为阴。"这里的用笔原则其实就是《周易》中阴阳的思想的具体体现，即笔墨关系中刚柔、虚实、曲直、大小、浓淡、干湿、黑白等等对立而统一的关系。清代文学家刘熙载在《艺概》中指出："书要兼备阴阳二气。大凡豪达奇拔，阳也；阴郁沉着，阴也。在书法艺术的章法与结体上，也要讲究阴阳的顺逆、疏密、欹正、俯仰、向背、避让、疾徐、连断、开合等等。"

◎ 中正和谐之美

《周易》认为生命本身就是一种美，美的至高形式就是生命本身的生动、生机、和谐。在"和合为美"的价值视域中，乾坤之道变化指向万物"各正性命""各从其类"，各自依据符合自身特性的生存方式繁衍、生活，和而不同、和谐共处。由于影响事物发展变化的矛盾双方时刻处于一种互动变易状态,维系阴阳和谐、维持事物稳定发展就显得相对困难,这一点在卦爻象的不断变动之中体现明显,并由卦爻辞的所谓吉凶占断所反映,而《周易》所倡导的发展的理想状态,即是在不断变化转化过程中保持对中正和谐之道的追求与坚守。《象传》有云:"乾道变化,各正性命,保和太和,乃利贞。"

在卦爻辞以及《易传》中集中阐发的"保和太和"思想,深刻反映出中道中和观在宇宙自然与社会伦理方面的重要价值:作为对宇宙自然的反映,中道中和观作为表征宇宙万物或整体要素之间的"关系"或存在"样态"的范畴,同时涵盖了关于对象世界的一般理解与规定,形成了一种以中庸求和为主要内容的思维方法或思维模式。

如果将周易卦象符号置于与西方和谐之美的比较维度,那么古希腊毕达哥拉斯学派关于"数"的秩序之美可能是一个绕不开的话题。毕达哥拉斯出生于公元前580年,是古希腊著名的哲学家、数学家,毕达哥拉斯著作主要涉及数学和哲学两个方面。毕达哥拉斯学派将"数"视为宇宙本源与运动变化的象征,由此所衍生的毕达哥拉斯美学所指向的——万物的本原是"数"的延伸。因而,追求和谐成为毕达哥拉斯学派的最高美学思想即数的和谐,"数"的秩序之美暗含的即是宇宙运行流转的和谐之美,这种美学观点成为长期影响西方和谐之美思想的精神源泉。

具体来讲,毕达哥拉斯美学内在着一种理性"逻各斯"元素,它将世间万物用一种数学的方式来表达,用数学之间的数字关系、比例关系、数量关系等等规定描述出一种美的形态物态。从器物美学观点出发,在西方建筑学、天文学、园艺学等建造设计理念上,毕达哥拉斯的黄金比例分割理论、勾股定理等理论得到了广泛应用。由"数"规定的和谐推演至社会与自然,毕达哥拉斯学派美学主张人与自然、人与艺术的和谐,只有基于和谐关系的建设,人才会懂得欣赏、鉴别、感受自然之美与艺术之美,而后者也会一定程度上陶冶人,从而达成一种总体和谐。

《周易》和谐美不同于毕达哥拉斯学派将和谐之美定位为精确的"数"与比例秩序,意象及其符号图示并不排斥比例、架构,它所反映的是一种合规律的人对自然的感应,而并非规律本身的直接的精确的模拟。《周易》中也大量存在"数"的描述,在《周易》中的一、二、三、四、五被称为生数;天生五,故人有五指、五官、五脏;六、七、八、九、十被称为成数,生成之数莫大于十。一、三、五、七、九奇数相加为二十五,称天数,二、四、六、八、十偶数相加为二十,称地数。天数与地数相加为五十五,即"大衍之数"。又如对各爻一至六位置的数字顺序排列，以及由此产生的爻辞占断。

但并不像毕达哥拉斯所认为的"一切艺术都产生于数""宇宙规律的全部来自数的规定"等神秘主义观点，在对宇宙自然的符号模拟中，卦象对应表明不同生命属性及其各正性命之状态，卦爻辞中当位、比应、得中等爻位关系所对应的吉凶判断即是对"致中正"这一"太和"思想的体现，"中"即二爻、五爻所处之中位，象征所谓"中道"之观念，"正"乃阴阳爻是否当位或失位之喻，强调代表阴数的阴爻应处于二、四、六的阴位，代表阳数的阳爻应处于一、三、五的阳位，是各就其位不逾矩的象征，"二爻多誉""五爻多功"（《系辞传》）的规律总结明确了"中正和谐"的价值指向。

《周易》"中正和谐"的价值指向在书法艺术中得到广泛体现。"执中""用中"即此价值指向下的书法理念，其最显著的表现就是书写过程的中锋运笔。历代杰出书法家认为唯有中锋用笔方能执掌乾坤，把握笔法中的千变万化。同时，书法艺术所追求的乃是一种不偏不倚的中和之美，要求书写者从具体细节上通过书写创造字形并顾及整体，书写者须对各种笔法细节、运笔规则熟练驾驭，方能将各种细节融为一体，进而把握全局，达到中和的书法的最高的美的境界。在《周易》诠释的更高生命维度，一副表现中和美的书法作品，必然是既有融宇宙造化之变幻莫测而又符合规则的仪态万千，因为它不但是遵循大自然规律之作，也是遵循生命理念之作，是一个表达生命状态的象形结构和整体感受，在此结构系统中的各个细节，以与整体融为一体的方式表述着不同的生命体验与质感。

第三讲

圣人之学：辩证美学观与儒道学说概览

【辩证美学观的几个范畴】

◎黑格尔辩证美学观

黑格尔是西方辩证美学观的集大成者，也是德国古典哲学丰碑式的人物。马克思主义辩证法的核心观点都来源于黑格尔辩证法的合理内核。尽管黑格尔的哲学思想体系是客观唯心主义的，假设了超自然的宇宙理念的存在，并将其作为世界之源，颠倒了物质与精神的关系。但他的哲学包含着唯物辩证法的合理内容。

他将人类精神分为：主观精神、客观精神、绝对精神三个逐渐递进的层次。其中的主观精神指人的内在精神、个人意识。而客观精神是人的内在精神的外化，体现为各种制度、法律、道德、伦理等普遍力量。到了绝对精神阶段，主观精神与客观精神达成统一，经历了一个"正、反、合"的否定辩证过程，绝对精神宇宙精神的最高发展阶段，回复（黑格尔语境汇中的"反思"）到自身，从而成为自由的、独立自主的一种理念。绝对精神包括在黑格尔那里可以体现为艺术、宗教、哲学，其内涵大致与中华文化特别是《周易》中的"道"本质一致。在黑格尔辩证美学观众，艺术以直观的形式体现绝对精神，宗教则以想象象征的形式体现绝对精神，哲学总体上以思想的形式、自由思考的形式体现绝对精神。

美学是哲学的重要范畴。黑格尔认为，表达为艺术美的美学观是内在精神心灵的自由体现在外在事物中。艺术是主体心灵的外观体现，它主要把生气、精神灌注于生命形象，要对外在事物进行"清洗"，抛却偶然不符合心灵要求的东西，把本质特征显示出来。艺术家在"想象"中把意蕴与形式、情感熔于一炉。因此，艺术是对自然的征服，表现更高的理想、更严肃的目的，是有目的的精神劳动。黑格尔的辩证美学观强调实践，强调人的主观能动，强调人的主体地位，认为艺术美是人的实践与创造，人的本质力量的对象化。只有在人把他心灵的定性纳入自然事物里，把他的意志贯彻到外在世界里的时候，自然事物才达到了一种博大的完整性。因此人把他的环境人化了，使那环境可以使他得到满足。艺术正是按照人的心灵需要来人化自然，人化环境的实践活动。通过这种实践活动，在外在世界留下人心灵的烙印，复现人自身的人性化世界。美的创造是人类改造世界的一种独特的实践方式。同时，在自然美与艺术美的关系上，黑格尔强调艺术美高于自然美，即人的意志可以改造、支配自然。

◎马克思主义辩证美学观

马克思主义美学是人类美学思想史上一种先进的美学理论。具体来说，马克思主义美学主要包括以下几方面的内容：

一是美的本质和起源理论。马克思在《1844年经济学哲学手稿》等著作中明确提出"劳动创造了美"，并揭示了美与人的本质力量（劳动实践）具有深刻的辩证关系（主客体矛盾对立、作用与反作用、质量互变规律、自否定与本质回归等等）。

二是美的规律的理论。在审美创造基础上，马克思明确提出人类创造美的活动并不是任意的，而是有规律可循的，人类是按照美学的规律来创造美的事物。马克思主义美学关于美的规律的理论充分肯定了审美主体的主体性，又不忽视作为审美创造材料的客观事物的规律性，从而对于人类审美创造作出了深刻的理论概括。

三是异化劳动与审美活动相互关系的理论。马克思和恩格斯对资本主义社会中的异化劳动做过详细的研究，他们通过对异化劳动的分析，一方面尖锐批判了资本主义私有制的罪行，另一方面又具体分析了异化劳动对于审美活动的两重性在美学上所具有的两种意义：既制造丑，又创造美。

四是艺术本质理论。马克思主义美学在探讨艺术的本质问题时，首先强调艺术作为上层建筑对于经济基础的依赖关系：人们首先必须吃、住、喝、穿然后才能从事政治、科学、艺术、宗教等等。

马克思主义美学包含着大量辩证法因子，如资本主义条件下审美活动"既制造丑，又创造美"的两重性一样，马克思主义辩证美学观是一种唯物辩证法指引下的美学观。唯物辩证法特指马克思主义辩证法，它是关于事物矛盾的运动、发展、变化的一般规律的哲学学说。它是和形而上学相对立的世界观和方法论，认为事物处于不断运动、变化和发展之中，是由于事物内部的矛盾斗争所引起的。在历史上辩证法经历了自发、唯心、唯物三个阶段，辩证法只有到了马克思主义唯物辩证法才成为一门真正的科学。辩证法的科学形态是唯物辩证法。

随着中国革命的爆发和马克思主义的传入，旨在激发革命阶级斗争意识的马克思主义唯物辩证法被广泛传播应用，以毛泽东同志为代表的中国共有产党人第一次结合中国革命的实际，创造性地发展了马克思主义，毛泽东同志在《在延安文艺座谈会上的讲话》中强调，"作为观念形态的文艺作品，都是一定的社会生活在人类头脑中反映的产物"。其关于辩证法的运用上，更加强调发挥其对革命实践的现实支持作用，使产生于西方思维的马克思主义辩证法打上了中华文化的深刻烙印。辩证法的中国式发展无异于一次新的改造，在有的学者看来，西方传统哲学思维从根本上同中国传统哲学思维的不可化约性，使得辩证法在任何形式上或语词上的等同都显得不够严谨。马克思主义辩证法因在中国革命中的科学应用及其伟大实践，既表明中国哲学思维对其发展改造的成功，也反过来对中国式"通变哲学"产生了原理性的重大影响，而辩证唯物主义的思想源头则可以追溯至《易经》。

在马克思看来，新的社会形态中人民将更多的拥有自由选择自身劳动种类和性质的权利，进而获得创造美的能力与条件。这就将审美本身视为人的本质存在，将感知美、获得美纳入人生命过程的终极考量，也就是说，在马克思主义辩证美学观看来，人去获得一种美好的、符合自身需要的生活本身，就是美的。在《德意志意识形态》中马克思指出："在共产主义社会里，任何人都没有特定的活动范围。"人们因为具有了相应的劳动能力而可以随心选择做一个渔夫、猎人抑或批判者，"但并不因此就使我成为一个猎人、渔夫、牧人或批判者"。"完全由分工造成的艺术家屈从于地方局限性和民族局限性的现象无论如何会消失掉。"诸如雕塑、绘画等艺术活动将不再仅从属于某一类人而是整个民众，人们可根据自身兴趣参与到任何艺术领域的审美与创作之中。因此可以说，人民性是马克思主义美学的一个重要思想，而在当代，人民的文艺构成了社会主义文艺的本质内涵。习近平同志在2014年文艺工作座谈会、党的十九大报告等多个重要讲话中谈及文艺创作，多次强调要坚持以人民为中心的创作导向，这一原则继承并发展了马克思主义文艺观和美学思想，成为新时代社会主义文艺创作的基本理念。

当代马克思主义辩证美学观集中体现为习近平新时代文艺观，习近平同志将马克思主义文艺理论与中国传统文化的历史实践相结合，美学理念最重要的践行途径就是在艺术领域贴近现实、贴近生活、贴近人民，文艺工作者唯有更多地从人民群众生活实践的日常积累感悟中汲取艺术养分，方能不断收获得美的创造灵感。在2014年召开的文艺工作座谈会上，习近平同志更是以"脚踩坚实的大地""扎根人民、扎根生活""把生活咀嚼透了"这些平实表述深刻揭示出发现和创造美的科学方法，强调"真诚直面当下中国人的生存现实"，新时代中国文艺观与美学思想的发展构建才拥有肥沃的土壤，艺术生产实践的"中国制造"方能为世界贡献出特殊的色彩。

习近平总书记认为，中华文化和中华美学自始即内涵一种"和合共生"的美学价值理念，中华文化与中华美学的博大绚烂为向世界讲好中国故事提供了一条难得的传播路径。在国际交往中，文艺以其特有的人类艺术语言共同性成为最好的交流方式之一，散发着厚重文化和动人审美趣旨的书法、京剧、诗词、国画等艺术表现形式彰显着中国人勤劳智慧的光辉形象和对美好事物的追求向往，五千年中华优秀传统文化的历史就是中华美学的发展史和中华民族的审美史。文化自信的时代要求既然呼唤着新时代的中国文艺"走出去"，文艺工作者就应自觉肩负起"讲好中国故事、传播好中国声音、阐发中国精神、展现中国风貌"的时代担当，寓对中华优秀文化艺术的推广传播于新时代的艺术作品之中。

◎《周易》辩证美学观

《周易》辩证美学观的内涵广阔而庞杂，由于其建构于以符号为特征的易象观基础之上，且多以具体事物之类比形式出现，故不同于西方美学观抽象而确定的逻辑分析。古汉语语境下的"辩证"因作为主体的人对"情势变化"的理解不同而展现出更多的可能性和主观能动性。

在社会生活中，最能体现此种辩证观的具体的意象性表达莫过于中医学中的"辨证"医治概念，在中医的学科体系中，"辨证"原则的使用贯穿于所有门类与不同症候，其基于的是整体的、关联的方法论，同时又遵循发病时间、环境差异、个人体质等"情势变化"，整个原则是置于一定的时空观而应用的，它不是一种概念假设或孤立的先验性原则，而是通过（作为医生的）人的能动的望闻问切，根据具体情势的变化开展的现实行动。

在艺术领域，"辩证"原则的使用直接作用于艺术创作，表征出鲜明的中国辩证美学观。中国学者借助于阴阳、太极观完成的对辩证法的再次解读，让我们看到了辩证思想之于两种文化观之间获得兼容的可能。

《周易》辩证美学关于"有""无"的认识，实质就是中国文化关于宇宙观的概述。这构成了中西方宇宙观的显著差异，同样从这个差异我们也不难看出中西方在美学观上的差异。"有"换句话说就是存在，西方人把"存在"作为宇宙的本体，认识世界就是认识存在。以存在和"有"作为认识的世界对象，并且把稳定的、不变的、恒常的作为存在的根本，这就是"实体论"。古希腊时期亚里士多德的美学思想归纳起来就是"实体论"。他认为世界的本源即实体是由质料加形式所构成的，美在于事物体积的大小和秩序，"秩序和比例的明确"是美的形式特征。确定事物是否美，必须依据量（体积大小）的原则和秩序（把事物各个不同的因素、部分组成一个和谐统一的整体）的原则，自古希腊提出的这一艺术美判断原则延续至今。中国人的宇宙观与西方人可以说是截然不同的。在老子、庄子等脱胎于《周易》的玄学理论看来，"道生"思想即宇宙诞生、发展、运转的根本原则，"道"是宇宙万物存在的本源，万物均从"道"演化而来，"道生一，一生二，二生三，三生万物"。在西方文化中，用出"道"作为宇宙万物的本源，是令人捉摸不透更难以用言语表达。而中国人早已体会并自如运用"道"的"意会"功能，与西方人用一套精确概念系统表达出来的宇宙观形成了巨大反差。

体现在美学观上，《周易》辩证美学思维特征中的强调整体、强调感知、强调变化、强调结构的思想倾向，使得中国美学走上了一条和西方哲学截然不同的道路。周易卦象符号所代表的"意象"即是对"道"的符号化模拟与把握，"象"的寓意美包括《周易》卦象所带来的各种象征寓意美。例如坤卦，就可代表阴柔顺从，厚德载物的寓意。进而发展而成的"取象比类"的思维方法美，这种思维方法坚持从事物本身的形象性、直接性和生动性出发，故而天然的具有美学的特征，即通过取大自然中的象或者说八卦的卦象来展开艺术化的类比与想象，从而达到认识事物内在本性的审美目的。

【美学观之辩证的中西差异】

◎辞书解释

"美学"一词来源于希腊语 aesthesis。最初的意义是"对感观的感受"。由德国哲学家鲍姆加登首次使用的。他的《美学》一书的出版标志了美学作为一门独立学科的产生。直到19世纪，美学在传统古典艺术的概念中通常被定义为研究"美"的学说。现代哲学将美学定义为认识艺术，科学，设计和哲学中认知感觉的理论和哲学。一个客体的美学价值并不是简单地被定义为"美"或者"丑"，而是去认识客体的类型和本质。

"辩证"则在西方语境下一词极少作为概念单独使用，而是引入思维方法的理论场域形成了"辩证法"的概念和内容。辞书解释认为：与形而上学相对立的思维方法即辩证法的定义。在古希腊，辩证法一词最初来源于人们在辩论对话中试图克服语言中的矛盾并获得真理。辩证法在古希腊更多的是作为一种语言方法，被视为谈话和辩论的艺术。逻辑的词源也就是"逻格斯"，这一术语在希腊语里也指"言语""规律"和"含义"。

美学是从人对现实的审美关系出发,以艺术作为主要对象,研究美、丑、崇高等审美范畴和人的审美意识,美感经验,以及美的创造、发展及其规律的科学,因此,"美"不等于"美学"。美学是以对美的本质及其意义的研究为主题的学科。美学的基本问题有美的本质、审美意识同审美对象的关系等。美学研究的方法是多元的,其中辩证(思辨)的方法是从哲学逻辑层面研究和学习美学的一种重要方法。"dialectics"作为对辩证法一词的英文翻译,最早由日本使用并被纳入汉语体系,在对引入辩证法一词之后的概念的解读中,中国学者首先发现了中西语境下辩证法所要表达的不同内涵。蔡元培认为:"彼之辩证法,所以明吾人总念之变化者也。彼以为进化生于冲突,自无机界进化而为植物,为动物,以至为人,无一不然。摄力之与抵力也,静之与动也,有之与无也,盖触处无非矛盾者。"① 蔡式的阐述中,"矛盾"并非作为一组对立事物呈现,如学者田辰山所言,矛盾是另外两个汉字的配合,经常被认为是西语contradiction 的同义词,这是一个重大误解。矛盾是从通变角度、以意象簇和特定具体事物加以解释的概念,即它是像阴—阳那样的两个基本方面或偶对的概念。"动静""有无"同"矛盾"所要表达的内容一样,本质上都是对偶对事物之间相互转化、相辅相成的一种类比,不同于西方哲学(尤其是黑格尔思辨哲学之前的辩证法),这种所谓的偶对物之间的"冲突"不是对立状态下的冲突,而是在时空秩序中同一范畴内的相异元素走向融合、彼此互为对方存在条件的"冲突",即事物的进化。

并且,在同一个范畴中展开的"矛盾"也并未超越人脑的反映和把握,"明吾人总念之变化者"之中的矛盾,既不是先验的凌驾于客观世界之上,也没有仅仅作为主观判断任意设定,其表达的是人们对一个更高的一致性的逻辑的解读,这一逻辑设定和完成一种在生成的整体之中的对立统一、差异而和解的合成(无论它是审美的、能动的还是设想的)。

可见,中国语境下的辩证法思想尽管仍保留着对"进化""冲突"等本体论、认识论的范畴,但其整体思维确是以"明吾人总念之变化者"为表征的"通变"之道,这一思维并不建立在西方哲学的所谓先验以及二元论等形而上学的理论之上,相反,它根植的是现实的生活。由此,蔡式关于辩证法的认识解读,也可以看作是对一种美学观的再创,即辩证的美学观。而汉语中字词内涵

---

① [美]田辰山. 中国辩证法——从易经到马克思主义[M]. 萧延中,译. 北京:中国人民大学出版社,2016:75.

的多重性和模糊性也给予这种再创以更大的可能,区别于西方主流那种由严格秩序和先验力量支配之宇宙论世界观的中国"通变"风格思维方式,就经历了一个美学意义再生产的新过程。

◎思想演进

辩证唯物主义认为,美学的根源以及艺术的出发点是人类本性所赋予的一种合规律、合目的的思维能力,而这种能力是受着生产关系的规定的。同属于西方逻辑思维范畴的辩证思维,亦强调美学的辩证属性,这在辩证法大师黑格尔那里得到了充分体现。黑格尔美学的研究范围就是在思辨的理论场域中探讨美的艺术,他在《美学》中指出美学的正当名称是"艺术哲学",或确切说是"美的艺术的哲学"。《周易》是中国古代一部哲学著作,虽并不专门探讨美学,无法同黑格尔直接关于美学的逻辑化研究同日而语,但《周易》哲学中包含的大量艺术哲学即美学的辩证思想,却又有超越黑格尔辩证美学的东西,或者说,这也是中西方辩证美学观之间的差异所在。

历史地看,古希腊哲学家在直观的观察外界事物时开始有朴素的辩证思想,自发地进行辩证思维。古希腊哲学家芝诺已经接触到运动是矛盾及其如何通过概念来表达运动及其矛盾的问题。柏拉图最早提出了概念的辩证法问题,即辩证的考察概念、范畴之间的区别、联系和转化的问题。亚里士多德在创立形式逻辑的同时,还提出了一些辩证思维的范畴。十五世纪以后形而上学思维方式盛行,直到十八世纪末和十九世纪初,以康德、黑格尔为代表的德国古典哲学家对辩证思维进行系统探讨。其中,辩证逻辑集大成者黑格尔第一次在普遍联系和发展的视角下定义和使用辩证法概念,认为辩证是一种理念运动的历史的理性形式,从而结束了概念本身同现实世界之间的对立,将西方辩证法和辩证逻辑发展至最高境界。

具体到美学领域,西方在美学的发展史上经历了一个漫长而曲折的过程。若以文艺复兴为界则可分为两个部分。第一部分:从柏拉图(理式)到亚里士多德(形式),再到普罗提诺,最后到阿奎那(完整,形式,光辉),在这期间主要是初期的理论探讨。第二部分:从文艺复兴(形式)到英国经验主义(感官快适),到夏夫兹伯里(内在感官),休谟(心里构造)以及伯克(物的感性),到狄德罗(关系),再到康德(合目的之形式),最后发展到黑格尔(理念的感性显现)。

这两个部分当中,尤其以柏拉图、黑格尔的思辨美学理念最为突出,如果说以柏拉图为代表的古希腊辩证美学观,是单纯探讨包括"知、意、情、真、善、美的划分"等人性中的先天因素,那么到了以黑格尔为代表的后文艺复兴时期，辩证美学观的演绎则主要由逻辑学、伦理学和美学之间的互相渗透所代替。这一时期的辩证美学观不仅是人的感官、主观、终极生命目标的理论化表述，更融合了自然科学、社会科学发展的诸多新的知识体系，各门综合艺术（建筑、雕刻、绘画、音乐、舞蹈、戏剧、诗歌）受到来自心理科学、社会学、政治学等学科的深入影响，艺术的目的就是追求美。

◎差异所在

这一问题的解答既需要对西方辩证美学思想有一个深刻认识，又须回到《周易》辩证逻辑的思维范畴，在二者的比较中寻找答案。

一是辩证概念产生的思维基础方面。西方哲学从思维方式上看，注重运用一种固定的框架式的认知思维，认为对事物之间的差别化关系的把握比联系性、整体性关系的把握，更有利于准确认识事物的本质，因此，作出概念的抽象化解释并严格区别的二元化阐释，成为西方哲学思维中的惯常方式。诸如整体与全部、经济基础与上层建筑等绝对的划分，在以亚里士多德为代表的现代逻辑的因果论以相应限定中表现十分显著，这类本体论与认识论对立的二元主义假设所构建的，乃是一种单向度的拒斥紧密联系的因果关系，概念上如此，现实中表现为人同自然的对立关系以及相应对象化的改造也是如此。中国式辩证法的思维方式在关于辩证唯物论的转换和解读中得以表达，而它的思想源头则来自《周易》的阴阳太极观，在《周易》阴阳太极观的变化规律中。

"变"意味着事物或事件在时空中新的延续，是一种现实的、具体的、运动的联系，人是这一运动的核心环节和重要部分，而辩证思维的运行是通过示范性类比而不是概念的严格区别来体现的，它是现实的并需要借以人所特有的某种思维方式来把握的（比如联想、想象、感悟等方式），是故"见天下之动，而观其会通"。因此，中国式辩证的思维基础本质上在于对"变"之规律的把握，这种把握是联系而"互系"的，是现实的而非形而上的，是充满时空感而非预设或先验的，是延续而非终有一止的。

二是关于辩证法的理解和应用方面。西方辩证法思想的广泛传入是从马克思主义辩证法开始的，但在此之前，不管是基于物质本体论抑或神学本体论的西方主流辩证法都以形而上学的形式出现，以语言、概念、推理等形式发现和掌握"真理"，无法将现实的、具体的人及其生活纳入其中。这一结果的产生与其说是自古希腊朴素辩证法思想产生以来，西方辩证法主流观念所关注的方向性问题所致（如形式逻辑基础之上衍生的主观辩证法、客观辩证法等方向进路），不如说是缺少思辨理性的思维基础，虽然到了黑格尔那里辩证理性思维逐步形成，其试图在特殊事物的"自否定"中找到逻辑与历史一致发展轨迹，以一种历史视域中普遍存在的矛盾变化运动的规律作为认识世界的方法论，找到作为主体的人在把握规律、掌握真理过程中应有的位置，但他所仰仗的"绝对精神"则将辩证法的解释维度引向神秘主义，现实的、具体的人仍被"绝对精神"的代表者上帝所代表，其所指出的矛盾运动变化规律仍旧落入形而上学的窠臼，问题没有得到解决。

而反观马克思主义辩证法的传入则从根本上启动了以《周易》为思想源头的中国式辩证法的思想资源。一方面，二者的理论基础都根植于具体的人的现实生活，其目标指向都是作为主体的生命自由与发展；另一方面，二者的实现路径本质上一致，二者关于辩证法的把握都不仅仅从现成的概念论点或狭窄的语言修辞学出发，而是更多体现为在现实的实践中对概念的生成和建构，并将这种实践纳入具体的历史时空之中，成为足以解决具体的人的问题、引领人走向智慧之路的思维方式。

总体上，这一部分内容直接涉及美学与审美的文字不多，是因为辩证美学观的思想，本身就存在于辩证逻辑思维方式之中。在《周易》文本语境以及中国古代美学思想中，美学与哲学、逻辑学、伦理学甚至政治学并不存在类似于西方一样的严密的区分。《周易》思辨方式的高度意象性、抽象性须在对其与其他文化的逻辑分析对比之中得以反映，了解到思维方式的异同之后，我们再从儒道学说与历代易学家美学观的历史梳理中，更为确切的理解作为"圣人之学"的基本观点。

【儒道辩证美学观概览】

◎《周易》与儒家辩证美学观

辩证美学观的内涵反映着美的认识规律。先秦时期，以孔子为代表的儒家学者对《周易》古经作出的解读和阐释，使发端于占筮功用的《周易》文本被赋予新的哲学与美学内涵，形成了儒家思想为内核的儒学易体系，以此引领人智从崇拜神灵的神道思想发展至信仰理智的人道思想，开启了《周易》辩证美学观的时代先河。作为群经之首的《易经》自孔子阐释之后，成为拥有一个完整思想体系的哲学著作。

从文本上看，孔子及其门徒根据古经，分别从卦象、卦辞、爻辞、卦序等方面作出论释，形成也被统称为"十翼"的《易传》，而后以附录的形式与古经作为一个整体使用、不做区分，即《周易》的完整文本。儒家美学的创始者和重要代表是孔子，他的美学思想建立在他的"仁"学的基础上。以孔子为代表建立的儒家文化对美学的提升起了积极作用,他更加注重具有社会伦理意义的东西,将从精神、理性方面得到的满足感和充实感作为审美对象。孔子个人拥有丰富厚重的生活实践与人生经历,现实环境中磨砺的修为及其所展现超群的智慧才能与人格品质,也是推动儒学易与儒家辩证美学观形成的关键。

作为中国历史上第一位教育家,孔子对《易经》的研究投入巨大精力,极其重视对"人"的教化和关怀,他由"礼"的约束和规范出发,主张通过"德"之教化引导人从内心树立"仁义"之品质,由"礼"推及至"仁",推及至"天",再于此过程中完成由"天"到"人"自身的精神归返,使天与人达到贯通合一。孔子从他的"仁"学出发,总结、概括和发展了前人片断的言论,第一次深刻地解释了美与善的关系、审美与艺术的社会作用等问题。如李泽厚先生在《美的历程》中所指出:"中国美学异于西方美学的许多特征主要由儒家的美学思想所铸成。"

一是外在形式美与内在德性美的辩证关系。儒家易主张教化精神的发挥应用,其所赖以表达的"仁""德""义"等概念均有其相应的价值所指和内涵范畴,这一道德律令并非虚空或纯粹的应然,反倒需要通过专门的宣传教育甚至某种强制方式作用于大众,以达到教化的目的。在儒家以德性教化为特征的美学话语体系中,孔子把外在形式的美称为"文",把内在道德的善称为"质",认为文、质应该统一起来,外在形式的美可以给人感官愉悦,但只有与善统一起来才具有真正的价值。真正的美就是人与人之间有亲疏差等的互助互爱,即实现"仁"这个最高原则。构成这种美的社会内容的"仁",并不是外部强加给人的东西,而是植根于血缘关系基础上的普遍的内在心理要求。从而,以"仁"为基础和内容的美的社会普遍性,与个体心理的具体性溶合在一起,不再是抽象的外在观念或规约了。

二是真之美与善之美的辩证关系。孔子强调美与真和善不能分离,强调艺术的感染作用,认为审美与艺术的作用在于感发和陶冶人们的伦理情感,触发人对真善美的价值追求,进而促进个体与社会的和谐发展。孔子把艺术的作用概括为"兴""观""群""怨"四个方面。其中"兴"和"怨"侧重说明艺术抒发真实情感的特征,周易《文言传》中曾引用孔子语"修辞立其诚"。"诚"即"真"的意思,说明语言修辞要注重对真实的把握。同时,"真"与"善"也是密切联系的,《论语》中此类论述广泛存在,如"里仁为美"(《里仁》)"君子成人之美,不成人之恶"(《颜渊》)"如有周公之才之美"(《泰伯》)等,都是从真与善的辩证关系出发探讨什么是美德的问题。"观"和"群"则说明艺术通过善的审美"交感"所带来的社会效应。

孔子认为："小子何莫学夫《诗》，《诗》可以兴，可以观，可以群，可以怨；迩之事父，远之事君，多识鸟兽草木之名。"可以说，艺术可以"观"的认识包含了一种关于国家、社会、民生的审美"大观"，即"观风俗之盛衰"。如《周易》中的《观》卦一样，象征观看、观仰之意。坤为地，巽为风，风行地上，万物广受感化，为观。观象征观仰，含有展示的意思。以伟大的德行，被万民瞻仰，使天下人顺从美好的教化。而下者看到盛德，在不知不觉中信服，观仰重形象更重心诚。正是在观察、欣赏的美的审视行为中，真与善达成了美的统一。

三是和谐美与个性美的辩证关系。《周易》所倡导的发展的理想状态即是对中正和谐之道的坚持。《彖传》有云："乾道变化，各正性命，保和太和，乃利贞。"在卦爻辞以及《易传》中集中阐发的"保和太和"思想，深刻反映出中道中和观在宇宙自然与社会伦理方面的重要价值。从美学的角度来说，"中和"实质是美的合规律性与合目的性的完美统一，即辩证地把握和处理艺术内部的各种对立因素，使之彼此制约而又相互依存、渗透，任何一方都无"过"或"不及"，从而使文艺整体达到一种适当、淳朴的理想境界。

孔子提出的"中和"之美具有此类美学意义，它主要表现为"思无邪""文质彬彬""乐而不淫，哀而不伤"等美学思想。以文质为例，朱熹在《论语集注》中指出了文质之美所内涵的中正和谐属性："质朴超过文采就显得粗俗，文采超过质朴就显得虚浮，文采和质朴要搭配得当，这样才可以成为君子。"作为衡量和判断艺术作品的标准，文质之美强调作品中内容和形式的完美结合，这体现了儒家辩证美学观重思想内容与艺术形式融合统一的思辨特点。

总的来说，孔子是从人的相互依存的社会性与个体的感性心理欲求相统一的高度，来观察审美与艺术问题，指出审美与艺术在人类生活中的重要地位和作用。但由于孔子所说的"善"受到中国古代奴隶主等级制的严格制约，仅认为它们归根到底从属于"事父""事君"等有限目的，使得他对审美与艺术社会作用的理解受到历史局限。在孔子之后的儒家美学得到进一步的发展，孟子注重宣扬儒家所提倡的人格精神的美，提出了"理义之悦我心，犹刍豢之悦我口"的观点，对"美"以及"大""圣""神"等"天地正气"之大美均作出规定和考察，他提出的有关个人道德修养的所谓"养吾浩然之气"的学说，实际已经触及艺术创造中个体的情感和意志作用等问题。荀子则提出了"无伪则性不能自美"的观点，涉及人的主观能动作用发挥与美的关系，在其著作《乐论》中集中地阐述了艺术的社会功能。

◎《周易》与道家辩证美学观

总的来看，在辩证美学观领域，中国古代美学观不同于西方思辨美学形而上的抽象指向，中国美学观本质上可以归属于具有很强教育教化功能的实践美学和伦理美学。以《周易》为代表的中国传统哲学所主张的"天人合一"思维，实质是对人与人之间、人与自然之间和谐关系的确立和维护，并通过"人法自然"的教化要求，促动人类社会崇仁尚德、温顺守序的道德实践，进而直接影响了道家辩证美学观的建构。

一是具象化模拟阴阳变化与生命体征的"道器之说"。从具体卦象来看，"履霜"，以坤象为霜（《坤·初九》）；"畜臣妾吉"，以艮拟臣象（《遁·九三》）；"载鬼一车"（《睽·上九》），以坎拟车象；"不鼓缶而歌"，以震拟鼓象（《离·九三》）；等等，这些卦象类比模拟诸物、诸身、诸象的符号表示，均是模拟阴阳变化的具象化直观，表征着融入华夏民族逻辑思维的实践经历与直观生命体验。在道家美学观看来，这体现为一种"见素抱朴"、摹写自然的本真之美，以及在直接象征与体验中实现原始本然状态、消除矫饰的质朴之美。

东汉魏伯阳将阴阳关系融入道术养生学说，又结合天文律历进行实践操作，其所著《周易参同契》开道家易学先河，将道学、易学与方术融合，通过方术实践活动将阴阳互动关系的思想阐发为一种形而下的具象化解释。"阴阳相饮食，交感道自然。金来归性初，乃得称还丹"（《周易参同契》·上篇），利用阴阳之气及其对应十二消息卦等理论指导方术，再由方术变化的过程和结果模拟验证事物内部的阴阳变化关系。同时，将人体视作道器纳入阴阳变化的范畴之中，"或问太极图之说曰：以人身言之，呼吸之气便是阴阳躯体，血肉便是五行，其性便是理。又曰：其气便是春夏秋冬，其物便是金木水火土"（朱熹《朱子语类》），人的物质躯体与思想精神同时作为主体与客体的统一物，参与到模拟阴阳互动关系的方术实践之中，开辟了《周易》辩证思想应用的新路径。

二是由阴阳交互、生生不息的生命运动抽象出的"道气之说"。"生生"思想是道家哲学中的一个代表性观点，美的产生在于生命生生不息的变化更新之中，这不仅表明道家美学观关于宇宙万物变化的规律性认识，也是把宇宙看作一个大的生命体不断深化演进过程的呈现。"道生一，一生二，二生三，三生万物。万物负阴而抱阳，冲气以为和。"（《老子》）道家思想中人既是自然道化所生，又与自然融为一体，应效法尊崇道，此道即是万物本源——太极之道。本体论意义上，《系辞传》云"生生之谓易"，又云"是故易有太极，是生两仪，两仪生四象，四象生八卦"。此太极生发演进犹如老子"道生一、一生二、二生三、三生万物"之阐述，即是对时空中生命个体"自否定"过程的描述。

结合更为具体的卦象来看，方孔炤在《时论合编凡例》中提出"易故自碎其太极以为物之卦爻"，所谓"自碎"，即六十四卦由乾卦始，自己把自己打碎，也就是自己排斥自己，使自己一分为二。是则一自碎其一而为二，即产生一个新的"一"，新的"一"又自碎产生另一个新的"一"，如此继续发展，至既济卦而止，又自未济卦而生。由此，《周易》在辩证本体论意义上确从自身独有视角观照着生命自身发展的全过程。同时，现代科学和系统论学说也从整体上肯定了生命生成与宇宙整体运动之间的密切联系，而这在《周易》辩证思想中早已有之。

在道家美学观来看，"气"是道在运行中的实体表现，是物质的特性和存在状态的具体反映，"气"如同"道"一样是永恒存在的，混沌未分的太极蕴含元气，而"方浑沦未判，阴阳之气混合幽暗，及其既分，中间放得宽阔光朗，而两仪始立"（《朱子语类》卷九十四），是阴阳之气的交感互动促动太极的生化，对于生命体而言，"气聚则生，气散则死，聚散虽异，为气则同"（《庄子·知北游》），表明道家美学观念中宇宙生命的形成、衰退都是"道"运行下"气"的消长聚散。"气"是阴阳元素流转交互的外化表现，在这一运动中生命美进而展现。道家崇尚生命，尊重生命，认为的"生"是一种和谐统一的生命之美。阴阳二气和谐流动，达到最完满的状态，就必然实现一种祥和的"生"，宇宙万物生机勃勃，生机盎然，生命的创造力绵绵长存，用之不竭，让人体会到无穷美感，进而与西方崇高与伟大之美、悲壮与悲剧之美等泾渭分明的美的划分原则区别开来。

三是由宇宙自然至纯至真推及生命体验玄妙超然的"道德之说"。与儒家美学的共通之处，在道家美学那里表现为"真"，以至于道家将得道高人称为"真人"。"真"作为道家哲学的一重要范畴，其基本的含义是"真实的本性"，如《道德经》二十一章："窈兮冥兮，其中有精，其精甚真，其中有信。"庄子更是把"真"作为其价值取向，"谨守而勿失，是谓反其真"（《南华真经·秋水》）。

对美的至纯至真的追求，在现实生活中即是对回归生命本真状态的追求，进而使人获得逍遥的生命之真。"道者，销也"，销尽俗世功名利禄对生命的羁绊，克服贪欲和虚伪的功利之心，让主体的生命在超功利的自由境界中尽情发挥，体味超越世俗趣味的逍遥之美。可以说，道家美学的"玄妙""超然"并不是意味着不思进取与迟滞懈怠，道家的"生美"观中还蕴含着遵循自然规律的顺势而为的生命追求精神。这是生命主体自我自由的彰显，是关注生命至真至美的终极关怀。

从另一个侧面来看，充满生机和鲜活内核的"大道"不是什么都不做的无为，而是顺应自然规律的人的有为能力、虚怀若谷承受能力的修炼，这一看似"拙朴"的美学观很大程度上代表了一种极富智慧的美的追求过程，与黑格尔关于理性的一段论述具有内在共通之处。

第三讲 圣人之学：辩证美学观与儒道学说概览

黑格尔在其著作《小逻辑》中指出，理性是有机巧的，同时也是有威力的。理性的机巧，一般讲来，表现在一种利用工具的活动里。这种理性的活动一方面让事物按照它们自己的本性，彼此互相影响，互相削弱，而它自己并不直接干预其过程，但同时却正好实现了它自己的目的。在这种意义下，天意对于世界和世界过程可以说是具有绝对的机巧。上天放任人们纵其特殊情欲，谋其个别利益。但所达到的结果，不是完成他们的意图，而是完成它的目的，而它（上天）的目的与它所利用的人们原来想努力追寻的目的，是大不相同的。

西方哲学美学家将道德伦理视为美学的实践领域。在德国古典哲学体系中，康德认为生命理念的实践性所指向的应然状态是对道德律的遵循。他在《纯粹理性批判》关于纯粹实践理性要素论中指出，"人格的价值，甚至在最高智慧眼中的世界的价值，毕竟都是唯一地取决于这种道德价值的。"而人类的本性不应被作机械化使用，那样不仅不会展现生命的理性反而会使之消弭，对于不可知领域的实践应当在对道德律的遵循下进行，动机的合乎德性"是与他的人格的道德价值而不是单纯与他的行动相称的"。康德关于生命美学的实践观点在黑格尔那里也有相似表述，黑格尔认为，自我意识直向运动的最后终点就是伦理世界，"这个伦理的实体，在普遍的抽象里，只是思维出来的规律，但它同样直接地即是现实的自我意识，或者说，它就是礼俗伦常"。尽管如此，康德、黑格尔所代表西方辩证美学观中的实践伦理，始终并没有远离主客观二元对立的逻辑预设。

相反，《周易》所展现的直觉思维、体认思维从一开始就不曾拒斥过实践融于人性的伦理指向。现实中，对于易理天道与现实人道的一元化体认也始终不曾远离中国人的生活，此谓"百姓日用而不知也"。作为人伦德性典范的圣人之所以成为人们日常生活实践的指引参照，概因"圣人有以见天下之动，而观其会通，以行其典礼"（《系辞传》）。在此种思维方式与审美习惯的影响下，以老庄学说为代表的道家美学观讲求"心斋""坐忘"，以内心之平和逍遥合一于宇宙万物，如上所述，作为彻底的悟道者，"真人"德合于道，以豁达超然的态度对待世事，在朴素的日常生活与社会交往中做到心无所累、乐在其中，故有"乘天地之正，御六气之辩，以游无穷者，彼且恶乎待哉？故曰：至人无己，神人无功，圣人无名"（《逍遥游篇》），以一种看似"神游"状态观察着、欣赏着、体验着自然宇宙、生活日常、生命运动内在的至纯至真之美。

第四讲

"元亨利贞"与美的理念

【"元亨利贞"释义】

◎ "元"释义与美

《周易·彖传》有云："大哉乾元，万物资始。"乾卦为易经卦首，以"元"为喻，表明"元"字内含"首""始"之义，又以万物资始表征其功用价值，象征作为万物之"元"的乾卦具有生发万物的最广大生命动力，其动力之大、覆盖至广被冠以"大哉"为颂，某种意义上同宇宙万物生命运行原动力的表述具有一致性，"元"是形成生命体的原初基因，更是支持生命活动过程"生生不息"的动力来源，故《周易·文言传》将"元"推崇至"善"之高度，赋予其生命美学上的至高地位，是有"元者，善之长也"。朱熹认为，卦爻辞中的吉凶悔吝实际上包含了对价值判断的道德倾向，他举例乾卦，云："如占得乾，此卦固是吉辞，曰元亨。而至理之权舆，圣人之至教，寓于其间也。"正是由于"元"乃自然界中万物资始，因而在人伦社会中的"元"也就相应具备了生发衍生其他道德伦理的功能，"至善"即是衍生诸德的本源也是统摄各种德行的总纲，故"君子体仁足以长人"。

"元"包含着丰富而深刻的生命美学意义。

一者，本体论意义上的生命不息之"元"。如前所述，"元者，善之长也"。"元"在《周易》美学思想中具有"至善"的本体论内涵，一方面与"元"作为形成生命体的原初基因有关，另一方面也与其摹写天地万物永恒之德有关，这一摹写所表征的概念为"太极"。如《春秋繁露·王道通三》所云："仁之美者在于天，天仁也，天覆育万物，既化而生之，有养而成之，事功无已，终而复始，凡举归之以奉人，察于天之意，无穷极之仁也。"是有"太极"构成万物生化的原初基底，同时也是天地生命不息"仁之美"的具体体现。

可以说，易象观的符号基础乃至整部《周易》的逻辑出发点都立足于太极这个概念，再如《系辞传》所云："易有太极，是生两仪，两仪生四象，四象生八卦。"在易象观中的太极以"—"表示，"—"内涵的辩证理念生成八卦、建构实体、化育生命，作为易道的初始形态外化着自然万物的有机生命及其内在逻各斯的形而上学。太极之"太"意为"至大"，太极之"极"意为"穷尽"，太极之运动不仅包含着理念生命层面的自我分裂、自我扬弃、自我更新，也表征现实生命体已摆脱母体而又在母体基因中持存的独立性。在生命这个维度中，太极观与生命本身的自我意识在一定程度上呈现出某种同质异构关系。也就是说，太极的"—"作为至大至纯的万物之源是唯一的、至高的、至纯的、原初的，自我意识同样具有某些类似的规定性，它双重化的自我运动本能通过排斥一切对方于自身之外而自己与自己相等同；它的本质和绝对的对象对它说来是自我；并且它是一个个别的存在。

二者，逻辑学意义上的生生变化之"元"。在西方辩证逻辑集大成者黑格尔那里，贯穿于所有生命体中的自我意识正是遵循其"能动"的自我线索永不停歇地运动，自我意识是发展成最终决定着万物运转的"绝对精神"的最初始状态，是一个无限"圆圈式"的、不断扬弃并回到自身、存在于生命之中的独立精神实体。同时，自我意识又是封闭的、在自我的范畴中对立统一的矛盾的抽象理念。这与太极中阴阳二力之间交感通变、互系共生、矛盾统一具有相似之处，《周易》所彰显的太极理念存在于万物并生发新的万物，太极所代表的易道左右着万物运转，太极符号"☯"以内含"阴阳鱼"圆圈式的不断旋转展现着"生生之谓易"的广大无限，在太极之中，阴阳既是同一个范畴又相对独立，二者不停向对方运动同时也向其"自身"返回，太极的自我分类、自我分化并不意味着具体结构形态上的拆分，而是以新生命诞生为表现的太极理念之于感性世界的现实延续。

在易象观的图示逻辑层面，太极的"—"和"☯"的符号设定都是其内涵理念的直接体现，如前文所述，中华文化与中国人思维均深受这一图示语言的影响，阴阳这分属两种对立范畴的类的图示，在运动中达到了统一并成为一体，始终是以一个相反相成的"同类"形式呈现，阴阳两种类型在意指的过程中展现出一种类似"游动"的能动姿态，彼此配合互动形成一个符号整体，表现为一种"一元"状态下的本体论观念，包括人本身在内的宇宙万物均为相互联系的统一体，自然生命既以一种浑然天成的状态统一于太极之外在整体，其中个体内在诸要素又统一于其自身之太极，"我"之主体能动体悟统摄融通一切主客体之间的差异。

这种"融通"即是人们对客观事物变化更迭认识的逻辑表达，再通过更为具象的六十四卦、易象、易数、卦爻辞施之于社会人事。我们从"一阴一阳"

"一寒一暑""一阖一辟"中"观其会通""触类旁通",进而生发出华夏民族特有的文化和审美意识,于是阐发出"文质""刚健""阴柔""笃实""辉光""日新"等美的理念。而在西方逻辑思维那里,表达自我意识及其发展的形态所依据的是语言逻辑,语言图示与符号图示的差异最终将中西方关于逻各斯精神的诠释与美的感知路径引入相异的逻辑语境。

三者,认识论意义上的生命伦理之"元"。在《周易》美学视角中,美不是一个抽象概念,而是来源于天地所生的道德使然。天地运行变化、生命运动不息无不具有自身的道德伦理属性,故"天地之大德曰生"。在认识论的意义上,关照生命、崇尚生命之美是艺术的永恒主题,艺术作品之所以伟大的根本要旨在于认识生命的崇高、反映生命之美、彰显天地大德。艺术创造必须吸收《周易》中求变和崇尚生命的思想,以中国书法绘画艺术的创作理念为例,我们从很多伟大的书画作品以及艺术家自身的生命历程中都能看到,承载着对生命万物与人类生活的热爱,就从书法绘画的文字或者线条、色彩、构图等等方面具体得到体现。尤其在中国的艺术话语范畴作为和《周易》思想紧密相关的具象事物,中国书画自然受到《周易》美学思想深刻影响。

例如,近现代出土的商周及其之后时期竹简、青铜器上所刻易经卦爻辞,多为甲骨文和金文,这些文字既是中国最早的文字也是中国最早的书法形式,其内容多涉及《周易》卦爻辞以及占筮记录,直接说明了中国古代艺术形式深受《周易》象数思维的影响。《周易》美学作为直接反映华夏民族生产生活、生命体验之艺术哲学的源头与总纲,是对宇宙万物生命美之精神的描摹和写照。

◎ "亨"释义与美

《周易·文言传》云:"亨者,嘉之会也。嘉会足以合礼。"《系辞传》曰:"乾知大始,坤作成物。"所谓嘉之会谓之亨,即是对乾坤二力合创万物的描绘,由元而始,在亨而会,乾坤合一,天地交通。"嘉为美,会为会合。美者,即嘉会足以合礼之'礼'也。"

一方面,"亨"之形式在于合乎"礼",个体亨通之美须在合乎礼的尺度中孕育表达,方能在更大空间获得认可,故"能会合于礼则可使众美会合于己"。

另一方面,"亨"之内容在于合乎"美",如前所述,"亨"之美不同于个体独立之美,而是众美之合聚交汇,有通达交通之义,泰卦、归妹卦中"天地交而万物通也""天地不交而万物不兴"的表述均是对"亨"在生命繁衍中价值功用的说明。

◎ "利"释义与美

不同于现代思维逻辑中将"利"与"义"相对立的美学认识倾向,《周易》

辩证思维对"利"的解释直接关联着"义",《周易·文言传》云:"利者,义之和也。利物足以和义。"刘纲纪认为,"利"的内涵之所以包含"义",可以参照荀子关于"义利"的解读,"人何以能群,曰分。分何以能行,曰义。故义以分则和"(《荀子·王制》)。在荀子看来,依照长幼有序的秩序伦常分别对待、依序行事,能够保证"义之伦"在不同群体中的实现以及"利"在集体中的合理分配。

"亨"有通达之意。清代思想家连斗山在《周易辨画》中指出:"两美相合为嘉",是谓阳与阴的通达之美,阴阳作为一组对立统一的矛盾体,本身具有相感相合之德,阳遇阴则通,阴遇阳则明,亨通即阴阳交汇,唯有此方能达到生命世界的亨通与繁茂。这是《周易》美学的精髓,也是"中和"美学观在《周易》"天尊地卑,乾坤定矣"(《周易·系辞传》)这一天地人伦秩序的尊崇,万物在"分义"中各取其利,又在相互协作中践行"大义",以此方可获得"义之和"的良好结果。

在《周易》辩证逻辑视域中,"义"与"利"实则具有"一体两面"的关系,两者之间不仅不存在矛盾的对立,反而以一种互为表里的有机形式发生联系,其链接方式在于"和合"("和"同"合",相应也),"国不以利为利,以义为利也。"(《礼记·大学》)这一思想对于中国人的社会交往逻辑产生了深远影响,尤其在伦理意识的养成上,所谓"坚持正确义利观,即做到义利兼顾、讲信义、重情义、扬正义、树道义",义利并重、以义为先的伦理化逻辑思维上承《周易》辩证教化观,由此形成了极具中国特色德性之美的"义利观"。

◎"贞"释义与美

《周易·文言传》云:"贞者,事之干也。贞固足以干事。""贞"为正,"干"为治也,"固"可谓之坚,"守持正道坚固则足以治事"。又云:"利贞者,性情也。"(《周易·文言传》)"性情施利于万物,又促使其正常生长运作,性情即乾元本身蕴藏的德行",而乾元之所以能施德于万物,就在于其刚健中正的贞德,"贞"释作"正",乾坚守中正之德,刚健而正固,故元亨利三德皆可出自贞德。从乾卦的卦象来看,六爻皆阳爻,乾以纯阳卦象喻示刚健正固,万物若依循刚健中正之"贞"行事,则"足以干事"。

"贞"有"坚贞""正固"、坚守君子之道之意。这类充满伦理精神的概念内涵表明,在中国人的精神世界中,审美观念是与道德实践密不可分的生命体验。虽然我们在《周易》的卦、爻辞中,对直接关联"美"的语词较少涉及,但有关"利贞""君子"等表述的频繁出现,均代表先于审美观念之道德意识的养成。在"乾卦"中的"见龙在田""飞龙在天"中,我们以龙的强健阳刚之美代表君子的

41

积极奋发，在《坤》中的"含章可贞"，"含章"即"含美而可正者也"（王弼《周易注》），其中又折射出君子宽厚、仁德、坚韧的德性之美与生命感受。

【"元亨利贞"之美与西方美的理念】

◎一般认为，位列《周易》六十四卦群卦之首的乾卦，囊括了"元亨利贞"四种生命理念特质，以一个相对独立的卦的形式（卦象、卦爻辞）象征了生命内在思想逻辑内涵与运动过程，朱熹注乾卦卦辞："元，大也；亨，通也；利，宜也；贞，正而固也。"从卦爻辞整体来看，乾卦展现的生命动力和由弱到强、由幼到衰的生命变化轨迹与天道同理，六爻爻辞则分别以"潜龙勿用""见龙在田""终日乾乾""或跃或渊""飞龙在天""亢龙有悔"象征生命与人生不同发展阶段所应秉持的德行操守，可以说，乾卦从生命运动发展的规律着眼，指引人们秉承自觉奋进之德，是谓"天行，健。君子以自强不息"（《周易·象传》）。

"元亨利贞"四德正是在以龙为喻之乾卦中得以体现的，《文言传》有云："君子行此四德者，故曰乾元亨利贞。"陈鼓应注译道："四德即上文的行仁、合礼、表现义、守正。象传以天德释乾之元亨利贞，属于天道观之范畴；文言以君子之德释乾之元亨利贞，属于人生观之范畴。"除以龙为喻展现人的生命活动轨迹外，"元亨利贞"作为易之四德还可从动植物生命生长周期出发引入四季的时空变化，在更大维度诠释美之于生命特质的整体性，

如以"元"喻示生命萌动之美，与四时之春对应，故草木生芽、动物繁衍新生命均多发生在春季；以"亨"喻示生命通达之美，与四时之夏对应，故动植物生长壮大的最旺盛时期在夏季；以"利"喻示生命成熟之美，与四时之秋对应，故贮藏收获时节多在秋季；以"贞"喻示生命坚韧之美，与四时之冬对应，故冬日动植物蛰伏以保存能量，待到下一个春季萌动而出。

可以说，乾卦从易道出发阐发天地人伦之道，将乾元化生万物的生命运动过程予以呈现，涵盖自然客观世界与人文精神世界，乾卦四德作为一个有机整体，其每一项内容均对应着一种美的德性品质，其以龙为喻的动态类比则显示出重要的生命之美指向。

◎由"元亨利贞"反映的生命理念可以看出，中国传统文化与思维中的生命概念不仅包含着可容纳生命自然特性的物质属性，更成为一个自始便涵养伦理精神的美的理念范畴，在社会伦理方面具有深刻的哲学意谓，这一点相较于西方类似的生命概念要来的更早也更为丰富。综观西方美学史，诸如苏格拉底、柏拉图、亚里士多德，以至康德关于美的理念的探讨，集中折射出西方辩证逻辑思维中的美学观，对中西方在两种审美范式中的对比对话提供了具体参照。

第四讲 "元亨利贞"与美的理念

现代美学中的一切问题几乎都可以在古希腊美学思想中找到源头。西方人很早就从宇宙本源问题这个出发点思考美的问题，毕达哥拉斯学派认为世界起源于在杂多中整合出来的"数"，从音乐和声中提出"秩序和比例是美妙合适的"的美学原则，认为只要事物之间各要素是按照一定的比例、有秩序的存在，那么该事物就是美的。而苏格拉底则认为，事物的美总是伴随着它是否满足了使用者的主观需求这一条件。

苏格拉底前后，西方美的理念经历了一个从客观自然的美的实体，转向从人文科学视角的美的理念内涵，最终将美的主要问题聚焦为从人的立场思考"美是什么"这一美学史上的永恒问题。康德用"主体性美学"改造了"客体性美学"则标志着西方美学观念又一次重大转变。美的理念不再停留在古希腊时期的"和谐说"与"功用说"等具体审美倾向之上。康德从知、意、情这三个部分分析和阐释所对应的人的知识活动、道德实践活动和审美活动，并在《纯粹理性批判》《实践理性批判》和《判断力批判》三本重要著作中系统阐述了其"主体"美学思想，但这三类审美思维在康德那里是各自独立甚至割裂的。人只能通过自身的能动性即逻辑推断、分析、综合能力去把握自然界的部分美的表象，而不可能周知"物自体"那个"不可知"的美的理念。

总体上，《周易》内涵中美的理念具有十分宏阔的话语场域，表征为"元亨利贞"的整体生命观把宇宙万物视为一个生克制化的无穷过程，强调万物存在和变化的生命连续性和不可分割的系统整体性。如学者何新所总结的："宇宙及其'物质'在这一进程中，这种'自我'生成、演化、协调、平衡的行为，是一种极其有逻辑的理性进程。是一个'辩证'即'矛盾论证'——在矛盾与对立中斗争、平衡、综合而发展的进程。上帝就是大自然的一个漫长、理性而有设定目的'进化'的、有规律地发展的演进过程。"这一演进过程呈现出的是，主客体在历史中的和谐与统一，而作为能够解释这一宇宙"自我"生发演进程的理由的，即是生命之美的理念。

宇宙是在作为一个统一生命体的美学本体意义上，在由简单趋向复杂、由至小趋向无限的辩证理性运动中生生不息并保持自身的。在知识、意象与情感体验合而为一的一体化的美的认知结构中，中国人对于美的理解不仅遵循着"一阴一阳之谓道"的阴阳互系思维与融通变化思维，更以乾卦所示"元亨利贞"的生命能动之美为指引，将中国人特有的辩证美学思维融于伦理德行实践，这在整个西方逻辑思维史中都是未曾独立出现过的。

第五讲

三才和谐与崇高之美

【天地人三才和谐之美】

◎八卦的具体卦象而言之,每卦有三爻,也是代表天地人三才,即三种元素有机统一的意思,也是中国古代思想中推崇的天人合一思想的具体体现。"天地人"来源于《说卦》,天地人被视为宇宙系统中最为重要的三大要素,它们既相互独立,又紧密联系。"才"是指本质,"三才"是三方面具有实质的内容,在《周易》中具体指天、地、人。"三才之道"就是天道、地道和人道。

"天道"是阴和阳,"地道"是柔和刚,"人道"是仁和义。乾道成男,坤道成女,阴阳交合而化生万物。天地万物与人的和谐统一影响了宇宙间所谓阴阳、刚柔、动静的产生,在此基础上,产生四象,春夏秋冬,四时的流转交替。《周易》符号中衍生的六十四卦及其变化,无不是天地人三种元素变化之理的符号化演示。

三才运动所表达的生命生生不息、变化无穷,展现了宇宙造化生生不息的生命之美。各卦爻辞的表述又从另一个维度表现了三才之道。何谓三才之道,即天之道,地之道,人之道,三才合一即天地人的和谐统一。此人与大自然之间的互动关系,人与天地之间相互影响关系,人与天文、地理、四时之间相应的关系,被阴阳盈虚、消息、动静所代表,皆应于各类物象,通于天地,万物在此共生,天人在此合一,这又是统一与变易之美的最佳体现。

董仲舒创立的"天人感应"之学即是天地人三才有机统一之说典型代表。董子以《春秋》与《易》之并举以示"天理"人事,认为天地运行之"公理"与社会人伦秩序之"事理"存在着内在的关联与对应,是有"人之为人本于天"(《春秋繁露·为人者天》),"天地之常,一阴一阳""四者天人同有之。有其理而一用之"(《春秋繁露·阴阳义》)。天地运行、生命运动内藏阴阳消息变化之"理",与五行互为表里、相辅相成,又见人伦规则之"理","故五行者,乃孝子忠臣之行也"(《春秋繁露·五行之义》)。此阴阳五行之易理以社会伦理的形式作用于社会生产交往的诸多领域,将社会伦理的合规律性作为一种具有互动感应的生命体验。

【西方审美理念中的崇高之美】

◎西方传统审美思维注重伦理道德层面的实践功用,即对崇高之美的践行。按照一般的理解,崇高之美,是当人的本质力量与客体之间处于尖锐对立与严峻冲突时,主客体之间所呈现出来的冲突的美。西方美学视域中的崇高,赋予了主体以人格尊严和人的自由的内涵。中国哲人则更多是在"天人合一""真善美统一"的意义上讲崇高,赋予主体以道德的人格审美的意蕴。以亚里士多德为例,他所推崇的信仰之崇高包含着在政治哲学领域,自由追求所谓"至善"的主体实践,即包容个体伦理行为与社会普遍教化功能之善。黑格尔从生命的意志自由出发,认为崇高所代表的,是在"自否定"逻辑中不断摆脱非道德限制的意志自由,如黑格尔所言:"生命既是开始的特殊化作用,又是达到否定的自为存在着的统一的结果,因而生命在它的肉体里只是作为辩证的过程和它自身相结合。"在黑格尔看来,艺术是全人类的,与个人的审美爱好、感知不同,艺术的产生、发展是客观的,它必然地传达着人类普遍精神,崇高所代表的绝对理念是具有客观精神性的一种绝对理念,其投射的形态是艺术的,是属于人类心灵的展开,因此需要由具体的人的审美活动、生命活动来承载。

康德话语体系中的崇高之美,则更强调作为自由生命的道德实践属性,他认为生命所彰显的意志自由在于对生命伦理的尊重。康德与黑格尔对崇高美的本质的不同阐释,凸现了他们哲学思想的巨大差异。在康德那里,崇高美源自人的主体判断能力,而并非客观运行着的美的理念对人的赋予,人的主体能力符合人类生存发展之需要,关涉人的目的性,关涉人的选择性,由此,崇高美源于作为主体的人是否具有相应的鉴赏判断力、知识力、理解力。在马克思看来,生产力与生产关系的辩证互动关系,推动了社会形态"自否定"式的更新与发展,伦理教化的实践形态通过社会大众充分获得属于自身的正当权益而得以实现,普遍的全人类的自由全面的发展,既是人的彻底解放,也是人的自由的充分彰显,为之奋斗的伟大目标以及在这个奋斗过程中所体现的人性之美、生命之美,本身就是伟大的、崇高的。

【三才是具有空性的符号语言图示】

◎冯友兰在比较中西两种哲学话语体系时,已经关注到中西两种审美思维

45

基于语言图示所产生的差异。在书写工具上，冯友兰认为古代物质资料的条件制约是导致中国语言图示偏"简"的客观因素，"按中国古代用以写书之竹简，极为夯重。因竹简之夯重，故著书立言务求简短，往往将其结论写出。及此办法，成为风尚，后之作者，虽已不受此物质的限制，而亦因仍不改，此亦可备一说"。同时，从思维生成的视角来看，符号系统的图示意义也不应忽视。

以生成于《周易》符号系统的易象观为例，《周易》文本中的卦爻辞均发端于八卦符号图示，其内在太极、阴阳观及由此产生的象征、隐喻、类比意指均关涉现代意义上的语言符号学，"故《易》六画而成卦；分阴分阳，迭用柔刚，故《易》六位而成章"（《说卦传》）。可见，易象内涵的符号图示顺应和反映的是宇宙万物运动发展的规律性特征，卦爻辞这类语言系统在思维的第一个维度上构成对宇宙本体这一逻各斯的绘制描写，是中国式逻各斯的感性直观。

而在思维的第二个维度上，八卦创制又来源于华夏先哲对宇宙自然与人伦社会的观察思考，《说卦传》云，圣人作易"观变于阴阳而立卦，发挥于刚柔而生爻，和顺于道德而理于义，穷理尽性以至于命"（《说卦传》）。八卦符号系统创制之初就融入中国人之于自然之性、伦常之理、人生之命的伦理经验，天、地、人"三才"在六爻中呈现一体化构造与并立，使得本体论与认识论在《周易》符号系统的图示作用下完成统一，由此，易象符号系统的图示价值作为勾连语言与直觉、逻辑与伦理的共同载体，在中国人思维模式的两个维度中均始终发挥着作用，中国式逻辑思维的形式与其说是效法模拟宇宙自然的逻各斯，不如说是从一开始就融汇了属于中国人自己独特思维模式的伦理尺度，"是以立天之道曰阴与阳，立地之道曰柔与刚，立仁之道曰仁与义"（《说卦传》）。而之所以能同时容纳如此丰富的逻辑范畴，与易象符号图示本身所具有的符号"空"性不无关系，正是八卦、太极、阴阳符号形式之"空"，为中国人模拟生发新的逻辑对象和内容提供了空间。

第六讲

阴阳刚柔与文质之美

【阳刚之美】

◎《说卦传》说"观变于阴阳而立卦，发挥于刚柔而生爻"，即指天地万物有阴有阳，因而创立阴阳两类卦象以象征之。阳为刚，阴为柔，万物有刚有柔，作者将物之刚柔两性加以发挥，并创作刚、柔两类爻象以象征之。因此在《周易》中，不但首先提出了阴阳刚柔之说，而且对阳刚之美和阳刚之象进一步阐发为"乾为天，为阳，为刚"。"乾"所具有的阳刚的特征是与美相关的。《周易》所说的阳刚之美或刚健之美，是生命坚强有力的表现。

从《周易》的整个思想来看，它对阳刚之美是十分重视的。尽管它并未明确提出"阳刚之美"这样的概念，但却对阳刚之美的具体表现进行了相当深入的描绘，并为"阳刚之美"这一概念的提出，提供了哲学上的依据。如《大壮》卦中说"大壮，大者壮也。刚以动，故壮"，并说"雷在天上，大壮"。是壮美或阳刚之美，颇能给人以壮美或阳刚之美的感受。同时，"壮美"也是儒家君子之美的内化体现，儒家主张的"仁"的思想将个人置身于家、国、世界的更大场域，把个人自身之"美善"与个人为了家国天下奋斗之"大美大善"联系起来，将"至善"向外推及"天下"，以"自强""善世"为原则教化人们"反身修省""以美利天下"，赋予人的自强奋斗特别是"舍身成仁"行为以"壮美"的美学价值。

《周易》对阳刚之美论述最详的表现在对乾卦的解释中。因为乾代表天，且具有纯阳至刚的特点，因此乾的美，实际是阳刚之美最集中的表现。"乾：元，亨，利，贞"，《周易》作者通过对大自然的直感观察，认为"天"体现着元始、亨通、和谐有利、贞正坚固这四种德性；之所以如此，在于"天"的本质元素是沛然刚健的阳气，这种阳气"运行不息，变化无穷"，沿春夏秋冬四季而循环往复，制约主宰着整个大自然。因此，《周易》赞美"天"实际上就是赞美阳刚之德。

◎对比来看,《周易》中阳刚之"壮美"与西方关于崇高之美似有共通之处。不过,西方"崇高"审美范畴之中所深藏着的内核乃是冲突与痛苦。崇高之美是由痛苦导出的,是主体与客体之间冲突的痛苦情感的迸发,这种痛苦是自由意志的行动所致,也是伦理正义的实践使然。由痛苦升华为那震撼人心的之美,升华为那数的崇高与力的崇高,西方的宗教美学思想,皆与此密切相关。中国语境下的阳刚之"壮美"则构建于主体在与客体达成某种和谐统一之目的中的能动性,《乾·象》云:"大哉乾元,万物资始,乃统天。"《文言》又云:"大哉乾乎,刚健中正,纯粹精也。"从这两句来看,阳刚之美乃是一种"大"美和"刚健"之美。而"大""刚健"的意思是指强大有力或天所具有的统帅万物、化育万物、周流不息、无往不复、不可遏止的伟大力量。同时《乾·象传》中又说:"天行健,君子以自强不息。"因此,阳刚之美不仅表现在天的伟大力量之中,而且也表现在人的伟大力量——即表现在君子或圣人教化万民、建立功业、"化成天下"的道德人格、精神力量之中。

总之,就自然来说,表现在"云行雨施,品物流形,大明终始,六位时成"的生命流行不息、生生不已之中;就人的行为来说,则表现在效法自然的人的"进德修业""修辞立诚""顺天应人""与时偕行""化成天下"、坚不可摧、勇猛精进的力量之中,人与天地之间的辩证关系不再只是主客体之间冲突的反映,而是在一种整体运动与和谐统一中积极的、向上的、能动的意志达成,所谓"阳刚之美",即是一种和谐境域中运动的美和力量的美,具有令人赞叹的生命力量。

【阴柔之美】

◎在《周易》中与"阳刚之美"所并存的还有"阴柔之美",如"柔以时升,巽而顺","泽上有风""鹤鸣在阴"都能给人阴柔之美的感受。但对"阴柔之美"论述最详的是在《坤》卦中,乾为天,坤为地,《乾》德以"统天"为本,《坤》德以"顺成天"为前提,故《乾》刚《坤》柔,坤为地,具有纯阴至柔的特点,《坤》的美,是阴柔之美的集中体现。在《周易》的思想中,坤象征地,象征母,而大地和母亲均具有化育、承受、包容的德性,所以坤也有这种品质。

《坤》卦中,"利牝马之贞"中的"牝马"是雌性的马,马是温顺的动物,雌性的马更温顺。"贞"是持守贞正、贞洁的意思。坤卦以柔顺的雌马为象征,持守柔顺,顺应规律,便是贞正、贞洁之道。

其一,《象传》中说"坤厚载物,德合无疆",《象传》中说:"地势坤,君子以厚德载物。"所谓"厚德",类似于儒家所说的"仁爱",也是一种宽厚、博大的爱,而最能体现这种爱的,首先是无私地抚育、照顾子女的母亲,以及负载万物使其顺利生长的大地,这里"坤"的"阴柔之美"在一方面也即是宽厚博大的母爱和崇高的道德品格的表现。

其二,《文言》曰:"后得主而有常,含万物而化光。"说明其不为物先的含蓄之美,以及"含弘光大,品物咸亨"的包容广大和滋润万物之美。而《坤·文言》中"阴虽有美,含之以从王事,弗敢成也。地道也,妻道也,臣道也。地道无成而代有终也"这几句更是将含蓄之美表达到极致,这里关于秩序的描述并没有贬低"坤"的价值,而是更加强调主体为维持整体和谐的过程中坚韧、奋发、包容、厚德的至大至柔之美,是一种天地大德的体现。

◎对比来看,西方美学把优美与崇高分得很开。从康德到叔本华、尼采、歌德都有一种弘扬崇高美、贬抑优美的哲学与审美倾向,这与《周易》关于坤之阴柔美是不同的。康德认为许多自然物可以被称为是优美的,但它们不能是真正的壮美的,因为优美是软弱的,削弱人的意志。但《坤·象》中,"至哉坤元,万物资生,乃顺承天","顺"并非妥协与消极,而是坤的一个基本特征,是一种天性使然,"坤道其顺乎,承天而时行"。《坤·文言》中又说坤具有"至静"的特点,"阴柔之美"或坤之美的表现是平和、柔顺、安稳、平静。"坤,至柔而动也刚,至静而德方",这种阴柔之美并不是一种软弱无力的东西,也不同于"平淡""空灵"等概念,"含章可贞",其在至柔、至顺、至静中又表现出刚健的力量,这是《周易》所讲的阴柔之美的重要特点。

总的来说,阳爻之刚、阴爻之柔,代表着易象最为显著的特征,是华夏民族对天地万物阳刚、阴柔之美的具体描绘。阳刚与阴柔,是中国传统文化两大基本审美类型。阳刚的审美特征是雄伟壮美,阴柔的审美特征是温深优美。如雄浑、壮丽、劲健、豪放、奇险、悲壮等艺术美形态,属于阳刚范畴;绮丽、冲淡、飘逸、婉约、含蓄、典雅、凄婉等艺术美形态,属于阴柔范畴。阳刚与阴柔最早是我国哲学里的范畴,"一阴一阳之谓道"所揭示的,正是人类关于生命美学的具体逻辑。《周易》"立象"是为了"尽意","意"之美是情感之美、伦理之美、体验之美,亦是对生命之美的赞颂。

【文饰之美】

◎一者,文饰之美在于"文"

"文"者既包括人文、人道,也包括天文。人文与天文、地理(文或纹)

相对而言，出自《易经》，与人道相通。当代语境中，人文，是人类文化的简称，是人站在自身或者其他的角度，用自己或别人提出的方法对世界中已知或未知存在的客观事物或现象，进行理性的思考而总结出来的符合世界发展规律的，又能被大众接受的属于个人主观的知识点。

"人文"一词最早出现在《周易》中的《贲卦》，"文明以止，人文也"。指修饰。修饰出美，故曰"美在其中"。在原始蒙昧时期，人们始终认为"天道左行，地道右迁，人道尚中"，天、地、人是各行其道的。《系辞》讲"物相杂，故曰文"。《易经》发现了天地人三才之道可以会通，人们可以向天道、地道学习，以法天正己，遵时守位，知常明变，居安思危，趋利避害，开物成务，建功立业，进而改变自身所处境况。人文倡导人们在尊重宇宙乾坤秩序的前提下，实践人道与天道、地道相"杂"。

"文"之美表征卦象的符号之美。《周易》易象发端于八卦符号，由阴阳爻的不同排列分组表示。《系辞传》有云："古者包羲氏之王天下也，仰则观象于天，俯则观法于地，近取诸身，远取诸物，于是始作八卦，以通神明之德，以类万物之情。"易象之"象"，即为"类比"，"近取诸身，远取诸物"是以符号模拟的方式将经验直观简化为卦画与阴阳爻的抽象，"拟诸其形容，象其物宜，是故谓之象"（《系辞传》）。因易象的符号取象源自天地万物，是经验世界在人脑中的抽象反映，不仅能将阴阳相杂、交错为文的万物情态表达出来，而且能使其和谐"相杂"，体现为一种"相杂之美"，故能具有"广大配天地，变通配四时"之价值功用，为人获取知性乃至审美标准提供了丰富的观念质料。

◎二者，文饰之美在于"饰"

《周易》美学将不同事物之间的"相杂"本身视为一种自然之美、真实之美、和谐之美。"相杂"意味着需要首先承认和尊重各类不同事物之间的差异性。"饰"之美在中国古代必须与类的划分相联系，由此推及社会人伦形成了各类具有等级的美的装饰形态。不同的文饰存在于不同的类，而类的定位于划分实际上就是关于事物与人关系的划分，中国传统文化思维的根本目标是宇宙天地间一切事物与人的关系，由此形成的一系列符号图示，不仅代表着这样一种类的区分，也构成了对各类事物的一种符号化的"文饰"。《系辞传》所言"易与天地准，故能弥纶天地之道"的思维目标，必然要将宇宙间的一切做出适当分类，即"方以类聚，物以群分"（《系辞传》）。阴柔、阳刚、动静、消息等等表达各类事物个性之美，在类的区别中得以展现。

从《周易》美学的内在逻辑上讲，阴阳、五行、八卦这一套易学的推演体系，说到底是在类与类之间进行的。以卦象为例，《周易》中并不涉及西方逻辑之概念，但卦象是对它所代表的那一类事物的总结与概括却是无疑的。每一个卦象都是一个类的概念符号。在分类和概念的形成上，传统逻辑认为概念来自人类意识的主观分类。概括某些事物的共同点，加以抽象形成一类事物的概念，即命名，例如植物/动物/人类。

  在这一点上，《周易》在语言学层面所表达的类的划分和判断似乎在一定程度上属于传统逻辑思维的主观分类。比如乾卦之"乾"，其基本属性为"健"，代表刚健积极的创造力，在自然界可以指"天"，在家庭中可以指"父"，在身体上可以指"首"，其衍生内涵也包括圆、君、金等等都是跨越种属和时空，由人根据感性经验和主观判断作出的分类。

  "文饰"以及其相关的等级划分、类的划分就在这一特殊指代中完成，比如我们形容男性之美，首先得判断他是一个男人，是与女性相区别的一种性别，这是第一次分类。其次，我们根据这种性别分类判断他的美之所在，即阳刚、健壮、刚毅等应然状态。再次，我们根据他本人实际的社会地位、所处环境、性格特征、体貌特征等因素，给予他以相应"符号化的"装饰修饰，使之符合他本身的社会属性，这是第二次分类。这样，基于分类的"文饰"之美就在一个简单逻辑中完成了。

【秩序之美】

◎《周易》美学思想中的秩序内涵集中体现为"理"

  "理"的概念涵盖"天理""道理""命理""伦理"等大的"理学"范畴，此与西方辩证逻辑中"逻各斯"虽可作同等概念位阶的比较，但在生成路径与文化境域中的差异是显著的。黑格尔思辨逻辑中的"理性"主要体现于"逻各斯"的规律、规则、尺度等关联内涵，是从语言形式及其颠倒（否定）演进而来，表征为剥离了感性直观的理性主义。而以《周易》为代表的"理"的范畴则以融入"天人合一"的直观体验为概念的构建根本，并非通过外在语言逻辑形式的否定，而是向内"反身"的感官体验来形成，从汉代董仲舒的"天人合一"理论初建到宋元时期"理学""心学"的建立，直至明清时期思想演进种种，在"理"的范畴中，概念的不断演化是以后学不断扬弃旧学的"自否定"路径展开的，期间又杂以"道""德""气"等多维度范畴与理念的融入汇通，最终形成了中国文化语境下关涉"理"和"理性"的独特美学内涵。

  其中，宋明理学的美学价值尤为显著，宋明理学中的美学内涵特指中国宋、元、明三代在理学思潮影响下的美学形态。其特征是在儒、道、释三学综合的大潮流下，美学理论思虑严谨而理性深邃、意绪平和而艺术秀雅。受理学思潮影响，这一时期的哲学美学主题是道德作为本体、主体、过程（工夫哲学），审美如何可能，即如何由"善"到"美"的问题，呈现为思考做什么样的人，以及怎样做人的中国人格美学，邵雍、周敦颐、张载、朱熹、陆九渊、王守仁等理学家们对人性问题作出了深刻的论述，他们肯定人性本善，强调天人合一、情理交融、体用一原的理念和心灵转化、生命超越的美学内涵。

◎其一，"天人合一"的秩序之美。"天人合一"思想起源于两汉，两汉时期《周易》秩序之美表现为人伦社会活动的顺应天时。董仲舒创立的"天人感应"之学即是其说典型代表，董子以《春秋》与《易》之并举以示"天理"人事，认为天地运行之"公理"与社会人伦秩序之"事理"存在着内在的关联与对应，是有"人之为人本于天"（《春秋繁露·为人者天》），"天地之常，一阴一阳"，"四者天人同有之。有其理而一用之"（《春秋繁露·阴阳义》）。天地运行、生命运动内藏阴阳消息变化之"理"，与五行互为表里、相辅相成，又见人伦规则之"理"，"故五行者，乃孝子忠臣之行也"（《春秋繁露·五行之义》）。此阴阳五行之易理以社会伦理的形式作用于社会生产交往的诸多领域，为董仲舒所谓"天人感应论""阴阳灾异论"演进为社会"公理"主流思潮提供了重要理论基础，人们依据天时、天理等自然秩序进行审美活动，成为影响当时社会主流审美价值的思想倾向。

◎其二，"理礼一体"的德性之美。宋元时期易学具有高度哲学化、伦理化的思想特征，以程颐、朱熹、张载等为代表所创立的理学体系，通过逻辑思辨的诠释方式，将《易》之"理"集中阐释为现实社会交往中的伦理纲常。

程颐在其著作《伊川易传》中以"理"诠《易》。首先，程颐认为"理一分殊"，不同生命、不同事物各自遵循各自存在发展之"理"，在本体论层面，"理"构成了万物生长运行的最高原则，生命不分大小、强弱均循"理"而生，只是具体生命形式下的"理"各有其特征表现，故"天下之理一也，途虽殊而其归则同"。

其次，程颐将"理"理解为社会伦常之"礼"，视"礼"为"天理"在人类社会的现实映射，此在其关于归妹卦、夬卦、履卦等注疏中多有体现，程云"男女有尊卑之序，夫妇有唱随之礼，此常理也"。

再次，程颐对生命循"理"与生命本"性"之间的辩证关系多有关注，在程颐看来，"欲求"作为生命本性的主要范畴需要受到"理"的调整，一为天地运行生命运动之"天理"，"阴阳交感，男女配合，天地之常理也"，二为人类社会伦常之"伦理"，"然从欲而流放，不由义理……伤身败德，岂人理哉"！

可以说，程颐在《易》中集中阐发"理"之内涵十分丰富，从生命本体论高度将"理"视作事物存在发展规律性、尺度性、必然性的缘由，"理"以其不以人意志为转移的客观实在超越了生命原始之"性"，外在于人的主观感知而存在并被人所认知，这些思想极大地拓宽了"理"在《周易》美学思想中的阐释维度。道德的崇高感，道德内在超越的境界都内在地相通于美学。与理学思潮的盛行相关，这一时期的审美风尚也呈现出宁静、秀逸而严谨的特征。同时，宋明时期的书画美学、诗歌美学、小说美学、戏剧美学、园林美学等也获得充分的发展。可以说，宋明理学美学深刻论述了如何由道德开出审美的话题。

◎其三，"理气统一"的气象之美。张载将宇宙万物运转流变之"理"诠释为"气"，以气论为核心构建自己的"理学"体系，主张"气之生即是道是易"，把"气"的流变消长视为决定生命万物发展变化规律的最高原则。

一方面，张载赋予"气"以最高本体的价值，提出"气本论"思想，即宇宙万物生化发展背后的最终动能来源于"气"，太虚即气，气化万物。

另一方面，张载的"气论"包含"一物两体"的辩证思维，他将"元气"视为"气"之元初形态，"元气"经太极之道化成阴阳二气，二气互为表里、相反相成、升降互变，二气和谐统一至"天地氤氲"乃化万物。张载以其"气论"对玄学义理一派的思想给予更为丰富的改造补充，将"理""道"等抽象概念通过"气"之升降、沉浮、消长作形而下的具体阐释，并赋以"仁""义""德""和"等伦理价值，为从生命内部矛盾因素出发探求易理提供了新的认识论视角。如若说道家是关于灵魂的一种审美，那么宋明理学的审美价值也是如此，只是表述和操作上更注重于现实的人的理性修养。

区别于道家美学之"静"，宋明理学则体现为"敬"，不仅在于"敬天"，更在于"敬人"，即用于社会人伦的秩序之"敬"。宋明理学强调体验，此点与道家相同，这类充满身体与生命维度的感受方式表达为"气"。如前所述，审美体验的不可言说，在"气"那里，通过"气"之升降、沉浮、消长作出了形而下的具体阐释，并赋以"仁""义""德""和"等伦理价值，为从生命内部矛盾因素出发探求易理提供了新的认识论视角。"二程"对道和器的非实体之理解，主要由"气"表达，并通过审美之"象"，营造出一种全新的关涉"气象"的审美方式。

第七讲

书画器物与意象之美

【象与意之内涵】

◎"象"有三种：一是具体物象。二是"无状之状，无物之象"（《韩非子·解老》），表征着的，是人在想象中的非现实的象。三是人们模仿、创造、临摹、描述的相似于客观物象的象。

"象也者，像也。"《系辞》有云"拟诸形容，象其物宜"，其中也包括了第二义"想象"的意思。超越一切有形物象，又包括能象征它们的"意中之象"，是最博大最完美的"大象"。《老子·四十章》说"大象无形"，即超越具体物形，如"无言之美""无迹可求""大音希声"是美的极致。其中的"大""美""刚""健""粹""精"都有审美意义。通过形象和意象。感受到"旁通情也"，更是接近了通过形象、意象以感受到感情意味，能利天下而不言所利，这正是审美的特点。

《周易》意象学说构成了中国古代意象美的理论基础。按照《系辞》说"称名也小，取类也大"的说法，圣人立象以尽意，有典型意味，有象征意味，有多义性，有多种情景的适应性。王弼在《周易略例·明象章》说："触类可为其象，合义可为其征。"他还有"得意忘象"之说，有象征意味的象，可让人们妙悟"象外之象""味外之旨""韵外之致""言外之意""意象"中的美。这个美是无限多样的，正如王充在《论衡·自纪篇》中所说："美色不同面，皆佳于目"，嵇康《声无哀乐论》中的："五味万殊，而大同于美。"

《周易》意象之美不在具象写实，而是对真实之象的扬弃与超越。关于此论，魏晋时期王弼忘象忘言意象诠释观的思想渊源早在先秦诸子那里已有论及，庄子云："蹄者所以在兔，得兔而忘蹄。言者所以在意，得意而忘言。"（《庄子·外物》）又云："意之所随者，不可以言传也。"（《庄子·天道》）墨子认为，"执所言而意得见，心之辩也"（《墨子·经说上》）。老子则说，"多言数穷，不如守中"（《道德经》）。在以儒家思想为主要内容的《易传》中，又有

"书不尽言，言不尽意"（《系辞传》）的认知。

可见，中国古代语言逻辑与审美品位对于"理"的认识并非通过所谓"言"，即西方所谓逻各斯的语言分析而获得，不论是庄子之"随意"、墨子之"心辩"、老子之"执中"还是儒家所认为的"尽意"，在中国文化境域中，人的生命体验与主观感知是高于抽象理念的更为深刻的客观存在，关于"理"的认识方式与获得途径唯有在向内感知体验的过程中方能取得。由此，王弼承继了诸子中"忘象"以至"忘言"的认识方式，提出"言者所以在意，得意而忘言"，强调"得意""取义"的主观体悟，主张无限理性意蕴中的主体感知。

同时，王弼首创"义理"之学"扫象"以释《易》，通过卦爻辞以及其中哲学思想的阐发讨论"言"与"意"的问题，一为丰富易"理"之内涵，二为拓宽易"理"之认识手段，形成了一套关涉"理"的独特研究范式。此种价值解释方法论的形成，对于从意象视角深入把握客观事物内在的本质规定性起到重要作用。

【书法意象之美】

◎笔者认为，书法意象之美，美在书者书写过程中所流露的意象之"情"。《周易》经传中直接论及"情"的文字不在少数，"情"与"性"的辩证关系常以一种"情"发端于"性"的"体用"价值被并行提出，在书法艺术中，"情"是书者所要表达的首要内容并在各种技法、书体、布局中无处不在，可以说一部书法艺术作品的达成就是书者所寄情感、情绪、情节的展现，因此，"情"在意象之美的表达中应作扩大化解释。

《文言·乾卦》有云："利贞者，性情也。"此处"性情"指乾元本就蕴含着的德行，如朱子所言"故仁义礼智者性也，而心之所以为体也。恻隐羞恶恭敬辞让者情也，而心之所以为用也"。陈鼓应认为，"性"谓乾德先天之体，"情"谓乾德后天之用。"情"因与"性"的"体用"关系被推至"天性"的本体论层面，同时具备了卦象所含纳的德行品质，如《乾卦》"利贞"中"施利于物之利""守持正道之贞"均是生命万物所应效法之"情"的体现。汉代象数易学的特点之一是通过八卦象征物象探讨卦爻象与辞的辩证关系，即关于符号转换的一种诠释解说，其中"情"在诠释这种转换关系中起到了重要作用。这一符号转换的"情"之思维在书法艺术中体现明显，书法线条的运动是有规律的运动，人的内心不仅要精确地把握这些规律，而且手要会熟练地运用这些规律，笔意、情意在书写过程中是一个统一的构成体。因此，中国书法实际是天地阴阳变化在艺术上的同构表现，不了解《周易》很难了解书法艺术。

《文言·乾卦》云："六爻发挥，旁通情也。"此处"情"作天地万物之情理理解，卦象爻象变化移动产生新的符号图示，直接指向其内涵之"理"的变化，"理"旁通于"情"，从而将宇宙万物运行生长之规律赋予"情"的生命感知。此外，《系辞传》言圣人作卦，"近取诸身，远取诸物""圣人立象以尽意，设卦以尽情伪"。即是通过设立乾坤震巽坎离艮兑八卦之象以连通万物之所谓"物情"，由此"以通神明之德，以类万物之情"。"情"发轫于生命之"性"，又与事物内含之"理"相通，既具有德性价值又会通阴阳造化之性质，以类为分表达万物之情态。伏羲演绎的《易经》中的八卦中代表水的坎卦，竖起来就是汉字甲骨文中的水字，《易经》的八卦是伏羲仰观天文，俯察地理和观察自然界总结出的八种代表宇宙的八种现象，在没有文字前，只能用横画的符号代表，这与中国文字的起源有密切联系。故友清代著名文学理论家刘熙载在其《书概》云："圣人作《易》，立篆以尽。意，先天，书之本也！"书法的中和之美的表现形式为书法的意象美，书法达到了阴阳的中和，不仅在于书者在业已书写出的文字形式上达到了一种视觉上的中和、平衡，重要的是，书者通过书写过程达成了自身内心的平衡、平和，这样它所呈现出来的就是高于文字本身的哲学意境美。可以说，《周易》中"情"的内涵已不再只是对人的喜怒哀乐的情绪指代，而是饱含"以类万物"功用的一种生命感知力，是对感性经验有所超越的一种"形而上学"。

　　易有太极，是生两仪，两仪生四象，四象生八卦。在周易理论中，万物都是从太极这一本源衍生而出。太极由一逐渐分为二，生出阴阳两仪，再为四象，八卦等等。而汉字的发展源起和过程显然也是和易学思想的这个演化过程相类似。从最简单的笔画开始，通过阴阳等不同笔画的变化分解，产生出很多不同的多变而丰富的笔画。但是基本的笔画却又只有八画，分别为点、横、折、竖、钩、撇、挑、捺，仿佛易学中的八卦一样，由八卦的组成可描述天地万事万物。这种从极其简单的笔画逐渐发展成汉字在世界文字构成中都是少见的。此外，笔画构成的书法也是一种情感的"抒发"，所谓："书，心画也。"《书法雅言》有云："夫周易之经卦皆心、画也，书法乃传也。"书法对内心、情感状态的描述必须通过笔画的意象来表述。

【绘画意象之美】
　　◎在绘画方面，卦象是用以"图理"的，绘画是用以"图形"的，绘画达到了最高境界就能"与易象同体"，用笔的"刚德"与"柔德"，从绘画上分析了阳刚之美与阴柔之美的不同特征，以表现天地万物之于阴阳运动中美的变化。

第一，构图布局中的"守中"。在中国传统画论中，"和"一直被认为是最高的绘画境界，它往往与安详、和谐、宁静、空灵等境界紧密相连。《周易》经传中，"和"字具有和谐、和顺、中和的意思，"乾道变化，各正性命，保合大和，乃利贞""利者，义之和也""和兑，吉""履，以和行"等等。所谓"和"，本指中正、守中之意，它所强调的是位置的守中、行为的适中与恰到好处，和各种关系的和谐，后来在儒家学说那里，引申为符合中庸之道的人的道德修身境界的一种原则。当这种道德境界影响到艺术审美取向之时，首要的是对作画之人内心平和的忠实反映，以中国山水画审美为例，好的山水作品必是具有中正平和、温文尔雅、和谐敦厚之美的作品。

石涛所著《画语录》，直接以易学为基础，建立起了中国最具系统性和哲学深度的绘画美学。同时，石涛在其《苦瓜和尚画语录》中指出："尺幅管天地山川万物，而心淡若无者，愚去智生，俗除清至也。"此说中所透露的和合淡雅、静心平和的心理状态，本质上就是对"和"之精神的具体反映，表现在构图布局上，就是画面整体和谐的"守中"之美，处理各种山石、草木、水流、人物笔墨上的合乎中和，这种自平和心性所流露的"守中"境界成为古代中国绘画的一种基本理念。

第二，形象描绘中的"传神"。立象尽意是关于中国古代绘画的至高追求，南朝《山水画序》中有云，"圣人含道映物，贤者澄怀味象。至于山，水质而趣灵"，画面上的山水石木皆是物象，这些象都是通过画家依靠直觉对自然界中山水形象的把握而形成的，这一理论认为山水是有神的，正符合立象尽意的思维方式以及其中的美学思想。画家须做到模仿圣人那样"含道映物"，像贤者那样"澄怀味象"，方能体会感受到山水中的神韵之美。由此可见，传统中国画的审美不讲求真而在于神，不追求西方那样客观、科学的"透视法"而采取一种心灵体悟式的、直觉式的把握去描画，追求"神似"，重要的是画出万物中运行不变的那种神韵。这些思想均受到《易经》中意象之美学观的极大影响。

国画中的意与象之间关系的思想来自易学中的卦象思想。《系辞上传》有云："言不尽意，书不尽言，然则圣人之意，其不可见乎？"这里首先是指出意和言之间的矛盾，然就是解决矛盾的过程，那么如何解决意和言之间的矛盾呢。圣人立象尽意，设卦以抒发感情，也就是说，意与言之间的矛盾只有通过卦象这个中介方能解决。正所谓"八卦成列，象在其中矣"。这里就是指出象的重要性。"夫象,圣人有以见天下之赜,而拟诸形容,象其物宜,是故谓之象。"我们通常所讲的逸象、意象,在周易中指的就是"卦象",也是代表天地万物不同类型的抽象的象,立意必须通过立象方能表情达意。

第三,绘画语言中的"通变"。中国画的绘画语言之所以区别于西方古典主义写实、写真的文化习惯,相当大程度上与这种绘画语言内在的逻辑思维有关。在中国文化语境中,"动静""有无"同"矛盾"所要表达的内容一样,本质上都是对偶对事物之间相互转化、相辅相成的一种类比,不同于西方哲学(尤其是黑格尔思辨哲学之前的辩证法),这种所谓的偶对物之间的"冲突"不是对立状态下的冲突,而是在时空秩序中同一范畴内的相异元素走向融合、彼此互为对方存在条件的"冲突",即事物的进化。

并且,在同一个范畴中展开的"矛盾"也并未超越人脑的反映和把握,"明吾人总念之变化者"之中的矛盾,既不是先验的凌驾于客观世界之上,也没有仅仅作为主观判断任意设定,其表达的是人们对一个更高的一致性的逻辑的解读,"这一逻辑设定和完成一种在生成的整体之中的对立统一、差异而和解的合成(无论它是审美的、能动的还是设想的)"。可见,中国语境下的逻辑思维尽管仍保留着对"进化""冲突"等本体论、认识论的范畴,但其整体思维确是以"明吾人总念之变化者"为表征的"通变"之道,这一思维并不建立在西方哲学的所谓先验以及二元论等形而上学的理论之上,相反,它根植的是现实的生活。由此,关于中国画绘画语言的认识解读,也可以看作是对一种哲学观的再创,而汉语中字词内涵的多重性和模糊性也给予这种再创以更大的可能,区别于"西方主流那种由严格秩序和先验力量支配之宇宙论世界观的中国'通变'风格思维方式,就经历了一个哲学意义再生产的新过程"。因此,中国书画家借助于阴阳、太极观完成的对逻辑思维的再次解读,也让我们看到了美学思想之于两种文化观之间获得兼容的可能。

以《周易》各卦为例,直接涉及"通变"美学思想的卦象就有不少。如《贲卦》讲的是文与质的"通变"关系问题,涉及文饰和美的交互与转化;《离卦》涉及的美学思想是通过审美想象的发挥,形成虚实"相生"、动静"通变"的审美体验;《豫卦》涉及音乐艺术,描绘了宴会场合欢乐愉快的美的感受,以雷鸣地动的自然情景"通变"欢快愉悦的审美体验。由此而形成的审美交感论即是《周易》美学最富特色的理论之一。除此之外,涉及美学上有关意象理论包含了多方面的美学意义,对体现中国传统绘画、音乐、书法以至建筑等造型艺术提供了直接的美学理论根据。

【器物意象之美】

◎一是"器物审美"的对象

中国器物审美的特点在于对其意象之美的体悟,由于器物本身的人工创制属性,这种审美必然是基于人工技艺所展现的意象之美,即对人工之物而非天工之物的审美,因此,随着社会生产力的不断发展,人工创制器物的累积性丰富,也必然带来一个趋势,那就是器物审美对象的不断扩展。尽管我们将《周易》美学对器物审美的影响规定为意象领域,但不能否认,"器物审美"的根本特点在于:它是以实用性为基础的审美,这种意象之美离不开器物的实用性与功利性考量。器物审美是欣赏器物的形制以及通过形式显现的人类创造性的智慧,具体表现为器物工艺技术之美、装饰之图式纹样之美。所有关涉意象之美的体悟都须围绕器物所属的形式之美,并从此种特殊样式形态中,体悟到其中蕴藏着的丰厚历史信息,进而理解领略到特定历史时代的哲学思考和文明信息,应当说,意象之美的全部内涵尽管通过器物的形态样式展现,但本质还是关于器物内在精神内容的揭示。

◎二是"器物审美"的内涵

《周易》话语体系中的"器物审美"当然地表达为对义理的另一种阐释。中国传统造物的意境即"器以载道",中国传统造物艺术是通过形态语言传达出一定的趣味和境界,体现出一种审美愉悦和审美功能。体现在人与人的社会关系中,是社会的和谐有序;体现在人与自然的关系中,是天人合一体现在人与物的关系中,是心与物、文与质、形与神、材与艺、用与美的统一。中国传统器物有深厚神秘的东方风采,丰富神奇的质感肌理,诗情画意的优雅意境,以及细部的精致处理,使得中国器物耐人寻味,美不胜收。中国传统器物艺术是通过形态语言传达和表现出一定的气氛、趣味、境界、格调,以此来满足人们的审美需求,即所谓"寓意于物","意境"作为中国传统艺术的突出特征,显示在器物创作活动中。以《鼎卦》为例,鼎卦是《易经》六十四卦中的第五十卦。异卦(下巽上离)相叠,意味着燃木煮食,化生为熟,除旧布新的意思。从器物造型形态上看,鼎为重宝大器,三足稳重之象。

从器物功能上看,鼎为煮食之用,寓意食物充足,不再有困难和困扰,适宜在此基础上宜变革,发展事业;从卦爻象上看,鼎卦上接井卦和革卦,它是言谈改革的第三卦,鼎卦利用"鼎颠趾,利出否;得妾以其子",和给鼎重从装上"黄耳金铉""玉铉"的形象来谈改革后的可喜收获,同时也提出由于改革不慎而带来"鼎折足"的可怕结局。从寓意上看,鼎不仅是一种炊具,也是一种政权的象征，自古每有"问鼎""定鼎"之说，《周易》把鼎卦列为改革之卦，将更能说明它意义的深远。

◎三是"器物审美"的观念

如前所述，"器物"是区别于自然物的人工物，它是人的劳动的对象化产物。"对象化"就是人的"劳动""生命"创造的物态化，因而，它成为人们直观自己的对象，这是器物审美中一个十分重要的观念，即一种由自我审视推向自我确证的审美"反思"。

美之意象性的存在"物"既是一种客观存在的事物，又是富含智力创造与情感意志的观念创造，一方面具有作为"纯粹的创造物"的非生命"物性"，另一方面又是人这一高等生命体的精神力量的凝结，并因此而具有了某种"感性"。这也就是器物审美与普通器具的观看、使用之间的本质区别，即器物的创制中是否富含高度的精神情感因素。进一步来说，在所有的器物制造者那里，并不是所有工匠都具有创造性，他们大多属于"巧者"，他们的制造甚至是创造不见得具有审美属性，而具有开创性的创制者才能成为技进于道的大师，进而将器物而非日用之物内在的"物性"创造性地转化为意象之美中的"精神性"。

◎四是"器物审美"的范畴

易学思想对器物的工艺制作、装饰设计、建筑艺术也有深刻的影响。中国建筑的整个设计观念都是以《周易》的思想为基础的，这是了解中国建筑艺术的关键。历代关于音乐旋律的和谐构成的考察，如《乐律全书》等著作，也是直接以《周易》的思想为基础的。

有的学者以先秦玉器审美为例，认为玉器在先秦不只是一种特殊的工艺审美对象，它对先秦审美有普遍性影响，甚至代表了一种理想的审美观念。先秦玉器身上承载了人类早期文化创造从器质而制度，而观念的演化的基本历程、普遍规律。

有的学者以陶器、青铜器为例，认为中国早期器具制造史上的陶铜之变，其实就成了中国文明从分离走向合流、从多元走向一体的最恰切象征。以此为背景，见于史传的夏铸九鼎传说、殷商青铜器组合式图案，则为中国早期的国家一统观念提供了审美、政治乃至神学的证明。

据此也可以看出，"器物美学"的意象之美，是在器物本身之外，或者说透过这些"象"而认识其中所隐含之"意"，并且"美"自身的范畴也应有所扩展，如政治美学、行为美学、伦理美学等等。因此，我们不能将美学界对器物美学的审美仅仅停留在器物本身的研究上，或者停滞于工艺、艺术或美学的层面，而应通过这些传统的典型范畴，对其中的政治观念、价值判断、社会心理等更为宽广的视域有所洞见。

中 编

前 言

第八讲

乾卦与坤卦

☰ 乾为天

《周易》第 1 卦：乾卦

◎古经

乾：元、亨、利、贞。
象曰：天行健，君子以自强不息。
初九，潜龙勿用。
象曰：潜龙勿用，阳在下也。
九二，见龙在田，利见大人。
象曰：见龙在田，德施普也。
九三，君子终日乾乾，夕惕若，厉，无咎。
象曰：终日乾乾，反复道也。
九四，或跃在渊，无咎。
象曰：或跃在渊，进无咎也。
九五，飞龙在天，利见大人。
象曰：飞龙在天，大人造也。
上九，亢龙，有悔。
象曰：亢龙有悔，盈不可久也。
用九，见群龙无首，吉。
象曰：用九，天德不可为首也。

◎《彖传》

大哉乾元。万物资始，乃统天。云行雨施，品物流形。大明终始，六位时成，时乘六龙以御天。乾道变化，各正性命，保合太和，乃利贞。首出庶物，万国咸宁。

《彖传》说：乾元真是伟大之极。万物因其而有了开始，乾元由此主导万物运行。自然界的云气流行，雨水布施，众物周流而各自成形是由于有了这一原动力；太阳的光照终而复始地出现，正是六爻位置按一定时序交替出现的结果，好比乘着这六条龙驾驭天道。乾道的变化，使万物各自正固其本性与规律，万物得以生生不息并想处于一种和谐稳定状态，达到了生命的适宜和贞固。以乾卦为首所创生出了万物，对世界带来生动与安宁。

◎《文言》

元者，善之长也；亨者，嘉之会也；利者，义之和也；贞者，事之干也。君子体仁，足以长人；嘉会，足以合礼；利物，足以和义；贞固，足以干事。君子行此四德者，故曰：元、亨、利、贞。

《文言》说：元，是众善的首要。亨，是众美的聚合。利，是义与礼的统一。贞，是成事的主干。君子履行仁义就足够可以号令大众，众美的聚合就足够可以符合礼义，利人利物就足够合乎于礼与义，坚持正道就足够可以成就事业。君子的标准就是对这四种美德的身体力行，所以说："《乾》卦具有这四种品德：元、亨、利、贞。"

◎释义

乾卦：大吉大利，吉利的占问。

《象辞》说：天道刚健，运行不已。君子观此卦象，从而以天为法，自强不息。乾为天为道为大，为太极，太极即一。乾卦象征创始，通达，适宜，正定。

初九：潜藏的龙，无法施展才能。

《象辞》说：潜藏的龙，无法施展，因为初九阳爻处在一卦的下位，尚处于弱小阶段，受到压抑而不能发挥作用。

九二：龙出现在大地上，有利于会见大德之人。

《象辞》说：龙出现在大地上，喻指君子走出了压抑的低谷，有利于结识有道德并居于高位的人，开始走向适宜展现大德的社会地位。

九三：有才德的君子始终是白天勤奋努力，夜晚戒惧反省，虽然处境艰难，但终究没有灾难。

《象辞》说：君子整日里勤奋努力，意思是反复行道，坚持不舍。虽有危险，但不会有咎害。

九四：龙也许跳进深潭，没有灾难。

《象辞》说：龙也许跳进深潭，表示可以有所作为而没有灾难。

九五：龙飞腾在空中，有利于会见贵族王公，实现大德。

《象辞》说：龙飞腾在空中，意味着君子大有所为。

上九：升腾到极限的龙会有灾祸之困。

《象辞》说：升腾到极限的龙会有灾祸之困，这是警诫人们一味地盈满是不可能长久保持的。

用九解读：全卦整体意为天地万物运行的无始无终，循环无端，因此不可居于首位。用九"天德不可为首"一指乾卦六个爻六条龙首尾相连，如环无端。二指用九为乾之坤也。乾为天，为首；坤为臣，故不可为首。乾之坤故曰"天德不可为首"。

◎ **哲学美学启示**

那些象征积极的、向上的、刚健的、有力的、权威的、圆形的、男性长辈、珍贵的、富有的、寒冷的、坚硬易碎的、在上的事物，都可归于乾卦。六十四卦中《乾》用来象征天、阳、日、君、父、夫、圆、玉、金、冰、寒、马、赤色、不知疲倦等。乾与人体对应的部位是：头、首、胸部、大肠、肺、右足、右下腹、男性生殖器等。

六十四卦之中的乾，是两个乾卦同卦相叠而成，象征天，用龙来喻指有德才的君子，又象征纯粹的阳和健，表明兴盛强健。乾卦是根据万物变通的道理，喻示吉祥如意，教导人们顺天道而行。乾卦是六十四卦中的第一卦，《序卦》讲述了六十四卦的排列次序，指出："有天地，然后万物生焉。"意思是以乾卦为天，以坤卦为地。有天地才能化生万物。乾代表阳刚劲健的主动力，坤则是承载力，两者相摩相荡而变化生出万物。《象传》中这样解释乾卦：天行健，君子以自强不息。意思是天道运行周而复始，永无止息，谁也不能阻挡，君子应效

65

法天道，自立自强，不停地奋斗下去。

整个《周易》中，乾卦对阳刚之美的解释最详，其关于阳刚之美的特征表述中，一是自然生命生生不息、坚不可摧力量。"乾元者，刚健中正，纯粹精也。"（《象传》），又如"天行健，君子以自强不息"，阳刚之美表现在天的伟大力量和人的伟大力量，即君子或圣人建立功业的精神力量中。二是关于壮美与崇高之美的表达。《乾》卦的阳刚变化规律从象征着潜龙、见龙、终日乾乾之龙，或跃或渊之龙、飞龙在天以及亢龙的每一爻得以阐释，以不同的龙的形象喻示阳刚之美的逐渐变化规律，揭示出崇高、壮美这一审美范畴在《乾》卦中的内涵，这不仅是对"健"的精神的崇高性赞叹，也是对充盈的生命力的积极肯定。

◎ 西方美学比较

尼采是德国著名的哲学家和诗人。他的学术思想极富挑战性，他宣告"上帝死了"，使西方世界大为震撼，他所持的"超人哲学""权力意志"学说更是震古烁今。尼采的美学精神集中体现在他的第一部著作《悲剧的诞生》中，日神精神和酒神精神是尼采美学最基本的一对概念。日神精神是从外观上呈现虚幻的形式之美，是壮美的一种美学化的表达。酒神精神则是出于生命内在的癫狂之美，是一种充盈的壮美之力量。在尼采看来，艺术是日神和酒神精神融合的产物，具有强劲、率真、原始、自然以及纯粹的理想主义色彩。《乾》卦中的阳刚之美与尼采的美学精神都关涉到壮美、崇高、纯粹、率真、强健等美的意识与审美状态，表现出了个体强大的能动潜力与前进动力，个体自身以其巨大的能动性无畏地释放着生命的能量，朝着符合生命自身目的的意志勇往直前。

坤为地

《周易》第 2 卦：坤卦

◎ 古经

《坤》：元亨。利牝马之贞。君子有攸往，先迷，后得主，利。西南得朋，东北丧朋。安贞吉。

《象》曰：地势坤。君子以厚德载物。

初六：履霜，坚冰至。

《象》曰：履霜坚冰，阴始凝也，驯致其道，至坚冰也。

六二：直方，大，不习，无不利。

《象》曰：六二之动，直以方也。不习无不利，地道光也。

六三：含章，可贞，或从王事，无成有终。

《象》曰：含章可贞，以时发也。或从王事，知光大也。

六四：括囊，无咎无誉。

《象》曰：括囊无咎，慎不害也。

六五：黄裳，元吉。

《象》曰：黄裳元吉，文在中也。

上六：龙战于野，其血玄黄。

《象》曰：龙战于野，其道穷也。

用六：利永贞。

《象》曰：用六永贞，以大终也。

◎《彖传》

至哉坤元，万物资生，乃顺承天。坤厚载物，德合无疆。含弘光大，品物咸亨。牝马地类，行地无疆，柔顺利贞。君子攸行，先迷失道，后顺得常。西南得朋，乃与类行。东北丧朋，乃终有庆。安贞之吉，应地无疆。

彖传说：至广坤元，万物依赖它而生成，故曰顺承天道。坤以其宽厚博大而承载万物,德能无边无际,以其承载厚重而致广大,各类物种因此得以通顺畅达。牝马为地生,驰行大地没有疆界,柔顺而宜于守正。君子有所往,率先行动则会迷惑而失其正道,在后随顺则能获恒常持久。西南得到朋友,是与同类前行,东北丧失朋友,最终将有吉庆。安于守正之吉,是因为应合地道而永续。

◎《文言》

坤至柔而动也刚,至静而德方,后得主而有常,含万物而化光。坤道其顺乎,承天而时行。积善之家必有余庆,积不善之家必有余殃。臣弑其君,子弑其父,非一朝一夕之故,其所由来者渐矣,由辩之不早辩也。《易》曰"履霜,坚冰至",盖言顺也。"直"其正也,"方"其义也。君子敬以直内,义以方外,敬义立而德不孤。"直、方、大,不习无不利",则不疑其所行也。阴虽有美,"含"之以从王事,弗敢成也。地道也,妻道也,臣道也,地道无成而代有终也。天地变化,草木蕃。天地闭,贤人隐。《易》曰"括囊,无咎无誉",盖言谨也。君子黄中通理,正位居体,美在其中而畅于四支,发于事业,美之至也。阴疑于阳必战,为其嫌于无阳也,故称"龙"焉。犹未离其类也,故称"血"焉。夫玄黄者,天地之杂也,天玄而地黄。

《文言》说:地道极为柔顺但它的运动却是刚健的,它极为娴静但品德是方正的,地道后于天道而行动,但运动具有规律性。它包容万物,其生化作用是广大的。地道多么柔顺,顺承天道而依准四时运行。积累善行的人家,必有不尽的吉祥;积累恶行的人家,必有不尽的灾殃。臣子弑杀他的国君,儿子弑杀他的父亲,并不是一朝一夕形成的,所以出现这种局面是逐步发展的结果。《易经》说:脚踏着薄霜,就意味着不远的寒冬就要来临,这大概就是一种时空渐进的循序渐进。直是存心的正直,方是行为的道义。君子通过恭敬谨慎来矫正思想上的偏差,用道义的原则来规范行为上的悖乱。如果恭敬、道义的精神树立起来,人的品德就会产生广泛的影响。而即便君子正直、方正、广博,这些品德不为人们所了解,也没有什么不利的,因为人们不会怀疑他的行为。阴比喻臣下,虽有美德,但宜深藏含隐,从而服务于君王,不敢自居有功。这是地道的原则,也是妻道的原则,同样是臣道的原则。地道不能单独地完成生育万物的功业,但是在时序的交替中,它始终一贯地发挥作用。天地交通变化,草木就茂盛，天地阻隔不通，贤人就隐退。《易经》说："扎紧了口袋，如缄口不言。没有指责也没有赞誉。"大概意在谨慎吧。君子内心美好，通达事理，整肃职守，恪守礼节，美德积聚在内心里，贯彻在行动上，扩展到事业中，这是最为和谐的。阴与阳势均力敌，必然发生争斗。因为阴极盛而与阳均等，所以把阴阳一并称作龙。其实阴并未脱离其属类，所以又称为血，血即阴类，所谓天玄地黄其实就是天地相交相汇后的色彩。

◎释义

坤卦：大吉大利。占问雌马得到吉兆。君子前去旅行，先迷失路途，后来找到主人，吉利。西南行获得财物，东北行丧失财物。占问定居，得到吉兆。

《象辞》说：大地之势的宽广而辽阔，乃顺承天道。君子观此卦象，取法于大地，以深厚的德行来承担重大的责任，将可获大成。

初六：脚踏着薄霜，就可以预判到坚厚的寒冰就要到来了。

《象辞》说：脚踏着薄霜，就可以预判到坚厚的寒冰就要到来了。这表明阴冷之气开始凝聚，遵循自然规律的推进，坚厚的冰层快要冻结而成了。这表明通过某些征兆，能预见未来的发展势头，要懂得见微知著的道理。

六二：平直、方正、辽阔是大地的特点。即使前往陌生的地方，也没有什么不利的。

《象辞》说：六二的爻象是平直而且方正，即使前往陌生的地方，也没有什么不利的，因为地道是广大无边的。时间与空间是宇宙万物的两大最基本因素，时间无始无终（群龙无首），空间广大无边（地道光也）。

六三：蕴含文采而可以正固。或者跟着君王做事，不居功而有好的结局。

《象辞》说：蕴含文采而可以正固，以等待时机发挥。或者跟着君王做事，因为智虑广大。阴柔虽然有美德，但要含蓄隐藏；以此跟从君王做事，不愿有自己的成就。这是大地的法则，为妻的法则，为臣下的法则。地的法则是不成就自身，而是助天完成功业。

六四：扎紧了口袋，如缄口不言，没有指责，也没有赞誉。

《象辞》说：扎紧口袋而没有过失，是因为谨慎所以没有灾害。

六五：黄色的衣裙，最为吉祥。

《象辞》说：黄色的衣裙最为吉祥，黄裳象征着人内在的美德，文采隐于其中。

上六：龙在大地上争斗，血流遍野。

《象辞》说：龙在大地上争斗，所流出的血是黑黄色的，比喻路走到了尽头。

用六解读：利于永远坚守正道。用六的永贞，可以使坤卦的臣道得到大的善终，这是万物应然的归宿。

◎哲学美学启示

六十四卦中的坤卦，是由两个坤卦上下相叠而成。象征地，顺从天。承载万物，伸展无穷无尽。坤卦以雌马为象征，表明地道生育抚养万物，而又依天顺时，性情温顺。它以"先迷后得"证明坤顺从、依随乾，才能把握正确方向，遵循正道，获取吉利。《象》中这样分析坤卦：地势坤，君子以厚德载物。这里指出坤象征大地，君子应效法大地，胸怀宽广，包容万物。由于阴之成形莫大于地，所以坤卦的卦象首先代表地。因为母亲是慈祥而温柔的，母牛是温顺而任劳任怨的，所以坤卦也象征母亲、母牛等。自然、温顺、阴柔、顺从便是坤卦美德。坤以牛为象，但坤卦是纯阴之体，足以与乾卦相抗，所以《周易》坤卦也以马为象，但注明是"牝马"，牝马也是马，同样有强健之德，但更富于顺从、坚忍等特性。坤卦的"利贞"是有条件的，只有像牝马一样内敛，按一定的规则办事，才"利贞"。

具体到六爻当中，六五"黄裳元吉"特别阐释了色彩之美与德性之美的统一，黄（土）为五行、五色之一，东为青，西为白，南为红，北为黑，中为黄，君子只有效法黄中，才能通达四方，正所谓黄中通理，也是君子恪守中正、修心养性之道。同时，六五爻还是尊贵之位，理应成就功业，但君子仍把精力放在"黄裳"（裳可扩展解释为身体）修身上，所谓居正位而不忘守正守中，即获得一种"美"在其"中"的吉祥。由于美德蕴藏于自身，华美之气必畅达于全身，真美之至也。

◎西方美学比较

毕达哥拉斯数学美学体系追求数的圆满，以圆满的数"十"作为最美的数。毕达哥拉斯认为，天体有十个，相应的道德有十种，事物的对立面有十项等等，而根据《易经》的观点，"九"在中国美学中是一个至善至美的数。君子王公以"九五"至尊为称，其服饰称"九章"，国之宝器称"九鼎"。毕达哥拉斯所推崇的"十"，在《易经》中则是居于类似于《坤》卦所代表的从属顺从的，全卦均由六个代表顺应、服从的阴爻组成，而坤所表征的大地和女性，即是在自然实体与人文精神上的反映，体现为一种阴柔而宽厚的母性之美。此外，毕达哥拉斯认为，"一"乃万物之源，是一切美的总和，而"一"可生出"多"，其他事物的美都是由"一"分化出来的,美的完整性即被分解,唯有保持"一"的纯美恒定才是最美的。而坤则是在与乾的偶对关系中并举提出的,是基于杂多的错综交汇中求得一致的逻辑体现,《坤》上六以"龙战于野,其血玄黄",喻示用六提示的"利永贞",表明杂多差异的双方最终走向统一才是事物发展变化的恒久趋势。

第九讲

屯卦与蒙卦

水雷屯

《周易》第 3 卦：屯卦

◎古经

屯：元亨。利贞，勿用有攸往。利建侯。

《象》曰：云雷，屯；君子以经纶。

初九：磐桓，利居贞，利建侯。

《象》曰：虽磐桓，志行正也。以贵下贱，大得民也。

六二：屯如邅如，乘马班如。匪寇婚媾，女子贞，不字，十年乃字。

《象》曰：六二之难，乘刚也。十年乃字，反常也。

六三：即鹿无虞，惟入于林中，君子几，不如舍，往吝。

《象》曰：即鹿无虞，以从禽也。君子舍之，往吝穷也。

六四：乘马班如，求婚媾，往吉，无不利。

《象》曰：求而往，明也。

九五：屯其膏。小贞吉，大贞凶。

《象》曰：屯其膏，施未光也。

上六：乘马班如，泣血涟如。

《象》曰：泣血涟如，何可长也？

◎《彖传》

屯，刚柔始交而难生。动乎险中，大亨贞。雷雨之动满盈，天造草昧，宜建侯而不宁。

《彖传》说，阳刚与阴柔之气开始交流，困难随之而产生。在险难中采取行动，一定可以走向通达而正固。屯象征的阶段乃生命造化草创蒙昧之阶段，因屯在乾坤始交之时，处于郁塞不通的状态。然而震为雷，阳气奋劲，坎为雨，阴泽普施。随着时间的推移，雷雨终将降临，阴阳终将交汇和谐为一体，届时雷雨充满天地之间，万物欣欣向荣，一派生机，故适宜搭建基础，且勤奋努力不停息。

◎释义

屯卦：至为通达，适宜坚守正道，不要有所前往，适宜建立侯王。

《象辞》说：上卦坎为云，下卦震为雷，两者相合，就是屯卦。君子由此领悟要努力经营筹划，治理国家社会。

初九：徘徊不进，适宜守住正固，适宜建立侯王。

《象辞》说：虽然徘徊不进，但是前进的心意是正当的。以尊贵处在卑贱之下，这样可以得到百姓广泛支持。

六二：困难重重，徘徊难行，骑上马也是团团打转。初九不是寇盗，而是求婚配的，但是作为女子却坚持而不肯出嫁，很多年之后才出嫁，直到与九五成婚。

《象辞》说：六二之爻预示艰难，因为处在初九阳爻之上。十年才能出嫁，这是反常现象。六二的难局，是因为乘驾在刚爻之上；十年才可出嫁，最后一切回归正常。

六三：追捕野鹿，没有充当向导的当地人。不要跟着鹿贸然进入山林。君子的智慧在于该舍弃时就要舍弃。深入山林往往会有危险。

《象辞》说：追捕野鹿，没有充当向导的当地人。君子放弃那野鹿，知道深入山林会有危险，因而除了舍弃别无他法。此处鹿，与禄谐音，因此用鹿代表功名利禄。虞，主管山林的猎官。

六四：驾着马车原地回旋，这是寻求婚配。大胆前进，必定吉利。

《象辞》说：敢于追求，勇于深入，因为其人深明形势。

九五：屯积肥肉。筮遇此爻，问小事则吉，问大事则凶。

《象辞》说：屯积肥肉意思是施舍不广。

上六：驾着马车原地回旋，哭泣无声，滴泪涟涟。

《象辞》说：哭泣无声，滴泪涟涟，这种情景怎能长久下去。

◎ 哲学美学启示

经历乾坤两大天地之卦，紧接着的是屯卦所代表的万物始生。"屯"字作为卦名，引申可作"屯积"的"屯"，表示在草昧阶段，不要急着追求发展，而是"利建侯"，稳住阵脚打好基础。卦象上看屯是"水雷屯"。上有雨水下有雷鸣，雨水滋润大地，雷鸣激起活力，万物一派即将生长萌发的势头。《序卦传》有云："盈天地之间者唯万物，故受之以屯。屯者，盈也；屯者，物之始生也。"屯是盈满的意思，表征着万物出生的意思。我们知道，事物开始孕育的阶段往往都是最艰难的阶段，屯卦为难进之象，即象征着这样一种起始阶段的艰难，所谓"万事开头难"。从卦象上看，这是因上卦为坎，坎代表着艰险、凶险。下卦想前行，但是受到坎卦的阻拦，因此要在艰难之中行进。

"屯"有春草破土而出的象形与文意，"雷雨之动满盈，天造草昧"正象征着春季雷雨交加、万物生发的状态，屯以草木初生时钻出土地时的萌生景象，生动地描绘出生命初期嫩弱艰难而生命力却异常强大的生长过程，体现了一种生生不息的生命之美。春雨时至，花草盛开，万物萌动，这样富有诗意的画卷展现了人类共情生命万物的情感抒发与无限希望，也带来强烈的生命哲学启迪。屯之美在于"生"，屯卦之德在于对生命力之美的赞颂，生命在开始阶段虽有艰难于前，但内在的生长之势却不可阻挡。

◎ 西方美学比较

英国人类学者弗雷泽认为人类原始宗教的种种活动"目的在于促使自然界在春天复苏"，这与更大维度的东西方文化中，人们普遍把春天看成生命的节日存在一定关联。而上古时期的人类并不把自身的生命与自然界区分开来，而是存在着交互感应天人合一的所谓"交感律"或"巫术交感"，以弗雷泽为代表的"巫术说"理论对人类原始艺术的研究影响巨大，这一概念也被广泛应用于当代西方美学各流派的学说中。而在屯卦的卦爻辞内容中，不管是关于草木雷雨的交汇，还是人类婚配活动的场景，都是对生命活动之美的某种隐喻，上古人们仿佛在自然万物合而为一的交感中，模仿遵循着天地运行法则进行着充满热情的生命活动。又《屯》卦整体是描写春之季万物生命活动的，所以整个爻辞反映着浓厚的乐生顺生的"生生"思想，并在具体爻辞中描写了一个古老的抢婚风俗。

山水蒙

《周易》第4卦：蒙卦

◎ 古经

蒙。亨。匪我求童蒙，童蒙求我。初筮告，再三渎，渎则不告。利贞。

《象》曰：山下出泉，蒙。君子以果行育德。

初六。发蒙，利用刑人，用说桎梏。以往，吝。

《象》曰：利用刑人，以正法也。

九二。包蒙吉。纳妇吉。子克家。

《象》曰：子克家，刚柔节也。

六三。勿用取女，见金夫，不有躬。无攸利。

《象》曰：勿用取女，行不顺也。

六四。困蒙，吝。

《象》曰：困蒙之吝，独远实也。

六五。童蒙，吉。

《象》曰：童蒙之吉，顺以巽也。

上九。击蒙。不利为寇，利御寇。

《象》曰：利用御寇，上下顺也。

◎ 《彖传》

　　蒙，山下有险，险而止，蒙。蒙亨，以亨行，时中也。匪我求童蒙，童蒙求我，志应也。初筮告，以刚中也。再三渎，渎则不告，渎蒙也。蒙以养正，圣功也。

《彖传》说，山下有危险，遇到危险就停下来，这就是蒙卦。蒙卦通达，是因为他通达的行动做到了合时与守中。不是我去求蒙昧的儿童，而是蒙昧的儿童来求我，这表示心意相通。初次占卦，告诉他结果，是因为九二有阳刚中正之象。两次三次占筮，是亵渎神明，亵渎就不告诉他，是因为他既蒙昧又亵渎。蒙昧之时可以用来培养正道，这是造就圣人的功业最好的时机。《序卦传》有云："物生必蒙，故受之以《蒙》。《蒙》者，蒙也；物之稚也。"

经历了生命诞生时的艰难之"屯"，万物在初生时一定是蒙昧的，所以接着是蒙卦。蒙卦，就是蒙昧的意思，是万物的幼稚状态。《杂卦传》云："蒙杂而著。"是说这个时期的生命状态是原始而又多元多彩的，蒙卦错杂而显著，即表达了不同个性生命状态在初生之时的丰富性与多元本性。

◎释义

蒙卦：蒙，通达。不是我去求蒙昧的儿童，而是蒙昧的儿童来求我。初次占卦，告诉他结果，两次三次占筮，是亵渎神明，亵渎就不告诉他，适宜坚守正道。

《象辞》说：山下流出泉水，这就是蒙卦。君子由此领悟，要以果决地行动培育道德。从内涵上讲，蒙需要得到养，才能保持它的天真纯正的品性。养蒙是圣人之功，不是一般人所能做到的。养蒙与发蒙，含义一致，而养蒙包含略广一些。所以对于启发蒙昧，最理想的方法是需要顺应时间与事物自身的特点，养其本性，待其自身启蒙。

初六：启蒙教育，适宜用惩戒犯人的方法，让百姓摆脱桎梏。但如果执法一味严苛，就会使自己陷入困境。

《象辞》说：启蒙阶段严肃纪律以约束人，类似于以刑罚惩治罪人的方式是有利的，可以以此来从幼小阶段就养成好的行为习惯。说通脱。桎梏，刑具，在脚为桎，在手为梏。用治理犯罪的方法管教，不仅在于使人不犯法，更重要的是通过惩罚而使人懂得畏惧刑罚，从而达到教化人的目的。

九二：教育包容，这是吉兆。筮遇此爻，娶迎妻子，吉利。男女能相配成家。

《象辞》说：男女相配成家，因为九二、六三两爻相近，表示阴阳刚柔相交会。儿子能够持家，是因为刚爻与柔爻相互交接。既能包容，又与蒙者如"纳妇"一般志意相得，也像儿子为父亲治理家务一样，处卑位而任尊者之事，又怎能不顺遂而获得吉祥。

六三：不要娶这个女子，她见到有钱的男子就会失去操守，没有什么好处。

《象辞》说：不要娶这样的女子。她见到有钱人就会失去操守，没有任何好处。从卦象上看，六三属于阴爻居于阳位，失位且不能居中。此爻的断语是

"无攸利"，指没有任何利益。娶一个拜金的女子，遇到有钱的男人就自失其身的女人，对婚姻是有害无益的。妻子对孩子的影响很大，这个女子的行为不合乎礼仪，即这个女子没有受过良好的启蒙教育。

六四：困处于蒙昧之中，会有吝难。

《象辞》说：为蒙昧无知所困扰，因为离群索居，远离生活。缺少贤师良友教育辅助，独，说的是无助。自我远道之人，即孟子所谓自弃者，会有吝难。

六五：教育像儿童那样纯一不发，吉利。

《象辞》说：幼稚蒙昧的人之所以吉利，是因为柔顺服从。能不挟威权，舍己从人，任贤不二，如童蒙之得贤师，专心听受，所以说"童蒙，吉"。

上九：教育击走蒙昧，不适宜做强盗，而适宜抵御强盗。

《象辞》说：有利于防御盗寇，因为上九阳爻居于一卦之首，说明臣下顺从拥戴。防御盗寇之举，获得众人支持，必能胜利。上九所治的蒙，是昏蒙至极的人，因而治蒙的手段是猛烈的，所以叫"击蒙"。此击蒙比包蒙、发蒙要凌厉严刻。在经历了蒙昧之初的不知感，和包容教育之后的不知悟，上九出于必要之势而不得已为之。至于教育击打太过猛烈而未免失有失礼仪，也要防止成为像盗寇一样的暴力行为，所以"不利为寇"。然因其蒙顽不灵，一味地纵容而不用威严使他警惕，恐怕也将使其昏蒙至极而流为盗寇，所以要极为重视尺度。

◎ **哲学美学启示**

蒙卦主要是讲教育的，其基本思想与原则主要反映在卦辞中，即时中与志应。从教育哲学的价值上看，蒙卦是教育启蒙的智慧，艮为山，坎为泉，山下出泉。泉水始流出山，则必将渐汇成江河，正如蒙稚渐启又山下有险，因为有险停止不前，所以蒙昧不明。事物发展的初期阶段必然蒙昧，所以教育是当务之急，养学生纯正无邪的品质，是治蒙之道。对于蒙卦所展现的各种教育对象，卦爻辞给出了不同的特点与教育策略：有态度主动积极的，亨；有坚守正道的，利；有行为中庸的，吉；有恭顺谦虚的，吉。还有五类学生性格不完善，则需及时干预：有似乎认真的，渎则不告；有蒙昧至极的，利用刑人；有三心二意的，勿用取女；有处境不利的，吝；有顽劣异常的，击。正如《周易》中的每卦都有表示天、地、人的"三才"。而蒙卦中的天道即自然教育，人道即人为的教育，地道即是物的教育。属于教育范畴的美育既是一种科学教育，也是一种艺术教育，更是一种德育，美育只有顺其自然，遵循天道、人道、地道，符合人的身心发展规律才是真正好的教育。

◎西方美学比较

作为18世纪法国资产阶级启蒙运动重要思想家，卢梭主张尊重儿童并提出自然惩戒教育理论，他提出对儿童的过失，应靠"自然后果法"去惩戒。"对儿童的惩戒永远是他们的过失的自然结果，一定不要为惩戒孩子而惩戒孩子，应该使他们觉得这些惩戒正是他们不良行为的自然结果。"卢梭极力反对人为惩戒，但他并没有完全不要惩戒，而且自然惩戒要在教师的密切监控之下，让儿童为自己犯的错误承担责任。其实，惩戒教育一直是教育领域一个重要而存有争议的话题，《周易》蒙卦并不排斥包括自然、社会、人为在内的综合教育惩戒，但更强调重视德育与美育的教育引导理念，"象曰：山下出泉，蒙，君子以果行育德"，蒙卦精神就是果行育德。行为要有结果为果行，果行育德的成果就是言行一致，知行合一。"象曰：童蒙之吉，顺以巽也。"纯美率真的"童蒙之吉"在于用温和谦恭的态度去热爱、宽容、教育他人，这种存在于爱和情感的力量是果行育德最好的动力。

第十讲

需卦与讼卦

☷ 水天蒙

《周易》第5卦：需卦

◎古经

需。有孚，光亨，贞吉，利涉大川。

《彖》曰：云上于天，需；君子以饮食宴乐。

初九：需于郊，利用恒，无咎。

《象》曰：需于郊，不犯难行也；利用恒无咎，未失常也。

九二：需于沙，小有言，终吉。

《象》曰：需于沙，衍在中也；虽小有言，以终吉也。

九三：需于泥，致寇至。

《象》曰：需于泥，灾在外也；自我致寇，敬慎不败也。

六四：需于血，出自穴。

《象》曰：需于血，顺以听也。

九五：需于酒食，贞吉。

《象》曰：酒食贞吉，以中正也。

上六：入于穴，有不速之客三人来，敬之终吉。

《象》曰：不速之客来，敬之终吉。虽不当位，未大失也。

◎《彖传》

需，须也，险在前也，刚健而不陷其义，不困穷矣。需，有孚，光亨，贞吉，位乎天位，以正中也。利涉大川，往有功也。

《彖传》说，需或须，是等待的意思。古人认为需好比是下雨，下雨之时不能外出只好待在家里，因此有等待的意义。上卦坎为水，为险，挡住了内卦乾三个阳爻的去路，使之不能马上前进，必须暂时等待。表明既能有所为，时行则行，又能有所不为，时止则止。这样才不会陷入困穷的境地，而需的等待是有条件的，就是有孚，即有诚信而守中。卦中说，需见险而等待，不是不能进而是见机行事。这样一来，即便涉大川那样的难关也将突破无疑。

从卦象上看，卦中每次出现"利涉大川"必然有乾卦或巽卦在其中。乾卦三阳力量很大，有可能利涉大川。巽代表风，有风才能渡河。大凡人们做事，与其速进而有悔，不如待时而动，如此方可"往有功"。《序卦传》有云："物稚不可不养也，故受之以《需》。《需》者，饮食之道也。"这表明万物在幼稚时不可以不养育，所以需卦是讲养育之道、饮食之道。《杂卦传》云："需不进也。"指出需卦不前进，而是积蓄成长所需能量，待机而发。

◎释义

需卦：抓到俘虏。大吉大利，吉利的卜问。有利于涉水渡河。

《象辞》说：需的上卦为坎，表示云；下卦为乾，表示天。云浮聚于天上，待时降雨是需卦的卦象。君子观此卦象，可以宴饮安乐调养身心，待时而动。

初九：在郊外等候，应该照旧等待下去，没有危险。

《象辞》说：在郊外等候，是说不能冒险前进。照旧等待下去，没有危险，这是因为待机而动没有违反正常的原则。

九二：在沙地上等待，虽有小的责难，最后还是吉利的。

《象辞》说：在沙地上等待，沙地软柔难通行，将有延误事机之失，这过失在自身。虽然稍微有过错，并且忍受别人的闲言碎语，但只要静等时机最后的结果还是好的。

九三：在泥淖中等待，把强盗招引过来。

《象辞》说：在泥淖中等待，泥淖污秽，环境险恶，灾难就在附近。由自己招致了强盗，但只要足够谨慎随机应变，就可不受伤害。

六四：起初在血泊中滞留，后来从凶险的陷阱中逃脱出来。

《象辞》说：在血泊中滞留，是说能柔顺并听从教诲。陷入血泊境况之中，就应该想办法从凶险中逃脱出来。这时如果还在坐着等待，那就有些愚笨了，表明遇到特殊情况不要坐以待毙，坐等噩运的降临。

九五：在酒宴上等待，这是吉利的占兆。

《象辞》说：有酒有肉，吉利之兆，象征其人有中正的品德，自能择善而居，处于从容并自得其乐之境。九五爻则代表人的一种胸怀和境界，处于危难之中，仍旧品尝着酒食，自得其乐。

上六：进入坎险之中，有三位不速之客来到，恭敬地接待他们，结果是吉利的。

《象辞》说：不速之客来了，恭敬地接待他们，结果是吉利的。"不速之客三人"指的便是下卦的三个阳爻，这三个阳爻以刚健之德跋涉大川，上六性柔，能顺从、尊敬他们，就可以借助他们的力量来渡过自己的险难，开始时进入穴中，最终因为求济于人而出险。

◎ **哲学美学启示**

需卦，上卦为坎，下卦为乾。乾卦象征天空辽阔，坎卦象征乌云密布。需卦以下雨为象征，表明雨对古代农业社会而言的重要需求。同时以万物等待下雨表明一种生命活动需要。需，如苍天下雨，滋养万物及人。而对人类社会来讲，天下雨则不易出行耕作，因此需要在家饮食宴会以静待天时。所以需卦的基本象征就是等待不进以及饮食之义。"需卦"的义理哲学就是揭示等待的哲学，告诉我们要善于等待。需卦强调"宴乐"，在这里应该理解为涵养德性之意，"宴"即闲居休息，"乐"即礼乐教化，"宴乐"指闲居时圣人以礼乐来教化百姓。中华民族是礼乐文化之邦，礼乐文化有着悠久的历史和传统。据《论语》中记载，即便在上古时期，中华民族的音乐艺术就已达到极高的审美境界，孔子在称赞舜时期之礼乐时就说"尽美矣，又尽善也"，从这个意义上说，"君子以饮食宴乐"是讲有德性的君子效法天道之云行雨施、养育万民，以礼乐艺术教化人民，养其心神，正其性命，扬其美德，以便在时机成熟之时谋求更大的发展。所以，"需卦"虽讲的是养物之道，但扩而充之则是圣人开物成务、化成天下之大道，这便是"需卦"精神实质之所在。

◎西方美学比较

自然主义美学是受20世纪自然主义哲学影响的一个美学思潮和流派，它不同于19世纪的自然主义文艺理论。公认的自然主义美学的代表人物主要有桑塔亚那、杜威以及晚近的门罗等人。自然主义美学的哲学基础是12世纪上半叶流行于美国的自然主义哲学，自然主义哲学继承的是经验主义和实证主义的传统，它试图超越旧有的唯物主义和唯心主义之争，标榜哲学上的"第三条道路"。自然主义美学就是其哲学在美学研究上的体现。艺术、本能与理性人在万物中生存，或者人要调节自身以适应万物，或者人要改造万物以适应自身，总之，人与万物都具有"可塑性"，这种"可塑性"无非是达到人与万物的一种"平衡"。如其中代表人物桑塔耶那所提出的，要以人的内省心理学方法，从心灵陶醉于美的观点出发，探讨美学问题。他认为美是一种客观化了的快感，美是一种愉快，而这种愉快又是作为物的一种物质来加以认识的。这同需卦主题等待下雨以及过程中的"需于酒食""饮食宴乐"可做一比较，需卦中"君子以饮食宴乐"，将君子德性与效法天道联系在一起，因其顺应自然天时而获得"可塑性"，进而效法自然并遵守客观规律调整自身，在同自然的平衡当中获得身心合一的愉悦，这正是心灵陶醉于美的一种客观化表达。

天水讼

《周易》第6卦：讼卦

◎古经

讼：有孚，窒惕，中吉。终凶。利见大人，不利涉大川。

《象》曰：天与水违行，讼；君子以作事谋始。

初六：不永所事，小有言，终吉。

《象》曰：不永所事，讼不可长也。虽小有言，其辩明也。

九二：不克讼，归而逋，其邑三百户人无眚。

《象》曰：不克讼，归逋窜也。自下讼上，患至掇也。

六三：食旧德，贞厉，终吉；或从王事，无成。

《象》曰：食旧德，从上吉也。

九四，不克讼；复即命，渝，安贞，吉。

《象》曰：复即命，渝，安贞，不失也。

九五：讼，元吉。

《象》曰：讼元吉，以中正也。

上九：或锡之以鞶带，终朝三褫之。

《象》曰：以讼受服，亦不足敬也。

◎《彖传》

讼，上刚下险，险而健，讼。有孚，窒惕，中吉，刚来而得中也。终凶，讼不可成也。利见大人，尚中正也。不利涉大川，入于渊也。

《彖传》说，讼卦，上卦刚健，下卦凶险，乾健遇到坎险，这就是讼卦。讼卦秉持中正诚信，即便遇到困境仍能戒惧谨慎，中途若能够停止争讼将最为吉祥，若一定要把争讼坚持进行到底，则会有凶祸，通过争讼将不能成就大事。

利见大人，是因为九五尊贵既中且正，适宜出现刚健中正的大人物来调解纠纷，是说争讼推崇公正。不适宜渡过大河，是因为本身陷入困境之中。讼卦并非教人如何争讼，而是告诫人要息诉宁人，如孔子在《论语·颜渊》所说："听讼，吾犹人也，必也使无讼。"此与"君子以作事谋始"之义相合，表明传统文化中倡导息讼止争的"和为贵"理念。《序卦传》有云，"饮食必有讼，故受之以《讼》"，经历了需卦，人们为了满足自身物质需求可能发生争执争抢，这样势必会有争讼，所以接着是讼卦。《杂卦传》说："讼不亲也。"讼卦代表了人与人之间不亲和的矛盾对立状态。全卦阐释了争讼过程中的各个时期与相应对策，主张息诉宁人的同时，倡导君子要谋定而后行，即一定要预先慎重谋划才不至于留下纷争的空间。

◎ 释义

讼卦：有诚信，窒塞而警惕，中间吉祥，最后有凶险。适宜见大人，不适宜渡大河。

《象辞》说：天与水相违而行，就是讼卦。君子效法在做事开始前就要谋划好。君子观此卦象，以杜绝争讼为意，从而在谋事之初必须慎之又慎。讼卦意指处理纷争之道，须秉公直言，刚正不阿，明辨是非，但是又劝诫人止争息讼，指引君子在诉讼纷争开始之前就有所预判和防范。

初六：正在争讼之事将不会拖得太久，虽小有口舌是非，但最终得吉。

《象辞》说：争讼不可以长久。虽有小的口舌是非，还是可以辨明道理予以解决。

九二：争讼没有成功，回家后出逃，属于自己管辖的三百户人家没有因此牵连受灾。

《象辞》说：争讼没有成功，回家后出逃藏匿。自己背负了责任，但幸好灾难没有进一步扩大连累他人。争讼之中最要紧的是看清形势，若是形势对自己不利，就要先采取躲避的办法以免不利局面扩大。

六三：享有祖先的庇佑，谨守正道，虽有危险终获吉祥；跟从君王做事，但不将成就归为己有。

《象辞》说：享有祖先的庇佑，跟从君子可有吉祥。不过若是为了谋取功名利禄而做事，则不会有什么所得。

九四：争讼失败返回到自己原来的状态，安于现状并坚守正道，吉祥。

《象辞》说：接受现实，息事宁人，安于正道将没有过失。接受法律的判决并服判息诉，回家继续过平静的生活这样才能吉祥。

九五：争讼，最为吉祥。

《象辞》说：此时的争讼会获得大利，因为九五之爻居上卦的中位，表明守中正之道。本卦中，九五爻属于阳爻居刚位，这表示大人得位，胜诉的原因是遇到了公正的法官，以公正严明的态度处理诉讼。

上九：或赐给鞶带，但是一日之内剥夺三次。

《象辞》说：以争讼得胜而得到赏赐的利益，不足以使人尊敬。通过类似于打官司的争抢所得，即便结果达到了目的，得到了一定的好处，但好景终究不会长久，迟早是要因德性不够而被剥夺的。这就好比虽然通过恃强凌弱的争夺而穿上了赐予的官服，但是，这种做法却因为违背"和为贵"的传统文化而受到谴责，这样的官职仍可能是保不住的，未来一段时期将被多次被剥掉官服，不足以使人尊敬。

◎ **哲学美学启示**

讼卦的本质是要通过对争讼各阶段的阐释告诫人们息讼宁人。在传统理念看来，并非所有的判决都能让双方心服口服，面对争讼最佳的结果是争取无讼，倡导不要无休止的纠缠于争讼之中。人类倡导的公平正义是合乎天道人伦秩序的，能够运用理性的行为法则，是以人性美区别于动物间丛林法则、弱肉强食的重要标志。而如果真的发生不可调和的矛盾，须找到能够代表公平正义的第三方来主持公道，那些行为举止适当、道德品质良好的大德大能君主，由于获得百姓信赖依法审判，这样的判决结果是诉讼双方都可以接受的，这才是真正意义的"元吉"。有学者认为，西方历史上各个时期法官的判决，也是表达法的审美价值的合适形式。实际上，法律的形式美法则，如法律语言的对称均衡、逻辑简洁性和节奏韵律，法律文体的多样统一，更多地体现在那些独具个性而又富有审美趣味的法官们的判词之中。法官们严谨而优美的判决所生发的美学价值，绝不亚于任何优秀的艺术作品。

◎ **西方美学比较**

当代西方交叉学科中存在一种法律文化与美学结合的新兴学科，即法美学。法美学是一门把美学运用到法的领域中，提倡用美学的观点和研究方法研究法的问题的交叉学科。法美学的研究对象是法律美和法学美，这一新兴理论法具有形式美、人性美、结构功能美等诸多特性。我们一般认为，法学是严峻的，而美学是浪漫的，但他们都是一种追寻求知的精神体现，法律美学并不追求唯美，而是追求审慎审美的判断。德国法学家古斯塔夫·拉德布鲁赫在他的名著《法哲学》一书中，主张通过文学创作和艺术作品来认识法律的本质，并且积极要求建立一门法美学。从功能上讲，法律能带来世界的和谐与平衡，公平与正义，而这些安全宁静与和谐本身就是生活美、生命美的忠实体现，其中和谐和平衡代表了秩序的美，公平和正义代表了价值的美。因此我们不得不说，法律人的工作并非机械、古板而冷静地运用法律判断是非，而且是要把至诚的博爱精神、人文关怀、美学原则和正义情感以专业化的、理性而又艺术的方式表达在外，这实际上与以人为本真善美的价值传达在本质上并无分别。

第十一讲

师卦与比卦

地水师

《周易》第7卦：师卦

◎古经

师：贞，丈人吉，无咎。

《象》曰：地中有水，师；君子以容民畜众。

初六：师出以律，否臧凶。

《象》曰：师出以律，失律凶也。

九二：在师中，吉，无咎；王三锡命。

《象》曰：在师中，吉，承天宠也。王三锡命，怀万邦也。

六三：师或舆尸，凶。

《象》曰：师或舆尸，大无功也。

六四：师左次，无咎。

《象》曰：左次无咎，未失常也。

六五：田有禽，利执言，无咎；长子帅师，弟子舆尸，贞凶。

《象》曰：长子帅师，以中行也。弟子舆尸，使不当也。

上六：大君有命，开国承家，小人勿用。

《象》曰：大君有命，以正功也，小人勿用，必乱邦也。

◎《彖传》

师，众也；贞，正也。能以众正，可以王矣。刚中而应，行险而顺，以此毒天下，而民从之，吉又何咎矣。

《彖传》说，师，兵众也；贞，正固。能带领兵众以行正道，可以使天下归一于君王。阳刚居中且相应，虽经危险还能顺利前进，以此平定天下之乱，使百姓顺从，如此吉祥，怎会有咎害呢？师卦围绕如何兴师动众、出兵打仗。从卦体看，水在地中，是众聚之象。坎险在内，坤顺在外，顺行险道，有行军打仗之象。一阳为五阴之主，有将帅统兵之象。《序卦传》有云："讼必有众起，故受之以《师》。《师》者，众也。"从逻辑顺序上看，如果通过法律争讼解决不了的事情，将很有可能通过武力解决。师，是兵众的意思，战争是残酷和悲怆的，故《杂卦传》云："比乐，师忧。"比卦预示和乐，师卦预示忧愁。

◎释义

师卦：带兵固守正道，使用有威望的长者，吉祥，没有咎害。

《象辞》说：地中有水，这就是师卦。君子由此领悟，取法于容纳江河的大地，要包容百姓，蓄养众人。

初六：军队出动要严格用军纪治军，否则将遭遇凶险。

《象辞》说：军队出动，要严格用军纪治军，失去军纪的约束，就会有凶祸。从古至今，战争师旅，是率领大众而临危险之地的国家重大活动，关系着国家的存亡与人民的安危，如果纪律不严，人心不齐三军覆败，国家将会承担巨大的凶祸。

九二：在师卦居中，吉祥，没有咎害；君王再三赐给荣誉。

《象辞》说：率领军队而能守中道，吉祥，没有灾难。因为受到君王的宠信，君王三次赐命嘉奖并安抚各邦国。

六三：军队或许载运尸体归来，有凶险。

《象辞》说：军队或许载运尸体归来，完全没有功劳可言。舆尸表示军队战败，战死的人很多，用车装载归来。六三乘刚九二，有力微任重、不服主帅且贪功冒进之象，此乃不自量力之将领，故失败告凶。

六四：军队后退驻扎，没有咎害。

《象辞》说：军队后退驻扎，没有咎害，并没有违反常规。《道德经·第三十一章》有云，"夫唯兵者，不祥之器，物或恶之，故有道者不处。君子居则贵左，用兵则贵右。吉事尚左，凶事尚右。"出师尚右，故左次为后退。

六五：田中有鸟兽，适宜擒拿敌众，没有咎害；应派长子率领军队，如果派无德小人将会载尸而归，须谨守正道，以防凶险。

《象辞》说：派长子率领军队，因为他根据中道治军作战。无德小人载尸而归，是君王用人不当的缘故。师出有名与统帅选择，是衡量战争是否合乎正义、是否能获胜的重要方面。

上六：天子颁赐命令，对战争中功劳大的封国成为诸侯，小人不可重用。

《象辞》说：天子颁赐命令，是为了公正地论功行赏。小人不可重用，若错误使用必定使国家陷于混乱。

◎ **哲学美学启示**

师卦，讲战争理论。从战争的正义性，选择军队统帅的重要性，指挥权不集中的危害性，丧失纪律的严重性，战争指挥的灵活性等关于战争的几个重要问题都做了深刻的论述。此外，全卦从始至终都体现了一个原则是：打仗要选择才能、谋略、品德和事业都为人敬服的人做统帅，决不可任用小人。象传说"君子以容民畜众"道出了用兵作战的重要基础，即在和平时期能容民养民如大地蓄水，这样在人民当中蓄积兵众的力量以备战时用之不竭，是赢得战争的预先必要举措，而到了真正需要出师之时，要知道用兵乃圣人不得已而为之，它可以顺利无阻碍地解决矛盾，在于能顺乎形势、师出有名，故能获得吉祥。

◎ **西方美学比较**

"暴力美学"是个广义的、泛审美的概念，并非严格的美学概念，相关作品的主要特点是展示攻击性力量，展示夸张的、非常规的暴力行为。"暴力美学"原指起源于美国，在香港成熟的一种电影艺术趣味和形式探索，通俗的说法是将暴力的动作场面仪式化，其特征表现为创作者往往运用后现代手法，要么把影片中的枪战、打斗场面消解为无特定意义的游戏、玩笑；要么把它符号化，作为与影片内容紧密相关的视觉和听觉的审美要素。这类影片更注重发掘枪战、武打动作和场面的形式感，将其中的形式美感发扬到炫目的程度，却忽视或弱化了其中的社会功能和道德功能。暴力美学主要是在感官上，使暴力以美学的方式呈现诗意的画面，甚至幻想中的镜头来表现人性暴力面和暴力行为。如果要在暴力美学这一概念同师卦之间做一比较的话，师卦虽将实际战争中的诸多重要事项，但其要旨在于强调这种群体性暴力活动中的规则律令与道德指向，这不仅包括预防暴力出现的"容民畜众"，也包括以战止战的出师有名，还包括战争持续期间与赢得战争后有关暴力活动的一系列具有"仪式感"的行为，师卦中对于古代人类社会群体性暴力活动的描述十分深刻具体，并不排斥死伤流血等惨烈战争画面，但总体要旨是通过暴力活动让人们重新认识到秩序、法则、德行、正义、和平的真正深意，从而对"至善"的和平状态给予更多珍视。

水地比

《周易》第8卦：比卦

◎ 古经

比：吉。原筮，元永贞，无咎；不宁方来，后夫凶。

《象》曰：地上有水，比；先王以建万国、亲诸侯。

初六：有孚比之，无咎；有孚盈缶，终来有它吉。

《象》曰：比之初六，有它吉也。

六二：比之自内，贞吉。

《象》曰：比之自内，不自失也。

六三：比之匪人。

《象》曰：比之匪人，不亦伤乎？

六四：外比之，贞吉。

《象》曰：外比于贤，以从上也。

九五：显比；王用三驱，失前禽；邑人不诫，吉。

《象》曰：显比之吉，位正中也。舍逆取顺，失前禽也。邑人不诫，上使中也。

上六：比之无首，凶。

《象》曰：比之无首，无所终也。

◎《彖传》

比，吉也。比，辅也，下顺从也。原筮，元永贞，无咎，以刚中也。不宁方来，上下应也。后夫凶，其道穷也。

《彖传》说，比卦，吉祥。比，亲辅、辅助，在下的都能顺从。再三详审，心存善道而长久正固，没有灾难，是因为九五阳刚而居中。不安顺的诸侯国家也来归顺了，是因为居上位者有底下的人前来应和。迟迟不肯前来归附、亲辅的，会有凶祸，说明他已经走投无路了。《序卦传》云"众必有所比，故受之以《比》"，是说人多了一定会有所亲近，所以接着是比卦。比，就是亲近的意思。《杂卦传》云："比乐，师忧。"是说比卦和乐，师卦忧愁。从卦象上看，一阳爻居九五君位，众阴爻归顺之，阴阳得配而引申为乐，为快乐之象。

◎ **释义**

比卦：吉利。同时再卜筮，仍然大吉大利。卜问长时期的吉凶，也没有灾祸。不愿臣服的邦国来朝，迟迟不来者有难。

《象辞》说：下卦为坤，上卦为坎，坤为地，坎为水，像地上有水，这是比卦的卦象。先王观此卦象，取法于水附大地，地纳江河之象，封建万国，亲近诸侯。

初六：捕获俘虏，安抚他们，没有灾难。捕获俘虏，满盆满罐的酒饭招待他们。虽然可能有意外之患，但最后是吉利的。

《象辞》说：筮遇初六之爻，虽有意外之患，但最终会有意外之喜。

六二：内部和睦团结，卜问得吉兆。

《象辞》说：内部和睦团结，就不会失掉民心。

六三：所亲比的是不正派的人。

《象辞》说：所亲比的是不正派的人，不也可悲吗？

六四：外邦亲近，正固吉祥。

《象辞》说：外邦亲附于贤明的国君，像臣下服从君上。

九五：君王亲比天下，光明正大。君王采用三面包围的方法狩猎，网开一面，有意放走逃奔的野兽。老百姓对君王毫不戒惧。吉祥。

《象辞》说：人君亲比天下，光明正大，吉祥，是因为处位居中得正。舍去叛逆的，容纳归顺的，所以放走往前跑的禽兽。老百姓对君王没有戒畏，因为君王行仁义中道之举。

上六：亲近却没有人，凶。

《象辞》说：亲近却没有人，最终无所依附。

◎ **哲学美学启示**

比卦之"比"，字义为互相靠近，字形为两个人紧挨一起，彼此紧靠。比不但是指人与人的团结互助，也指国家与国家之间的关系，有大国亲近小国的意思。师卦有众人之象，人群规模大了以后一定会有一个远近亲疏关系，其之后的比卦也就出现了。从卦象上看，坤下坎上，地上有水，水地亲比，水地和合，不可分离，有亲比之象。比卦以水在大地上流动为喻，土地因有雨水湿润可养育万物，这就好比君王之德行可以恩泽八方，群众一心辅佐君王，上下齐心，君王通过册封众诸侯国以亲比天下，众人之喜可得也。比卦从政治价值视角主要探讨古代统治者与被统治者的关系问题，统治者治国平天下强调恩威兼济，既善于如师卦的武力征服，又善于如比卦的政策安抚，上级亲比下级，既要有一定的原则与方法，也要注重自我修养德行的完善提升。比的主要意思是人的亲近，通过相互亲近了解，人们探求潜藏在不同文化和社会地位背后的异在思想与价值观，从各自不同视角发现人类文化艺术总体的审美本质与规律，它因此能带来吉祥平和，所以值得称道。

◎西方美学比较

比卦可以与西方的亲和力一说相互印证。亲和力一词源于拉丁文，由"接近"和"边界"两部分构成，亲和力被赋予深刻的社会文化内涵。亲者近也，和者和谐相吸相引也。作为人与人相处时所表现的亲近行为的动力水平和能力，亲和力是人格力量的一个重要表征，它既指异性之间的吸引力也指人与人之间的聚合力。伟大的文学家和思想家歌德成就了他晚年的杰作《亲和力》，这部文学作品的美学价值在于否定理性的万能，而为信仰留下地盘，歌德在作品中有意识地运用了一种源于神秘主义的非理性的认识论和思维方法去表达爱的真实，强调这种情感的真实性和至高无上性。其中的爱情描写突破了理性的制约，通过神秘莫测的亲和力的作用，将人导向神圣和至善的境界，体现了歌德这位文学大师对自然、人生以及人与人之间关系的最敏锐、最深刻的洞察和智慧。如比卦对亲比关系的解读一样，人与人之间的亲比关系，人与其他生命之间的亲比关系，人与自然的亲比关系，虽存在着一定的行为法则与规律遵循，但仍无法离开带有主观判断的悔吝吉凶。如《亲和力》中所言："人就是这样对待他们身外的一切事物，他们把智慧和愚蠢、意志和任性，都赋予动物、植物、自然力和神明。"这是一种极为原始的人与自然和神明的关系，当人们无法解释和难以表达自身的特性和自身与社会的关系时，就会以非理性的情绪来解释这一切。

第十二讲

小畜卦与履卦

风天小畜

《周易》第9卦：小畜卦

◎古经

小畜：亨。密云不雨，自我西郊。

《象》曰：风行天上，小畜；君子以懿文德。

初九：复自道，何其咎，吉。

《象》曰：复自道，其义吉也。

九二：牵复，吉。

《象》曰：牵复在中，亦不自失也。

九三：舆说辐，夫妻反目。

《象》曰：夫妻反目，不能正室也。

六四：有孚，血去惕出，无咎。

《象》曰：有孚惕出，上合志也。

九五：有孚挛如，富以其邻。

《象》曰：有孚挛如，不独富也。

上九：既雨既处，尚德载；妇贞厉，月几望；君子征凶。

《象》曰：既雨既处，德积载也。君子征凶，有所疑也。

◎《彖传》

小畜，柔得位而上下应之，曰小畜。健而巽，刚中而志行，乃亨。密云不雨，尚往也。自我西郊，施未行也。

《彖传》说，小畜卦，柔爻居正位而上下都来应和它，称之为小畜。健行又能顺利，是因为阳刚居中而心意可以实现，所以通达。浓云密布而不下雨，是说阳气仍在不断上升。水气从我西边的郊野飘聚过去，是说阴阳之气还没能相遇成雨，表明尚需积累和时机未到。《序卦传》有云："比必有所畜，故受之以《小畜》。"是说亲比之后一定会有所得，这被称为有所积蓄，故为小畜卦。《杂卦传》云："小畜寡也。"表明此时只是小有积蓄，还不可以成大事，需要积蓄积累。

◎ 释义

小畜卦：吉利。从我所在的西郊虽有浓云密布，但雨没有下来。

《象辞》说：上卦为巽，巽为风；下卦为乾，乾为天，和风拂地是小畜的卦象。君子观此卦象，取法吹拂万物的和风，把道德教化从单纯的社会上层运行，普及到基层大众，即便尚不能以一人之力转移整个社会的风气，但这种反身修德，从我做起蓄积文德，以高尚风范推行德教却值得称道。

初九：循着正道返回，又怎么会有什么灾难呢？吉祥。

《象辞》说：循着正道返回，理当是吉祥的。

九二：受初九的牵连而返回正道，吉祥。

《象辞》说：受初九的牵连而返回正道，因为居于中位而没有失去正道。

九三：车子的辐条脱落，夫妻反目失和。

《象辞》说：夫妻反目失和，是因为不能处理好来自内部的矛盾。

六四：心怀诚信可以远离纷争，走出危险境地从而远离灾难。

《象辞》说：心怀诚信走出危惧，是因为与君王心意相合。

九五：以诚信所牵系，与邻居一同富裕。

《象辞》说：有诚信牵系着人，是不会只想着自己独自富裕。

上九：雨下了又停了，上九之德已积载满盈；妇人守正以防范危险，月亮快到圆满之时；君子前进会有凶祸。

《象辞》说：雨下了又停了，上九之德已积载满盈。君子离家出行有凶险，因为对充满危险的旅途缺乏了解。

◎ 哲学美学启示

小有蓄积，所蓄不大，如同西郊升起密云，但所蓄的水气不大，尚未降落地面而成雨，表示事物的发展处于酝酿集聚阶段，没有壮大成熟。小畜卦讲的是存储和积蓄之道，这与屯卦之"屯其膏"的表述似有相似之处，但区别在于，屯卦是在历经屯难之时基于客观条件所限而进行的积累。与屯卦停滞不前不同的是，小畜卦的"密云不雨"却是"尚往也"，说明其实此时的小畜卦已经在一定积蓄后具备了进一步前进与分享成果的能力，而只是更有利的条件尚需形成，从而"施未行也"。小畜，更深的意义是"小中蓄大"，是个体不但具有自己的特殊性、类属性，而且存储着整体的"普遍性"信息，就是每一个"真"的小个体中都包含着"在"的大属性，这与唯物辩证法中量变到质变的哲学观点似有想通之处。事物性状是一种质的规定性，而同一质的不同程度之间的差异则是一种量的区别，质量互变规律表明：事物性状发生质变前，是一种量的不断渐进，即不同发展阶段的连接，而这种连接在中华传统文化中通常是不甚明确的，以小畜卦为例，卦爻辞关于质量互变过程的划分基本是模糊的，但却以"既雨既处，尚德载""妇贞厉，月几望"等不同条件下的行为指向，为君子处理具体问题提供了某种参考。

◎ 西方美学比较

德国古典哲学的集大成者黑格尔，在《逻辑学》中提出辩证法的三个基本规律：质量互变规律、对立统一规律、否定之否定规律，实现了辩证法的系统化，这些思辨哲学中的合理内核经改造后被马克思主义唯物辩证法所吸收。需要指出的是，黑格尔是西方哲学史上最先把质量互变作为一条普遍的规律提出来的哲学家，并把质量互变的点称作"交错点"，把由此点组成的线称作"交错线"。特别的是，黑格尔指明了量变是"渐进性的过程"，而质变则是"渐进过程的中断"达到"飞跃"。黑格尔的美学思想主要反映在他的《美学讲演录》一书中，这是他整个哲学体系的一个组成部分，也是他的哲学体系在美学和艺术领域中的具体表现。黑格尔认为艺术的根本特点，是理念通过感性的形象来显现自己、认识自己，"美是理念的感性显现"成为黑格尔美学思想的核心。如果要在其宏大的美学思想中寻求质量互变规律的踪影并与《周易》小畜卦进行比较，那么"美是理念的感性显现"也应当是充满"渐进过程"的一种质量互变特征的，即人的审美感受会在不同时空条件下发生变化和转化，"密云不雨，尚往也。自我西郊，施未行也。"美好与否往往在人的情感变化中呈现差异，而情感变化又受到客观时空条件的影响，渐变是任何事物变化的一种常态，故也应当成为审美观念变化的一个规律性特征。

天泽履

《周易》第 10 卦：履卦

◎ 古经

履虎尾，不咥人，亨。

《象》曰：上天下泽，履；君子以辩上下，定民志。

初九：素履，往无咎。

《象》曰：素履之往，独行愿也。

九二：履道坦坦，幽人贞吉。

《象》曰：幽人贞吉，中不自乱也。

六三：眇能视，跛能履，履虎尾，咥人，凶；武人为于大君。

《象》曰：眇能视，不足以有明也。跛能履，不足以与行也。咥人之凶，位不当也。武人为于大君，志刚也。

九四：履虎尾，愬愬，终吉。

《象》曰：愬愬终吉，志行也。

九五：夬履，贞厉。

《象》曰：夬履贞厉，位正当也。

上九：视履考祥，其旋元吉。

《象》曰：元吉在上，大有庆也。

◎《彖传》

　　履，柔履刚也。说而应乎乾，是以履虎尾，不咥人，亨。刚中正，履帝位而不疚，光明也。

《彖传》说，履卦，象征柔顺者以礼对待刚强者。以和悦去应合刚健，所以踩到老虎尾巴上，老虎不咬人，通达。刚健既中且正，即便走上尊贵地位也可不受诟病，显现出道德光明。同时，履卦意指人应小心循礼而行，处危险而谨慎，即使深入如踩到虎尾上的险境也可不受其害，可致亨通。《序卦传》有云："物畜然后有礼，故受之以《履》。"在小畜卦之后是履卦，表明物质积累积蓄之后就要推行礼仪，转化为行动，所以接着是履卦。《杂卦传》云："履不处也。"是说履卦代表不停歇、不停留。履者，上乾下兑，象征鞋子、步履，表示行动，故履为不处也。

◎ 释义

履卦：踩在老虎尾巴上，老虎不咬人，通达。

《象辞》说：上天下泽，是履卦的象；君子由此辨明上下秩序，安定百姓的心意。

初九：按本分履行，前往没有咎害。

《象辞》说：按本分履行前往，是专注奉行自己的志愿。

九二：所走的道路平坦宽阔，恬淡安适、与世无争的人坚守正道，吉祥。

《象辞》说：与世无争的人之所以能够坚守正道，获得吉祥，在于他能坚守刚中之德，不以富贵利禄来扰乱自己的心志。

六三：瞎了眼睛却要看物，跛了脚却要行走，这是勉为其难，犹如踩着虎尾巴，终将为虎所伤。这是凶险之事。武人篡夺国政，同样是凶险之事。

《象辞》说：瞎了眼睛却要看物，其视力不足以辨物。跛了脚却要行走，其脚力不足以行路。老虎之所以伤人，因为六三阴爻而居于阳位，所处不当。武人篡夺国政，这是越级犯上，以六三之位而行九五之志，必遭祸殃。

九四：踩着虎尾巴，但能遇险知惧，最后仍吉利。

《象辞》说：恐惧警惕，终归于吉，说明虽历磨难，但心志得行。

九五：行为急躁莽撞；占问其行事有危险之象。

《象辞》说：行为急躁莽撞，预测其行事有危险之象，但九五阳爻居上卦中位，正当其位。因而虽险不凶。

上九：审视已经走过的道路，汲取导致吉凶祸福经验教训，做到周旋完备，尽善尽美，才能获得大吉。

《象辞》说：大吉出现在履卦终极的时候，便会出现大有福报的事情。

◎ 哲学美学启示

履卦从它的外表看，是实践或行动，即《杂卦传》所说"履不处也"。从它的内含看，履是礼，是人们实践、行动所须遵循的准则，也即《说文》所说"履，礼也"。履卦抓住礼之用与和为贵的重要问题，表达了人与自然天地之间和谐和悦相处的原则遵循，倡导谦卑自处则无险不可涉，纵然履虎尾也可逢凶化吉。儒家思想重礼，《象传》中显著表达出礼的实质正是古代等级制度的反映。乾天在上，居至尊之位，兑泽在下，居卑下地位，尊卑上下即等级差别，反映等级差别的就是礼，而将礼付诸实行就是履。"贫而乐，富而好礼"是孔子非常赞赏的生活交往方式，子曰"不知礼，无以立"。表面来看，礼是一门貌似"你好"的礼尚往来或礼貌礼仪，实质上却是大德大智者如孔孟高士深入研究的一门学问，礼因为足以成为使人类从"兽域"进入"人境"的重要标准。如学者张法所指出的，礼包括三个方面：礼器、礼仪、礼意。礼器是礼的实物性体现，从城邑宗庙、陵墓车马、服饰衣冠，到钟鼓舞乐，其中具体体现出来的都是礼器的风采。礼意就是通过礼器的展示和人物活动而体现社会人伦的伦理秩序、家国天下的政治秩序、天地运行的天道秩序。礼器、礼仪、礼意是统一的。在三者之中，礼意是宗教、政治、伦理内容，即善；礼器和礼仪则是礼意的感性呈现，即美。善与美都统一在"礼"字之中。但正如西周之礼内蕴了整个远古中国的仪式内容一样，"礼"这一文字，也包藏着从远古到西周的美学内容。

◎ 西方美学比较

西方哲学家们在构建自己的理论体系时必然会考虑到审美关系，是基于哲学这一宏大理念体系之中的一个部分。比如康德，主要是为了哲学整体化来讨论美学，从而把美与真、善联结起来的，所以西方哲学家实际上有的也是美学家，有的美学家也是哲学家。而中国文化是一种化，中国哲学家即使考虑了艺术中的一些美学问题，也用"礼教""教化"之类予以论证，使中国古代美学不能像西方古代美学那样纳入哲学文化的框架之中，而是纳入人伦文化与社会生活的整体意识之中，表征为诸如"仁""礼"的道德范。这样的伦理态度被视为某种"至善"，渗透到各种艺术和设计的审美价值判断中，强调有节制的适度的美感享受，并以此来形成一股美的教化风潮，由此，礼的概念内涵与行为指南即是践行这种人伦文化、社会生活与教化风潮的表现。反观西方传统美学理论观点，与礼的等级秩序关联度较大的或许要以西方秩序美的理念为主，西方秩序美的观点多表现为以和谐、比例、数的形式观念为特征的抽象表述，这种形式美学理论的开端可以追溯到毕达哥拉斯学派，并深刻影响了二千多年的西方美学思想，诸多对称、平衡、协调、尺度、得体、适宜、法则等更为精确的表达及其相关艺术理论均可视为由秩序美理念衍生的美学思想。

第十三讲

泰卦与否卦

地天泰

《周易》第 11 卦：泰卦

◎古经

泰：小往大来，吉亨。

《象》曰：天地交，泰；后以财成天地之道，辅相天地之宜，以左右民。

初九：拔茅茹，以其汇，征吉。

《象》曰：拔茅征吉，志在外也。

九二：包荒，用冯河，不遐遗，朋亡，得尚于中行。

《象》曰：包荒，得尚于中行，以光大也。

九三：无平不陂，无往不复，艰贞无咎。勿恤其孚，于食有福。

《象》曰：无往不复，天地际也。

六四：翩翩，不富，以其邻；不戒以孚。

《象》曰：翩翩，不富，皆失实也。不戒以孚，中心愿也。

六五：帝乙归妹，以祉元吉。

《象》曰：以祉元吉，中以行愿也。

上六：城复于隍；勿用师，自邑告命，贞吝。

《象》曰：城复于隍，其命乱也。

◎《象传》

泰，小往大来，吉亨。则是天地交而万物通也，上下交而其志同也。内阳而外阴，内健而外顺，内君子而外小人。君子道长，小人道消也。

《象传》说，泰卦，吉祥通达。这是天地相交而万物畅通，上下相交而志同道合之象。内阳刚而外阴柔，内刚健而外柔顺，内君子而外小人。君子之道在增长，小人之道在衰减。泰卦是外坤内乾，也就是外柔内刚，坤卦代表大众（小人），乾卦代表君子，有外圆内方意思，外在圆通而内心正直，外在圆通能合于大众，内心正直则能坚守正道。《序卦传》有云："履而泰然后安，故受之以《泰》。《泰》者，通也。"遵守礼仪就会通达，然后得到安定，所以接着就是泰卦。泰，就是通达的意思。《杂卦传》云："否泰反其类也。"是指否卦与泰卦状态相反。事实上，否与泰两卦是一个一体两面整体，二者对立统一，上下卦属性相反，故曰"否泰反其类也"。

◎释义

泰卦：弱小者离去，强大者到来，吉祥通达。

《象辞》说：天地二气相交，这就是泰卦；地气上升，乾气下降，为地气居于乾气之上之表象，阴阳二气一升一降，互相交合，顺畅通达；君主这时要掌握时机，善于调理与大众之间关系，以成就天地汇合之道，促成化生万物之机宜，护佑天下百姓，使他们安居乐业。

初九：拔取茅草，根相牵连，物以类聚要以其种类而识别，往前行进是吉祥的。

《象辞》说：拔取茅草，前行吉祥，说明有远大的志向，有在外建功立业的进取心。

九二：有包容大川似的宽广胸怀，可以徒步涉过大河急流；礼贤下士，对远方的贤德之人也不遗弃；不结成小团体，不结党营私，能够辅佐公正有道德的君主。

《象辞》说：有包容大川似的宽广胸怀，能够佑助行中道的君主，说明自己光明正大，道德高尚。

九三：没有平地不变为陡坡的，没有一直前进而不回归的，处在艰难困苦的环境中坚守正道就没有灾害，不要怕不能取信于人，安心享用自己的俸禄是很有福分的。

《象辞》说：没有一直前进而不回归的，事物的正反两个方面往往互相转化，表明此时正在天地交合的边沿，处于变化之中。

六四：像飞鸟联翩下降，虚怀若谷，这样不加戒备与邻居相处，是讲求信用的表现。但若不加警戒则将遇困被虏。

《象辞》说：如若巧言欺人将祸及邻人，而自己也将同受损失。不加警戒会遭遇险境而被困其中，这是因为心地太忠厚了。

六五：殷帝乙下嫁女于周文王，因而得福，大吉大利。

《象辞》说：得福大吉，因为六五之爻居上卦中位，像人行事得中正之道，实现了长期以来心中祈求的意愿，所以结果是吉祥的。

上六：城墙攻破倒塌在护城壕里。"停止进攻"，从邑中传来命令，得不祥之兆。

《象辞》说：本应乘势攻击，反命停止进攻，城墙攻破倒塌在护城壕里，这是邑中传来的命令错乱了。要减少烦琐的政令，以防止可能出现的土崩瓦解的局面。

◎ 哲学美学启示

泰卦阐述了宇宙人生处于畅通时的运动规律。天地何以通畅？天之阳气下降，地之阴气上升，形成天在下而地在上的状态，如此天地相交，万物畅通。人事何以畅通？居上位之君体恤在下之民情，在下之民意能上达于君王，则上下志同道合，社会和谐。泰卦的阴阳属性是内阳而外阴，其功能属性是内刚健而外柔顺，其人文属性是内君子之德而外群众之风，其社会属性是君子道长而小人道消，老子《道德经》有云，"万物负阴而抱阳，冲气以为和"。这句话可视为是对泰卦的具体总结，在泰卦内涵中，对立面的相互转化，核心就是一个彼此沟通、转移的问题。天与地、自然与人类、国家与国家、族群与族群、国君与臣民、丈夫与妻子，都存在相互联系和沟通的问题。通则畅，畅则和，和则万物兴旺繁盛。此外，"天人合一"之"一"就是"生"，即生命也，"天人合一"构成了人与自然的生命共同体。《周易》泰卦所谓"天地交而万物通也，上下交而志同也"，天地交万物通是说风调雨顺万物繁茂，由此展现出生命繁盛、生生不息的生命美学精神。同时，泰卦内涵的阴阳互通之道，在中国传统艺术中无所不在，书法的黑白对比、绘画的线条曲折伸张、诗文的比兴、文辞的抑扬顿挫、音乐戏曲的起承转合等等无不是阴阳相生的体现，成为中国特有的美学智慧。

◎西方美学比较

赫拉克利特是爱菲斯学派的代表人物，是一位富传奇色彩的古希腊哲学家。他主张美在和谐，并沿用毕达哥拉斯的和谐概念，然而又赋予它以新的内容。他认为和谐虽然是美的重要特征，但不是造成美的根源，美的根源在于事物内部的对立面斗争的结果。指出"对立造成和谐，"差异的东西相会和，从不同的因素产生最美的和谐，这里重要的不是和谐本身，而是在于造成和谐的矛盾和斗争。赫拉克利特认为对立是杂多事物的对立，是一种广泛意义上的对立，而不是两两对立。就好比如一个矛盾体里，有多个矛盾的对立面。其间不是两两对立，而是多个对立。对立里面又存在斗争。例如在一条生物链上，狼和豹在捕猎食物时，是对立的又有斗争。赫拉克利特以艺术形式举例，互相对立的东西结合起来才美。如音乐把高音与低音，长音与短音混合在一起，造成与自然类似的和谐；诗歌把无音与辅音、清音与浊音巧妙地结合在一起，才会朗朗上口，达到动听入耳的艺术效果。与赫拉克利特相比，泰卦不仅内涵对立统一的矛盾理念，而且更着眼于矛盾着的事物之间的通达统一，既看到了所谓"斗争"的方面，更注重相互转化的"统一"方面。

天地否

《周易》第 12 卦：否卦

◎古经

否：否之匪人，不利，君子贞；大往小来。
《象》曰：天地不交，否；君子以俭德辟难，不可荣以禄。
初六：拔茅茹，以其汇；贞吉，亨。
《象》曰：拔茅贞吉，志在君也。
六二：包承，小人吉，大人否，亨。
《象》曰：大人否亨，不乱群也。
六三：包羞。
《象》曰：包羞，位不当也。
九四：有命无咎，畴离祉。
《象》曰：有命无咎，志行也。
九五：休否，大人吉；其亡其亡，系于苞桑。
《象》曰：大人之吉，位正当也。
上九：倾否，先否后喜。
《象》曰：否终则倾，何可长也。

◎《彖传》

否之匪人，不利君子贞，大往小来，则是天地不交而万物不通也，上下不交而天下无邦也。内阴而外阳，内柔而外刚，内小人而外君子。小人道长，君子道消也。

《彖传》说，"否闭之世，人道不通，不适宜君子固守；此时刚大者往外、柔小者来内"，这是表明天地阴阳互不交合，万物的生养之道不得畅通；君臣上下互不交合，天下分离而不成邦国。否卦讲天地不交，世情闭塞。代表小人之道增长，君子之道消亡。《序卦传》有云："物不可以终通，故受之以《否》。"这表明事物不能永远通达，所以接着是否卦。《杂卦传》云："否泰反其类也。"是说否卦与泰卦状态相反。总体上，否与泰两卦一体，互相颠倒，亦是上下卦互易，也是上下卦属性相反，故曰"否泰反其类也"。泰者，上坤下乾，阴阳得配而向心、"阖户谓之坤"也。一闭一阖，否泰反类也。逆境达到极点，就会向顺境转化。

◎释义

否卦：否闭之世，人道不通，不适宜君子固守；此时弱小者到来，强大者离去。

《象辞》说：天地阴阳二气互不交流，这就是否卦。君子由此领悟，要收敛道德，避开灾难，不可以功名利禄为荣。

初六：拔起一根茅草，与它相互牵连的茅草都被一起拔起来，共同守正不动，就可平安无事，进而有所通达。

《象辞》说：拔起一根茅草，与它相互牵连的茅草都被一起拔起来，共同守正不动，就可平安无事，因为心志高远。

六二：包容承载，小人吉祥，大人闭塞，通达。

《象辞》说：大人甘处否闭的困境却能做到承受包容，这样是通达的，"穷不失志，达不离道。"因为他能不受小人笼络同流合污，自然可在否的形势消除后重整旗鼓。

六三：包藏羞耻。

《象辞》说：尸位素餐，无所作为，这就是包羞。包藏羞耻，因为位置不当。

九四：有所受命，没有咎害，众人依附而得福。

《象辞》说：有所受命，没有咎害，因为志向在实现。所要做的事必须是正当的，对他人和社会有益的。要寻找志同道合的人，大家相互依附，就会谋求到成功。

九五：闭塞休止了，大人吉祥；想到"快要灭亡了！快要灭亡了"，才能做到像系在丛生的桑树上一样坚固。

《象辞》说：生于忧患死于安乐。君王安不忘危，则吉利。因为九五之爻居上卦中位，像其人忧国忧君，才德正当其位。

上九：闭塞倾覆了，先闭塞而后喜悦。

《象辞》说：恶运快到尽头了，好运岂会遥遥无期。命运交变之际，是没有什么力量可以阻止的。否终为"喜",象征物极必反。

◎ **哲学美学启示**

否卦与泰卦正好完全相反。泰卦是乾在下,坤在上——天本在上的,却居于下;地本在下,然位于上。于是天地互动而产生交感,生生谓之易,则万物生焉。而否卦则是乾在上,坤在下,各居本位,毫无互动和交感。物极必反,泰极而否,否极泰来,是一种自然规律,也是唯物辩证法,盛极必衰,兴旺到了极点就会衰落。否极泰来,坏到极点,好运就会来。正如"序卦传"所言:"物不可以终通,故受之以否。"

否卦所代表的,是当天地不通,上下不交之时,君臣乖睽,上下离叛,内政不修,外乱交迫,无道之极。所谓"天地闭而贤人隐"。与道家的出世主义思想不同。儒家的思想讲究"合时宜"。孔子认为:"邦有道,危言危行;邦无道,危行言孙。"意思是说,国家有道的时候,说话要正直,行为要正直。但是国家无道的时候,行为要正直,但说话需要谦卑,否则就会给自己带来灾难。由否卦到泰卦需要历经一整个周期,可谓经历非常多且非常之久的变化才能达到。但这也告诉我们的是:纵然目前处于极大的困境,阴阳完全不交之时,只要耐心等待时机,坚守远大志向,待阴阳交替变化之时机达成时,否极泰来的一天定会到来,否势转喜,万事俱兴。

◎ **西方美学比较**

提到"悲剧"和"喜剧"许多人都不陌生,但是当作为审美形态的时候,就并不仅限于"悲剧艺术"和"喜剧艺术"了,它们还广泛地存在于历史和现实的社会生活,人的存在实践中。如果把否卦看作是人在消极负面状态下的境域,那么似可与西方审美中的悲剧色彩发生关联。而悲剧美的内涵,在于体现人的存在的实践主体暂时被否定,而最终被肯定的过程。黑格尔把辩证的矛盾冲突学说引进悲剧理论,悲剧具有正面价值的存在实践,在社会历史的必然性的冲突中受侵害、被毁灭,这个过程及其结果使人产生强烈的痛苦,但又被人的存在的勇气与理想力量,被更强烈的历史感与宇宙感所克服和超越,因而由痛感转化为快感,引起情感深层的激荡、振奋,这样就获得特殊形态的审美体验。

西方美学视角中的"美"作为一个大类,主要在于它和悲、喜的区别,审美对象由美开始,由美扩大为悲和喜。美、悲、喜分别体现了人与审美对象的三种不同的关系，美体现人与对象的一种和谐关系；悲和喜体现了人与对象之间的不平等关系，悲的对象大于主体，喜的对象小于主体。否、泰两卦既反映了先秦思维发展的逻辑顺序，代表中国人信仰的理性、寄托的理想与精神的支柱，也是内在忧患意识的表征。西方话语体系中两卦的美学内涵，似可与悲喜两种审美风格作为对比。"高尚的喜剧往往是接近悲剧的"，"喜剧都是从悲剧悲情的线索延伸出来的，所有的喜剧让人发笑的东西，其实它最核心的部分都是悲情"。悲喜剧之间的审美风格与内在本质与否泰关于矛盾对立转化思想具有可通之处。

第十四讲

同人卦与大有卦

天火同人

《周易》第 13 卦：同人卦

◎古经

同人：同人于野，亨。利涉大川，利君子贞。

《象》曰：天与火，同人；君子以类族辨物。

初九：同人于门，无咎。

《象》曰：出门同人，又谁咎也。

六二：同人于宗，吝。

《象》曰：同人于宗，吝道也。

九三：伏戎于莽，升其高陵，三岁不兴。

《象》曰：伏戎于莽，敌刚也。三岁不兴，安行也？

九四：乘其墉，弗克攻，吉。

《象》曰：乘其墉，义弗克也；其吉，则困而反则也。

九五：同人，先号咷而后笑，大师克相遇。

《象》曰：同人之先，以中直也。大师相遇，言相克也。

上九：同人于郊，无悔。

《象》曰：同人于郊，志未得也。

◎《彖传》

> 同人，柔得位得中而应乎乾，曰同人。同人曰，"同人于野，亨，利涉大川"，乾行也。文明以健，中正而应，君子正也。惟君子为能通天下之志。

《彖传》说，同人卦，柔爻得位得中与乾卦相应，所以为同人。同人卦卦辞说："聚合人在野外，通达，适宜渡过大河。"这是因为乾卦刚健而行。文明而刚健，居中守正而相应，这是君子的正道。只有君子才能够通达天下的志向，因为君子刚健无私。内卦文明而外卦刚健，六二与九五都中正而且相应，这就是君子的正道。《序卦传》有云："物不可以终否，故受之以《同人》。"是说事物不能够一直否塞不同，接着的同人卦代表有相同志向人的聚集。《杂卦传》云："同人亲也。"表明有共同志向的人彼此亲近。"类族辨物"是同人卦的要义所在，指出事物总是同中有异，异中有同，同异紧密相连。"君子以类族辨物"，目的在于世间不同事物中求同存异，以达到"和而不同"的境界。

◎释义

同人：聚合众人于郊远之野，通达。适宜渡过大河，适宜君子守持正固。

《象辞》说：天与火亲比和同，这是同人卦的象；君子由此悟知聚合族群，辨析众物。

初九：聚集大众于王门，将行大事，没有灾祸。

《象辞》说：君王走出王门与国人打成一片，谁又会遭受灾祸呢？

六二：聚同族于宗庙，祭祀祷告，因为面临艰难。

《象辞》说：仅仅聚同族于宗庙，而不是广聚大众，这是狭隘的宗族原则，难以成功。

九三：将军队隐蔽在深山密林，登上高陵窥探，但三年不能发动攻击，长期不能取胜。

《象辞》说：将军队隐蔽在深山密林，是因为敌人太强大。长期不能取胜，怎能有所作为呢？

九四：爬上了敌人的城墙，城还没有攻下来，继续攻打才能获胜。

《象辞》说：登上城墙，但从道义上讲应该停止攻城。这样做之所以吉祥，是因为刚陷入困境就能迷途知返。

九五：聚集起来的大众先哭嚎后欢笑，因为大军及时增援，大获胜仗。

《象辞》说：聚集起来的大众之所以先哭后笑在于战斗转败为胜。九五居上卦之中位，像人得贞正之道，势必化凶为吉。大军会师表明我军已打败敌人。

上九：聚众于郊外，致祭于神灵祝贺胜利，自然没有悔吝。

《象辞》说：聚众于郊外，说明拥有的援助不广，天下为公的大同的志向尚未实现。

◎ 哲学美学启示

同人卦认为，同天下人首要在于君子正道，即要刚健、文明、中正。其次，需要分层次地同人，力求心性倾同。同中有异、异里求同，最终才达到"同人于野"天下为公的理想境界。要想致力于同人于野、天下为公的理想境界，《彖传》提出一种思路，那就是中正、正固。"文明以健，中正而应，君子正也。唯君子为能通天下之志。"如学者陈建锋所言，君子同人于野，需要正心。故《周易》认为，君子中正的途径有三：一是文明。所谓文明是内卦之德，是对同异差别的明确，世界大同乃是理想境界。二是刚健。此为外卦之德，强调君子之道在于刚健不息，是以相应六二的文明。三是中正。内卦文明、外卦刚健都是同人卦既中又正的品性，对君子而言，中正意味着立身处世不偏不倚而行正道，然后心志也自然而然能与天下人内心的相通。当代儒家思想所推崇的，是面对差异多元的世界文化时，善于辨别事物、辨别和同的对象，完成这一过程须怀同人之心，从内心与本性出发，不仅仅追求自己狭隘的区域文化圈，而是以谦卑的文化心态面对世界，并更兼有宽阔的胸怀、宽广的气量，去着眼于世界文化的交流沟通。如在器物美学话语中的"中和""气韵""超然""奇巧""简约"等审美上的"中国风"风潮，就是这一心态的当代反映。

◎ 西方美学比较

马克思对美的本质问题的阐释是与他对共产主义理想社会的设想完全一致的，也正是在这一点上，显示出马克思主义美学与以往资产阶级美学的重大区别。人的本质力量的真正意义上的生产在共产主义社会里超功利性、审美性、主体自由性三大特征。可以说，审美与艺术的真正实现代表了马克思的美学理想，同时也构成其所倡导共产主义理想社会的主要特征。在共产主义社会里，由于消除了分工以及生产力的极大提高，劳动真正成了属人的形式，劳动被艺术化了每个人都能自由地选择最适合自己的工作，所以每个人实际上都是艺术家。

　　与同人卦所蕴含的"大同"思想所对应的，是关于共产主义与"大同"思想关系的广泛论及。当代我国著名科学家钱学森，就曾在其晚年对中国未来发展提出过"世界大同+共产主义""全球双层结构"等重要思想，既体现了对中华民族几千年历史长河中生生不息、薪火相传的"天下""大一统""大同"精神脉络、精神追求的凝练与扬弃，又体现了全球治理、全球法、科学社会主义、国际战略等多个学科、多个领域的思潮与趋向。钱学森认为："社会主义社会是个过渡阶段，目的是共产主义社会，那才是世界大同的社会高级发展阶段。"在经济、交通、通讯、文化等一体化的基础上，世界"政治的一体化"是必然趋势，按照马克思主义经济基础决定上层建筑的基本原理，在世界经济政治统一的基础上，世界大同并不遥远。此外，钱学森的共产主义理想中还包含中国将承载"第二次文艺复兴"的预见。他认为中国人独特的文化与思维方式，将以定性与定量相结合的综合集成法为逻辑方式，以马克思列宁主义毛泽东思想为思想指导，开创又一次新的文艺复兴，创造社会主义共产主义文明，世界将在社会主义中国出现第二次文艺复兴。那个时候的科学、教育、文化、艺术日益紧密结合起来，互相促进、互相渗透，向更高层次和水平发展。科学技术的发展为文学艺术提供了新手段，产生出新的文艺形式。同时，我国五千年辉煌的文学艺术传统也将结合最新科技成果，发扬光大。

火天大有

《周易》第14卦：大有卦

◎ **古经**

大有，元亨。

《象》曰：火在天上，大有；君子以遏恶扬善，顺天休命。

初九：无交害，匪咎；艰则无咎。

《象》曰：大有初九，无交害也。

九二：大车以载，有攸往，无咎。

《象》曰：大车以载，积中不败也。

九三：公用亨于天子，小人弗克。

《象》曰：公用亨于天子，小人害也。

九四：匪其彭，无咎。

《象》曰：匪其彭，无咎，明辩晢也。

六五：厥孚交如，威如，吉。

《象》曰：厥孚交如，信以发志也。威如之吉，易而无备也。

上九：自天祐之，吉无不利。

《象》曰：大有上吉，自天佑也。

◎ **《彖传》**

　　大有，柔得尊位大中而上下应之，曰大有。其德刚健而文明，应乎天而时行，是以元亨。

《彖传》说，大有卦，柔爻获得尊贵的位置大行中道，而且上下相应，所以称为大有。它的德能刚健而文明，顺应天道而与时偕行，因而最为通达。《序卦传》："与人同者物必归焉，故受之以《大有》。"与人和同的人，外物一定会来归附，所以接着是大有，是物归我有。《杂卦传》云："大有众也。"大有卦意味着将大有所得。大有与同人、两卦实为一体相颠倒。大有者，上离下乾，日出天上，光明四射而见万有，故曰大有。大有"众"也，众即多也。在同人卦形成大同社会之后，天下充满了光明的正能量，将一切邪恶照射得无以遁形。如此顺天行事，也将获得上天的福佑，即富有，这也正是大有之意。

◎ **释义**

大有卦：最为通达。

《象辞》说：本卦下卦为乾为天，上卦为离为火，火在天上，普照四方，这是大有的卦象。君子观此卦象，取法于火，洞察善恶，从而顺应天命，显扬善德，顺从上天所赋予的美好使命。

初九：没有因为交往带来的害处，这不是灾难。能想到艰难，心存敬慎，就可以没有灾难。

《象辞》说：大有初九爻辞说，在初时未交于害，因此不会有灾祸。

九二：用大车装物载人，有所前往，没有灾祸。

《象辞》说：用大车装载重物，积累其中，不会覆败。

九三：天子宴请公侯。小人则不能参与。

《象辞》说：公侯向天子朝献而获天子之宴享，小人不能担当此任，否则必受其害。

九四：不倚仗自己势力的盛大，没有灾祸。

《象辞》说：不倚仗自己势力的盛大而行事就没有灾祸，是因为能分辨明晰。

六五：交往中表现出诚信交往之状，同时又有威严的样子，吉祥。

《象辞》说：表现出诚信交往之状，是说要用诚信来感发人们的心志。展现威严的样子而得吉祥，是说轻忽怠慢就会失去敬畏之心。

上九：从天而来的祐助，吉祥而无所不利。

《象辞》说：大有是大吉大利之卦，因为得到上天的保佑。

◎ **哲学美学启示**

"卦辞"对"大有"的评判只有两个字，"元亨"，意思是大亨通。《彖传》认为："其德刚健而文明，应乎天而时行，是以元亨。"这是从卦德和卦爻相应方面解释卦辞。大有卦由乾卦和离卦组成，乾卦象征刚健，离卦代表文明，所以说大有卦的卦德是"刚健而文明",乾为天,上卦离的中爻"六五"与下卦乾的中爻"九二"互相呼应,与时偕行,所以说"应乎天而时行",有"刚健而文明"之德,又上下一心,应天顺人,所以"元亨"。大有卦卦辞的含义是大善和无往不利。从卦象上看,大有卦唯一的阴爻得尊位,其他的阳爻都为之服务,象征王者风范心怀万民。"满而不溢"是大有的卦中之义。大有成就,大有收获的缘由在于懂得克制,坚守中庸,自强不息,坚持诚信。在事业和财富上获得收获的同时,还需要时刻保持一种谦逊的品质,方能保持大有成果。

◎**西方美学比较**

在西方美学各种思想理论的争鸣中,各种观点都难以避免地须追溯到审美的基本原理问题,如感性与理性的矛盾,美感与快感的区分,审美无功利还是有关功利等。在这些纠缠不清的纷争背后,都隐藏着关于"欲望"的主题。在西方美学话语体系中,欲望是对于利益的追求的迫切愿望,美实际上更多表现在道德之外提取出的物质化产物。这种美学是一种审美标准,对其善恶美丑做出评判,与道德有着一定相似度但又不等同。大有卦所阐述的"大有获得"表明了人在物质精神上的极大富足与获得,代表一种欲望得到满足的状态,与西方美学有所不同的是,大有之得将物质财富上的获得缘由指向一种动态化的道德评价。其中既有"刚健而文明"的自强不息而带来的自食其力,也有"应乎天而时行"等天时地利因素带来的"上天庇佑",是在多种要素综合作用情况下对主体欲望的满足,因此,懂得克制,坚守中庸,自强不息,坚持诚信的德性要素是保持大有状态得以延续,保持人的需求得以满足的决定性条件,它不是指单纯物质层面的欲望满足,而是以精神境界与道德实践为表征的双向运动。

第十五讲

谦卦与豫卦

地山谦

《周易》第 15 卦：谦卦

◎古经

谦，亨，君子有终。
《象》曰：地中有山，谦；君子以裒多益寡，称物平施。
初六：谦谦君子，用涉大川，吉。
《象》曰：谦谦君子，卑以自牧也。
六二：鸣谦，贞吉。
《象》曰：鸣谦贞吉，中心得也。
九三：劳谦，君子有终，吉。
《象》曰：劳谦君子，万民服也。
六四：无不利，撝谦。
《象》曰：无不利，撝谦，不违则也。
六五：不富，以其邻，利用侵伐，无不利。
《象》曰：利用侵伐，征不服也。
上六：鸣谦，利用行师，征邑国。
《象》曰：鸣谦，志未得也。可用行师，征邑国也。

◎《彖传》

　　谦，亨，天道下济而光明，地道卑而上行。天道亏盈而益谦，地道变盈而流谦，鬼神害盈而福谦，人道恶盈而好谦。谦，尊而光，卑而不可逾，君子之终也。

《彖传》说，谦卦，通达。天之法则是向下济助万物而大放光明；地之法则是处卑位而向上发展。天之法则，减损满盈者而增益谦卑者；地之法则，倾坏满盈者而流注于谦卑者；鬼神之法则，加害骄盈者而福祐谦恭者；人之法则，厌恶骄盈者而喜好谦恭者。谦卑者处于尊位而光明盛大，处于卑位而没有人能超越他，这是君子终身要保持的可贵品德。《序卦传》有云："有大者不可以盈，故受之以《谦》。"富有的人不可以自满，故以谦卦为喻。《杂卦传》云："谦轻，而豫怠也。"谦卦是要虚己下人，而豫卦轻忽懈怠。谦卦颠倒成豫卦，豫卦颠倒成谦卦，一体两端。

◎释义

谦卦，通达，君子能坚持到最终。

《象辞》说：地中存有高山，是谦卦的象；君子因此取多余来补益不足，权衡事物而公平给予。

初六：谦让，再谦让，这才是君子的风度。具有这种品德，即使冒险涉水过河，也是吉利的。

《象辞》说：谦而又谦的君子，用谦卑约束自己。

六二：明智而谦让，卜问得吉兆。

《象辞》说：明智而谦让，心正而吉利，因为六二之爻居下卦中位，像人守中正之道。

九三：勤劳而谦让，这样的人将有好结果，凡事吉利。

《象辞》说：勤劳而谦让的君子，能得到广大民众的敬服。

六四：无所不利，发挥谦虚美德。

《象辞》说：无所不利，发挥谦虚美德，不违背谦虚的法则。

六五：君王具有谦逊的美德，不以有国为富，能得到臣下与百姓的信赖与拥护，适宜进行征战，没有什么不适宜的事情。

《象辞》说：适宜进行征战，是说去征讨不顺服的人。

上六：明智而谦让，出兵征伐邑国自然获胜。

《象辞》说：明智而谦让，尚不能感化邑国得行其志，就可以出兵征讨邑国。

◎ **哲学美学启示**

《易经》六十四卦中，唯一六爻皆吉的就是谦卦，而谦卦的卦象就是"山在地下"。这种卦象本身是不符合实际的，因为地理上其实并不存在山在地下的情形，而谦卦以自然地理为象征，所要表达的是山明明在地上，却能自居其下，以如此非典型的自然景象来象征君子谦恭程度之深的哲理。在整个《易经》中，从自然万物旁通人生几乎处处可见，人与自然万物之间的辩证关系由此得见。谦卦认为，谦是君子的归宿。高处不胜寒，真正的智者应该要懂得在平常如何隐晦自己的光芒，更应该懂得在功成名就时如何急流身退的守正之道。《周易·系辞下》曰："有天道焉，有人道焉，有地道焉。兼三才而两之，故六；六者，非它也，三才之道也。"人生于天地之间，是统一于自然界的有机身体，人以其本质力量与天地"相往来"，与天地并列为"三才（通材）"，故而"天—地—人"和谐共生。谦卦所揭示的，不是对客观外在无条件的臣服，也不是毫无原则的忍让恭敬，而是对于君子行为准则"度"的把握。天地"不言"，规律由"人"显现；明法"不议"，法则由"人"自觉；万物"不说"，成理由"人"敞显。域中之四大，道大为首，人故而尊道而贵德，以谦逊之心体悟自然规律之道。道法自然，既不屈膝而畏惧，也不盲目而膜拜，而是以自然之心观照众相。

◎ **西方美学比较**

生态美学是生态学和美学相应而形成的一门新型学科。生态学是研究生物（包括人类）与其生存环境相互关系的一门自然科学学科，美学是研究人与现实审美关系的一门哲学学科，然而这两门学科在研究人与自然、人与环境相互关系的问题上却找到了特殊的结合点。生态美学就生长在这个结合点上。生态美学既是一种美学理论，也是人的世界观，对待自然的伦理观，是一种"绿色"美学理论。生态学尽管是1866年由德国生物生态美学学家海克尔提出，属自然科学范围，但1973年挪威哲学家阿伦·奈斯提出深层生态学，实现了自然科学实证研究与人文科学世界观的探索的结合，形成生态存在论哲学。这种新哲学理论突破主客二元对立机械论世界观，提出系统整体性世界观；反对"人类中心主义",主张"人—自然—社会"协调统一;反对自然无价值的理论,提出自然具有独立价值的观点。同时,提出环境权问题和可持续生存道德原则。生态美学要做的就是从人类思想文化的根本上来反思生态问题,说到底,生态美学要研究的是人与自然关系及其相关精神向度的问题。目前生态美学的主要话语资源有三个:西方生态中心论、中国传统美学理论和以存在论美学为代表的当代美学理论,相当一部分中国学者主要致力于古代生态智慧和生态美学观念的挖掘。我国古代有着非常丰富的有价值的生态美学智慧,比如源自《周易》思想中的"天人合一""道法自然""生生之谓易""保合大和"等观念,均是构成生态美学研究的主要论域。人因自然而生,人与自然是一种共生关系。

雷地豫

《周易》第 16 卦：豫卦

◎ **古经**

豫，利建侯行师。

《象》曰：雷出地奋，豫；先王以作乐崇德，殷荐之上帝，以配祖考。

初六：鸣豫，凶。

《象》曰：初六鸣豫，志穷凶也。

六二：介于石，不终日，贞吉。

《象》曰：不终日，贞吉，以中正也。

六三：盱豫，悔；迟有悔。

《象》曰：盱豫有悔，位不当也。

九四：由豫，大有得；勿疑，朋盍簪。

《象》曰：由豫，大有得，志大行也。

六五：贞疾，恒不死。

《象》曰：六五贞疾，乘刚也。恒不死，中未亡也。

上六：冥豫成，有渝无咎。

《象》曰：冥豫在上，何可长也？

◎ **《彖传》**

豫，刚应而志行，顺以动，豫。豫，顺以动，故天地如之，而况建侯行师乎？天地以顺动，故日月不过，而四时不忒。圣人以顺动，则刑罚清而民服。豫之时义大矣哉！

《彖传》说，豫卦，刚爻与群阴相应，志向得以施行；顺势而行动，这就是豫。豫卦顺其事理而行动，本来天地的运行都顺从这个客观规律，何况建国封侯出师征战之事呢？天地顺万物之性而动，故日月运转不失其度，四季更替不出差错。圣人顺万民之情而动，则其施用刑罚清明而百姓服从。豫卦所蕴含的时势意义真是伟大啊。《序卦传》："有大而能谦必豫，故受之以《豫》。"富有而又能谦虚，一定会愉悦，所以接着是豫卦。豫卦与谦卦互为正覆关系，"豫"有愉悦之意，但也有居安思危的预备之意。《杂卦传》"谦轻，而豫怠也"。"谦卦看轻自己，虚己下人，而豫卦耽于豫乐，轻忽懈怠。"豫卦中所隐含的因愉悦懈怠而可能导致的危难，是《易经》中忧患意识的显著表达。

◎ 释义

豫卦：有利于封侯建国，出师征战。

《象辞》说：雷从地下出来，大地振奋，这是豫卦的象；古代君王因此制作音乐来推崇道德，以祭祖的方式隆重纪念。

初六：津津乐道于荒淫享乐，凶险。

《象辞》说：初六不胜其豫乐而自鸣，其人意志必消退，志向穷尽而致凶险。

六二：静则坚定自守，耿介如石；动则见几而作，不待终日，坚守正道，吉祥。

《象辞》说：动则见几而作，不待终日，坚守正道，吉祥，是因为它处位中正。

六三：懒散游乐，将招致悔恨；再加上懈怠大意，那就后悔莫及。

《象辞》说：懒散游乐将招致后悔。曲意奉迎有后悔，像人之行事与所处地位不相称。

九四：因为欢愉而大有收获；不怀疑，朋友聚合如簪子束发。

《象辞》说：因为欢愉而大有收获。诚信不疑，朋友们才会聚合相从。

六五：守正养病，能长久生存，不致死亡。

《象辞》说：六五之守正养病，是因为乘刚。能长久生存不致死亡，是因为居中的位置没有失去。

上六：昏冥纵乐的恶果已成，及早改变则无危害。

《象辞》说：昏冥纵乐居于最上位，怎么会长久呢？

◎ 哲学美学启示

豫卦反映出两个方面的思想，即卦辞"利建侯行师"及《象传》中"顺以动"，从正面阐发致豫之道，六爻中只有作为卦主的唯一阳爻九四表达了这些思想。其他各爻则根据它们的势位及与九四的关系，从反面说明享豫之凶，指示人们在豫（欢愉）之时趋吉避凶的途径，可见，人在欢愉时刻更要注意忧患的引发，即所谓忧患意识。《杂卦》所云"豫怠"，正是此义。

蔡京，北宋权相之一、书法家，曾用《易经》中"丰亨豫大"的美学思想作为其园林建设的理论根据，因其中蕴含着"悦逸安乐"之意。"丰亨豫大"之说取意于易经中的丰卦和豫卦，丰卦卦辞的意思是，丰盛之时是亨通的，王者一统天下。不必忧虑，应像日在中天，照遍天下一样，使惠泽无穷。豫有悦逸安乐的意义，《豫卦》卦辞为"豫，利建侯，行师"，意思是有利于建立侯王，是聚众行师的象征。豫卦所包含顺天时的意义。蔡京在丰卦中取其"亨"意，在豫卦中取其"大"意，集成为"丰亨豫大"，其意即欲显"王者一统天下之安乐盛大"的显赫之威势。蔡京认为，只有通过美化宫廷以至整个朝廷，使其场面富丽堂皇，令人悦逸安乐，这样才能符合"丰亨豫大"易理之意，此时皇权之威也就顺其天时，以显出其壮丽伟大。

◎西方美学比较

巴洛克与洛可可是17—18世纪流行于欧洲的两种艺术风格，二者都属于贵族艺术。巴洛克是17世纪欧洲艺术的总称，发源于罗马，而后迅速在意大利全国范围内流行起来，并传播到当时的法国、荷兰等国家。它主要体现在教堂建筑、绘画、室内装饰、庭院设计等各个方面。巴洛克风格追求一种繁复夸饰、富丽堂皇、气势宏大、富于动感的艺术境界，以热情奔放、倾向于豪华与浮夸、追求动势与起伏为特征，代表人物有卡拉瓦乔、贝尼尼、鲁本斯等。到了18世纪，轻快、秀气、纤细典雅的洛可可风格取代华丽、夸张、矫揉造作的巴洛克风格，成了全欧洲艺术风格的主流，洛可可艺术在形成过程中，曾受到中国明清工艺美术的影响。巴洛克洛可可艺术是欧洲17—18世纪绝对专制的君权主义的一个映像，只有在绝对的权力之下，庄严、奢华、夸张、繁复等特质才能够集合起来，形成一种自带威慑力量的美学体验。豫卦中"先王以作乐崇德"虽描绘了中国古代君王盛大华丽的欢庆场景，但细看各爻爻辞，只有唯一阳爻九四表达出因为欢愉而大有收获之意，其他各爻都隐含或直接表明过于表现的富丽堂皇与奢靡欢悦背后的隐忧风险，体现出易经中忧患相依、福祸相倚的辩证思想。

第十六讲

随卦与蛊卦

泽雷随

《周易》第 17 卦：随卦

◎古经

随，元亨利贞，无咎。

《象》曰：泽中有雷，随；君子以向晦入宴息。

初九：官有渝，贞吉；出门交有功。

《象》曰：官有渝，从正吉也。出门交有功，不失也。

六二：系小子，失丈夫。

《象》曰：系小子，弗兼与也。

六三：系丈夫，失小子；随有求得，利居贞。

《象》曰：系丈夫，志舍下也。

九四：随有获，贞凶；有孚在道，以明，何咎！

《象》曰：随有获，其义凶也。有孚在道，明功也。

九五：孚于嘉，吉。

《象》曰：孚于嘉，吉，位正中也。

上六：拘系之，乃从维之；王用亨于西山。

《象》曰：拘系之，上穷也。

◎《彖传》

随,刚来而下柔,动而悦,随。大亨,贞无咎,而天下随时,随时之义大矣哉。

《彖传》说,行动而喜悦即是随。大为通达,正固没有咎害,天下万物都随着时势运行,随卦所蕴含的时势意义真是伟大啊!《序卦传》"豫必有随,故受之以《随》"。豫悦一定有人跟随,所以接着是随卦。《杂卦传》"随无故也"。随卦要旨在于无目的。随与蛊一卦相颠倒,有对应连接之意,随为被动相随从,无目的,不能自己作主。"蛊则饬也"者,饬为整治,有目的与任务,正与随无故也相反。

◎释义

随卦:吉兆,没有灾害。

《象辞》说:本卦下卦为震,震为雷,上卦为兑,兑为泽;雷入泽中,大地寒凝,万物蛰伏,天下万物随着时势而运行是随卦的卦象。君子观此卦象,取法于随天时而沉寂的雷声,随时间作息,向晚则入室休息。

初九:依循正道且能变通,可获吉祥。出门同行都得好处。

《象辞》说:思维观念要改变,依循正道,可获吉祥。走出门去与人交往会有收获,是说没有失去机会和正道。

六二:牵系孩子,失去丈夫。

《象辞》说:抓住了小的,跑了大的,意思是两者不能兼得。

六三:牵系丈夫,失去小子;随从于人有求必得,利于安居守持正固。

《象辞》说:抓了大的,跑了小的,其志在于追逐大的,舍弃小的。

九四:追名逐利,贪多务获,问得凶兆。押送俘虏上路,明于约束则没有灾难。

《象辞》说:追名逐利,这种人遭遇凶险是应该的。谨守信用,严守正道,这是明察约束的结果。

九五:随从多有收获,固守则有凶险;如果心怀诚信,保持正道,有何咎害呢?

《象辞》说:对美善之事保持诚信而吉祥,是因为处于守正居中的位置。

上六：被强迫服从，于是随从而维系君王之命；君王命他在西山主祭天神。

《象辞》说：被强迫服从，因为上六走到了尽头。

◎ **哲学美学启示**

随卦是一个与乾卦和坤卦同样具有元亨利贞四德的卦，特别强调随时而行重要性。元亨、利贞、无咎是对处随之道的完整的表述，随得其道，使得全天下的人都能喜悦而随从，称之为"天下随时"。随卦主张在平衡互动关系中顺天应时，任何孤立的单向或自我是不会感到喜悦的，因此人需要有所跟随、随从，其实性质的含义就是普遍交往，只有通过与众所随的相互交往，才能达到"动而悦"之境界，使双方的心愿都得到满足。但在随的过程中，每一个行为主体面临着这种大好形势又必须守持正道才能无咎。这是因为，随从之义并不是毫无原则，随波逐流、随波转舵，以致正邪不分、是非混淆，而是在自我与他人的交往中探索一种彼此沟通的共识，既不以己强人，也不以人强已，从而建立一种阴阳协调、刚柔并济的人际关系。这种人际关系合乎理性的原则，称之为正道。只有守持正道才能大亨而无咎，如果随而不正，丧失原则，那就是必然会破坏所谓至善至美的平衡关系，以至于动而有悔。

◎ **西方美学比较**

亨利·柏格森，法国哲学家，生命哲学和直觉主义的代表，曾获诺贝尔文学奖。主张人的生命是意识之绵延或意识之流，是一个整体，不可分割成因果关系的小单位，反对科学上的机械论以及心理学上的决定论与理想主义。柏格森把时间区分为两种：一种是科学使用的由钟表度量的时间，也叫作"空间化的时间"；一种是通过直觉体验到的时间，也叫作"绵延"。在前一种时间中，各部分处于均匀、互相分离的状态；而绵延则像河水一样川流不息，各阶段互相渗透、交融，汇合成一个不可分的永远处于变化中的运动过程。柏格森认为，理性分析借助符号和概念只能对世界进行支离破碎的分解，以解决空间现象中的实际问题；而在艺术审美领域，只有非理性的直觉才可能超越工具理性的有限性，使主体重新投入时间那绵延不绝的过程之中，以体察创化不息的宇宙主体本身具有的无限美感。在人文领域，他主张超越僵化的形式与教条的道德宗教观，倡导走向主体的生命活力与普遍之爱。此外，柏格森探讨时间与自由意志的关系，认为艺术直觉不仅具有欣赏角度的多样性，而且具有超越概念的可能性，把时间的艺术转化为艺术的时间，而且把作品内容的时间生命归结于创作主体的生命时间。这一点在其生命美学中显然极为重要。随卦中的"动而悦""天下随时"等观念，将时间与人的自由意志甚至感情直觉联系起来，赋予主体体验一种新的认识内容。

山风蛊

《周易》第18卦：蛊卦

◎ 古经

蛊，元亨，利涉大川。先甲三日，后甲三日。

《彖》曰：山下有风，蛊；君子以振民育德。

初六：干父之蛊，有子，考无咎，厉终吉。

《象》曰：干父之蛊，意承考也。

九二：干母之蛊，不可贞。

《象》曰：干母之蛊，得中道也。

九三：干父之蛊，小有悔，无大咎。

《象》曰：干父之蛊，终无咎也。

六四：裕父之蛊，往见吝。

《象》曰：裕父之蛊，往未得也。

六五：干父之蛊，用誉。

《象》曰：干父用誉，承以德也。

上九：不事王侯，高尚其事。

《象》曰：不事王侯，志可则也。

◎ 《彖传》

蛊，刚上而柔下，巽而止，蛊。蛊，元亨，而天下治也。利涉大川，往有事也。先甲三日，后甲三日，终则有始，天行也。

《彖传》说，蛊卦，刚在上而柔在下，下巽而上止，这就是蛊。蛊的意义在于用大智大勇而得大亨通，而后天下得以整治。适宜渡大河，有大的革新，前往有所作为。甲日前三天，甲日后三天，终结之后又有开始，循环往复，这是

127

天道的运行法则。《序卦传》"以喜随人者必有事，故受之以《蛊》。《蛊》者，事也"。以喜悦去追随人，一定会生出事故，所以接着是蛊卦。蛊有无事生非之意。《杂卦传》"蛊则饬也"。蛊意为整治。

◎ **释义**

蛊卦：大吉利。利于涉水渡河，但须在甲前三日之辛日与甲后三日之丁日开始。

《象辞》说：山下有风吹拂，这就是蛊卦。君子由此领悟，要用德教使百姓振作，培育美德。贤人如山居于上，宣布德教施于下，所谓山下有风，这是巽卦卦象。君子观此卦象，取法于吹拂万物的风，从而振救万民，施行德教。

初六：救治父亲留下的积弊，有能治蛊的儿子，已故父亲的过错可以得到消除，虽然开始艰难但最终吉祥。

《象辞》说：匡正父亲留下的积弊，志在继承先父的遗愿。

九二：救治母亲留下的积弊，应该采取中庸适度的方法，不可固执。

《象辞》说：匡正母亲的弊端，在于把握中和之道。

九三：匡正父亲的弊端，稍有悔恨，但没有大的咎害。

《象辞》说：匡正父亲的弊端，最终没有咎害。

六四：宽容地对待父亲留下的积弊，这样下去，积弊将会一天天地加深而陷入困境。

《象辞》说：对父亲的积弊宽缓顺容，长此以往必有憾惜。

六五：匡正父亲的积弊，受到赞誉，是因为利用祖先的美誉。

《象辞》说：匡正父亲的积弊，利用美誉，是说传承祖先的美德。

上九：不奉事王侯，自守其高风亮节。

《象辞》说：不奉事王侯，以高尚来要求自己的作为。这样的志向可为后人所效法。

◎ **哲学美学启示**

"蛊"字本身既描述了卦名的由来，也阐释了蛊卦的含义。"蛊"字从"虫"从"皿"，造字的本义是器皿长期不清理不通风，蛊卦是一个教导如何拯弊治乱的卦，天下由蛊而至于乱，乱的结束便是治的开始。大亨大通导致天下大治，天下处在蛊坏之时犹如大河滔滔不易渡过，这时应当勇于涉险，断然前往。蛊卦最特别的是有五爻都提到父亲或母亲，谈到家中的问题，就是要告诉我们以家作为理解的方式，然后可以由家扩大到国，因为对于家天下的国君而言，他所面对的国家治理，首先是对家国社会中最小单位家庭的治理，这也是《大学》中所说的修身、齐家、治国、平天下治理思维逻辑的延伸。具体来讲，治蛊要讲究方法与策略。在治蛊之前，先要认真分析研究致蛊的原因，总结经验教训，制定切实可行的正确的治蛊方针方法。在治蛊之后，还要继续分析研究事情发展的趋势，制定巩固治理成果的方针方法。只有充分发挥人的主观能动性，才有可能开创大亨而天下大治的局面。"终则有始"，这是天之道，也是人之故。社会达到蛊坏的程度，必然须经历一段治理方能转入全新的状态，迎来新的开始。

◎西方美学比较

文艺复兴（Renaissance）是指发生在14世纪到16世纪的一场反映新兴资产阶级要求的欧洲思想文化运动。文艺复兴的概念在14—16世纪时已被意大利的人文主义作家和学者所使用。当时的人们认为，文艺在希腊、罗马古典时代曾高度繁荣，但在中世纪黑暗时代却衰败湮没，直到14世纪后才获得再生复兴，因此称为文艺复兴。文艺复兴是西欧近代三大思想解放运动文艺复兴、宗教改革与启蒙运动之一。文艺复兴运动中提出的人文主义，其核心是以人为中心而不是以神为中心，肯定人的价值和尊严，主张人生的目的是追求现实生活中的幸福，倡导个性解放，反对愚昧迷信的神学思想，认为人是现实生活的创造者和主人。在这场宏大文化运动中形成的坚不可摧的人文主义观念，富有极大的革命革新精神，促使教皇神权在文艺复兴引发的解放运动的凯歌中土崩瓦解。与其相对，蛊卦是一个教导如何拯弊治乱的卦，具体描述如何继承前人优秀的思想精华，解放禁锢束缚的陈旧观念，惩治蛊毒腐败振奋民心，进而达到思想观念的重现净化与革新。

第十七讲

临卦与观卦

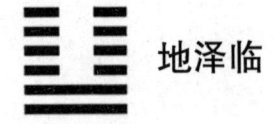

地泽临

《周易》第 19 卦：临卦

◎古经

临，元亨，利贞；至于八月有凶。
《象》曰：泽上有地，临；君子以教思无穷，容保民无疆。
初九：咸临，贞吉。
《象》曰：咸临贞吉，志行正也。
九二：咸临，吉无不利。
《象》曰：咸临，吉无不利，未顺命也。
六三：甘临，无攸利；既忧之，无咎。
《象》曰：甘临，位不当也。既忧之，咎不长也。
六四：至临，无咎。
《象》曰：至临无咎，位当也。
六五：知临，大君之宜，吉。
《象》曰：大君之宜，行中之谓也。
上六：敦临，吉，无咎。
《象》曰：敦临之吉，志在内也。

◎《彖传》

临，刚浸而长，说而顺，刚中而应。大亨以正，天之道也。至于八月有凶，消不久也。

《彖传》说，临卦，阳刚之气逐渐增长，喜悦而柔顺，刚爻居中而上下相应。然而到了八月将会有凶险，因为阳气不久便要消退。那么"至于八月有凶"指的是什么，王弼注："八月阳衰而阴长，小人道长，君子道消也，故曰'有凶'。"此处的八月并非时间上的八月份，而是以大暑之后暑热日渐衰微为表征的阳的消减，并以此来比喻君子之道"消"，故曰"凶"。《序卦传》："有事而后可大，故受之以《临》。《临》者，大也。"有时机到来，然后可以创大业，所以接着是临卦。临是盛大的意思。《杂卦传》"临、观之义，或与或求"是说临卦与观卦的意义，在于有的表达施予，有的表达求取。临与观一卦相互颠倒，一体两端，求与相连。观为观察，观望，选择，有所求之象，故临为"与"观为"求"。朱熹说："以我临物，故曰与；物来观我，故曰求。"

◎释义

临卦：吉利的卜问。到了八月，可能有凶险。

《象辞》说：本卦下卦为兑为泽，上卦为坤为地，堤岸高出大泽，河泽容于大地，这是临卦的卦象。泽上有地，君子由此领悟应竭尽心思施行教化，用无边的美德涵容养育百姓。

初九：以感化的政策治民。卜问得吉兆。

《象辞》说：以感化的政策治民，治道贞正，自然吉利，因为居心端正，作风正派。

九二：用温和的政策治民，无不吉利。

《象辞》说：用温和的政策治民，吉祥无所不利，并非是由于顺从君命。

六三：用压服的政策治民，没有什么好处。如果有所忧悔，灾祸可以消除。

《象辞》说：用压服的政策治民，正如六三阴爻不当居阳位一样，这样的君王不是称职的君主。如果能有所忧悔，其灾祸则可消除。

六四：亲自理国治民，没有害处。

《象辞》说：亲自理国治民，没有害处，正如六四阴爻居阴位一样。这样的君王是称职的君王。

六五：以明智治民，得君王之体，自然吉利。

《象辞》说：得君王之体，因为六五之爻居上卦中位，像人行事得中正之道。

上六：以敦厚之道治民，吉利，自然无灾祸。

《象辞》说：以敦厚之道治民，吉利，因为敦厚诚实之意存于内心。

◎哲学美学启示

"临"字起码有两层寓意，从君子和君王的角度来讲，阳刚君子像湖泽一样居于民众之下，以贵下贱默默奉献。从民众的角度来看，民众站在岸边，居高临下观察着君子的表现，同时民众的疾苦也映射在镜子中。带"临"的词语大都有靠近深入之义，比如亲临一线，大驾光临，光临寒舍，莅临指导，临阵脱逃，临渊羡鱼，如临深渊。"临"字既描述了卦名的由来，也阐释了临卦的含义。临卦展示的自然现象是，湖泽之水静静地躺在大地的怀抱中，泽水滋润大地。平静的水面就像是一面镜子，可以映射世间万物，在临卦中，君子像湖泽一样居于民众之下，反而能获得民众的信任和支持，大地象征万民，湖泽象征君王的恩惠，也代表君子深入民间默默为民服务。此外，"至于八月有凶"则体现了一种超前的、强烈的忧患意识，表明居安思危忆和盛不忘衰的进取精神。

◎西方美学比较

当代政治和美学两个概念并不矛盾，反而相辅相成。政治本身就是审美的一种特殊表现，政治意识形态、政治制度、权力运作、政治家的风格都表现出一定的美学精神。意识形态对于现实与未来构建了种种"想象的共同体"，把特殊群体、阶级、集团的利益、情感、意志、观念净化和升华为人类的普遍理想和共通情感。政治统治的美学奥秘在于使权力成为魅力，权力结构进入情感结构。政治的等级结构深刻地表现为审美的一种价值结构，中西美学思想中都有大量关于政治的美学观照，在各种美学理论中都可以发现其中蕴涵着的政治意识。我们不仅需要研究美学理论中蕴涵着的政治意蕴，更需要探究在政治生活本身中所蕴涵着的美学奥秘，运用美学方法来分析政治。

中国古代政治美学最为注重的是"民本"意识形态问题，所谓"得人心者得天下"，在临卦中，我们可以鲜明的发现"教思无穷""保民无疆"等民本观念，以及关于社会民众治理活动中的忧患意识，这表明中国古代国家意识形态实质就是民心问题，中国古代儒家伦理秩序思想构成这一意识形态内核。相较之下，在西方政治美学话语体系中，最早提出政治美学观念的是柏拉图，他认为政治的终极追求"正义"和美的核心本质"理念美"属于同一范畴，它们存在于可理知的世界，都是人们的知识而非意见，正义和理念美都是绝对的、永恒的和真实存在的，表现为具体的城邦正义以及美的艺术表现形式。其次，正义和理念美统一于最高本体"至善"理念之下。在理念世界，正义和美都统一于这个最高本体善理念之下，正义和美互不冲突，都是善理念统摄下的不同侧面。

风地观

《周易》第 20 卦：观卦

◎ **古经**

观：盥而不荐，有孚颙若。

《象》曰：风行地上，观；先王以省方观民设教。

初六：童观，小人无咎，君子吝。

《象》曰：初六童观，小人道也。

六二：窥观，利女贞。

《象》曰：窥观女贞，亦可丑也。

六三：观我生进退。

《象》曰：观我生进退，未失道也。

六四：观国之光，利用宾于王。

《象》曰：观国之光，尚宾也。

九五：观我生，君子无咎。

《象》曰：观我生，观民也。

上九：观其生，君子无咎。

《象》曰：观其生，志未平也。

◎ **《彖传》**

大观在上，顺而巽，中正以观天下。观，盥而不荐，有孚颙若，下观而化也。观天之神道，而四时不忒，圣人以神道设教，而天下服矣。

《彖传》说，在上位者展现出伟大的德行，具有柔顺谦逊的美德，把居中守正之德观示于天下之人，这就是观卦。君子在祭祀开始之前先洗净手，还未到进献祭品的阶段，心中的诚信已经庄严地表现了出来，老百姓通过仰观君子行为，就会潜移默化受到教化。观察自然神妙的法则，四季的运行没有偏差。圣人依循这种神妙的法则来设立教化，天下的人就都会诚心顺服。

◎ **释义**

观卦：祭祀前洗手，还未等到进献祭品时，诚敬之心已肃然而生。

《象辞》说：本卦上卦为巽为风，下卦为坤为地，风行大地吹拂万物，这是观的卦象。风行地上，观卦；先王由此领悟巡视四方观察民情而设立教化。

初六：像孩童那样观察，小人没有危害，君子有所憾惜。

《象辞》说：初六像孩童那样观察，这是小人之道。

六二：从门缝里向外观察，适宜女子守正。

《象辞》说：从门缝向外窥视来观察事物，适宜女子正固，但对于君子而言应觉得羞愧。

六三：从内心审视自己的行为和心理，以决定进退。

《象辞》说：审视自己的行为和心理，以决定进退，这样做没有偏离人生正途

六四：观察国家政教的光辉，适宜追随辅佐君王。

《象辞》说：观察国家政教的光辉，是要往上追随君王。

九五：审视自己的行为和心理，对于君王来说就是考察民情。

《象辞》说：观察亲族之意向，就是观察天下万民的意向。

上九：观察君王的生民，君子没有咎害。

《象辞》说：观察君王的思想如何，心志没有安逸。

◎ **哲学美学启示**

观卦上卦为巽为风，下卦为坤为地，风吹拂着大地就是观卦的卦象。风无处不在又无孔不入，人也应当像风一样无所不观，观察万物而得到修齐治平之道。观卦启示了观下瞻上的道理，在上者以道义观天下，在下者以敬仰瞻上，人心顺服归从。在普遍的观察之道上，观察一个事物要观其本质，不要被表面现象所迷惑，观卦讲的是全方位的观察之法，民观君观天，君观民观天，天观民观君，圣人作易，圣人创立易经学说，也是通过"仰则观象于天，俯则观法于地，观鸟兽之文，与地之宜，近取诸身，远取诸物"。在更高的哲学方面，不仅要"观"，而且要"照"，"观"要观察事物的本质，万事万物虽然各自有形，但其本质都是一样的，最后都归结于"无"。作用到国家治理方面，观察之道指

135

民众对国家政策理解和贯彻执行的各种情形。作用到美学与艺术方面，观更多体现为一种视觉艺术或视觉传达。

◎ 西方美学比较

视觉传达这一术语流行于1960年在日本东京举行的世界设计大会，其内容包括：报刊环境视觉设计杂志、招贴海报及其他印刷宣传物的设计，还有电影、电视、电子广告牌等传播媒体，它们把有关内容传达给眼睛从而进行造型的表现性设计，统称为视觉传达。当代的视觉传达设计是通过视觉媒介表现并传达给观众的设计，体现着设计的时代特征图形设计和丰富的内涵。现代发端于西方数字化多媒体的新的视觉传达方式，由以往形态上的平面化、静态化，开始逐渐向动态化、综合化方向转变，从单一媒体跨越到多媒体，从二维平面延伸到三维立体和空间，从传统的印刷设计产品更多转化到虚拟信息形象的传达。多媒体技术不是各种信息媒介的简单复合，而是一种把文本、图形、影像、声音、视频、动画等形式的信息结合在一起，并通过计算机进行综合处理和控制，能支持完成一系列交互式操作的数字信息技术。新时代的视觉传达与视觉艺术更多地聚焦于"眼睛"，观卦之"观"则更多展现为发自于观者"内心"的诚信与礼仪。

第十八讲

噬嗑卦与贲卦

火雷噬嗑

《周易》第 21 卦：噬嗑卦

◎古经

噬嗑，亨；利用狱。

《象》曰：雷电，噬嗑；先王以明罚敕法。

初九：屦校灭趾，无咎。

《象》曰：屦校灭趾，不行也。

六二：噬肤灭鼻，无咎。

《象》曰：噬肤灭鼻，乘刚也。

六三：噬腊肉，遇毒；小吝，无咎。

《象》曰：遇毒，位不当也。

九四：噬干胏，得金矢；利艰贞，吉。

《象》曰：利艰贞吉，未光也。

六五：噬干肉，得黄金，贞厉，无咎。

《象》曰：贞厉无咎，得当也。

上九：何校灭耳，凶。

《象》曰：何校灭耳，聪不明也。

◎《彖传》

颐中有物，曰噬嗑。噬嗑而亨，刚柔分，动而明，雷电合而章。柔得中而上行，虽不当位，利用狱也。

《彖传》说，口腔中有食物，是噬嗑。通过磨合才能亨通，刚健与柔顺分明，行动且有明辨，雷声与电光合在一起彰显一切。六五柔爻得中，在上卦起作用，虽然不当位，适宜用在法制上。《序卦传》云："可观而后有所合，故受之以《噬嗑》。嗑者，合也。"盛大可观然后能有所和合，所以接着是噬嗑卦。嗑，就是闭合的意思。《杂卦传》："噬嗑，食也，贲无色也。"噬嗑，是讲饮食的。噬嗑卦，以讲饮食比喻"用狱"之道。中间四爻都谈到吃肉，以吃各种不同的肉，视其难易程度，来比喻治狱用刑的难易。

◎释义

噬嗑卦：通泰。利于讼狱。

《象辞》说：本卦下卦为震为雷，上卦为离为电，雷电交合是噬嗑的卦象。君王观此卦象，取法于雷电严明治政，明察刑罚、修正法律。

初九：将桎加于足上，遮没了脚趾，没有咎害。

《象辞》说：将桎加于足上，遮没了脚趾，抓小抓早，使其不再行违法犯罪之事。

六二：咬食肥肉而鼻子没入，没有咎害。

《象辞》说：咬食肥肉而鼻子没入，这是因为乘凌在刚强者之上，即六二乘在刚爻之上。

六三：吃腊肉，中毒。碰上了麻烦，但不十分严重。

《象辞》说：中毒，因为六三阴爻居于阳位，像人不称其位。

九四：吃带骨肉干，遇到金色箭头；适宜在艰难中守正，吉祥。

《象辞》说：适宜在艰难中守正吉祥，说明尚未发扬光大。

六五：吃干肉，得到黄金，守正以防危险，没有咎害。

《象辞》说：守正以防危险，没有咎害，这是因为位置得当。

上九：肩膀扛着枷锁，遮没了耳朵，有凶祸。

《象辞》说：肩膀扛着枷锁，遮没了耳朵，这是由于他耳不聪，听不进别人劝告的结果。

◎ 哲学美学启示

闪电雷鸣，击中物体使其燃烧起来，这就是噬嗑卦的卦象。噬嗑卦表达了"明罚敕法"的法律哲学思想，但与法家不同。法家唯法是从，而噬嗑卦要求君王将法与罚公之于众，使之知使之畏，根本目的是使之尽可能不犯法受刑，具有儒家"礼法"思想倾向。因此"明罚敕法"一语的要害在"明"而不在"罚"，在"敕"不在"法"，在于防民教民，不在制民刑民。刑罚的目的，并不是为了对犯人施以重刑，那只是手段，目的是要预防犯罪，起惩戒作用，使天下无讼。以初九爻辞为例，"屦校灭趾"字面的意义是戴上刑具使罪人不能行走。实质是通过这种轻微的惩罚，警诫人们在出现违法犯罪苗头时候就立刻停止，以小的刑罚作为警示，不要在犯罪的道路上走下去。

◎ 西方美学比较

噬嗑卦的美学指向是以刑罚处罚为形式表现的法治艺术。之所以要谈法治与艺术的关系，在于当代意义的法治已经成为人类关怀自身的一种方式，法治关怀也就是对作为人的尊严和生存的关怀，具有相应的美学价值。就刑事法治而言，国家刑罚权能不能受到刑事法的有效制约，是一个国家在刑事法领域是否实现法治的根本标志，进而也是判断一个国家是否为法治国家的基本标志，通由罪刑法定，如何保障和实现受众安身立命免遭刑苦的情感诉求。一切艺术问题以及可能与艺术有关的任何问题都必须涉及某种特殊的感情，而且这种感情一般要通过形式而被直觉到，法治在刑事领域的特殊设定，为惩恶扬善提供了一种特殊的实现形式。形式感是一种对形式的"感受力"和"理性判断力"。形式感是指认识主体对外在对象把握上的某种心理机能，简单地说，我们对各种形式美的体验就依赖于形式感。从艺术构图中最简单的平衡、对称，到复杂的结构形态等。形式感在对外物的形象进行观照过程中是十分重要的，它制约着我们对特定对象的鉴赏、评价和判断，刑事审判、处理作为法治活动中形式感最强的一项活动，旨在通过这种公正、严肃、权威的体验感受，传递给公众一种至善的德性追求，这与噬嗑卦所表达的"明罚敕法"不谋而合。在更大的维度上，艺术家是各种形式的发现者，各种艺术都有自己指向意象世界的形式，法律亦如此。在这一点上，法律人也应当成为法治领域的艺术家，应当既是形式理性的坚守者，也是法治之美的发现者和构造者。

山火贲

《周易》第 22 卦：贲卦

◎ 古经

贲：亨，小利有攸往。

《彖》曰：山下有火，贲；君子以明庶政，无敢折狱。

初九：贲其趾，舍车而徒。

《象》曰：舍车而徒，义弗乘也。

六二：贲其须。

《象》曰：贲其须，与上兴也。

九三：贲如，濡如，永贞吉。

《象》曰：永贞之吉，终莫之陵也。

六四：贲如，皤如，白马翰如；匪寇婚媾。

《象》曰：六四当位，疑也；匪寇婚媾，终无尤也。

六五：贲于丘园，束帛戋戋；吝，终吉。

《象》曰：六五之吉，有喜也。

上九：白贲，无咎。

《象》曰：白贲无咎，上得志也。

◎《彖传》

贲，亨；柔来而文刚，故亨。分刚上而文柔，故小利有攸往。（刚柔交错），天文也。文明以止，人文也。观乎天文，以察时变；观乎人文，以化成天下。

《彖传》说，贲卦，通达。柔爻来到内卦，离为文饰，附丽乾刚，柔顺者来文饰刚强者，所以通达。刚强者与柔顺者相互交错，小的方面适宜有所前往。

这是宇宙自然表现出的美丽多彩。文明而知止,这是人类社会表现出的文采。观察天文,可以知晓时节时势的变化;观察人文,以文明的方式规范人的行为,可以教化成就天下人。《序卦传》云:"物不可苟合而已,故受之以《贲》。《贲》者,饰也。"事物不能勉强相合就算结束,还需要审美,所以接着是贲卦。贲,就是文饰的意思。《杂卦传》:"噬嗑,食也,贲无色也。"贲,就是素白无华,不假文饰。噬嗑与贲,一卦互相颠倒。噬嗑卦,咀嚼食物之象。咀嚼食物目的在于消化吸取营养。噬嗑颠倒成山火贲,贲无色也,提供了以五彩缤纷装饰的必要条件,故曰贲无色也。可以止乎丽,即达到最美丽的要求。

◎释义

贲卦:通达。有所往则有小利。

《象辞》说:贲卦上卦为艮为山,下卦为离为火,山下有火,火燎群山,是贲卦的象;君子由此领悟要明察各项政事,而不是靠文饰轻率地判决诉讼案件。

初九:文饰脚趾,舍弃车子徒步行走。

《象辞》说:舍弃车子徒步行走,是理当不用乘车。

六二:文饰胡须。

《象辞》说:文饰胡须,是要随着上位者而行动。

九三:文饰啊,润泽啊,长久正固而吉祥。

《象辞》说:长久正固而吉祥,未尝不靠外在文饰润泽,但终不可为其所溺,因以自身实力为依据坚守正道。

六四:文饰啊,洁白啊,白马跑得飞快啊;不是贼寇,是来求婚的。

《象辞》说:六四当位,而多疑;不是贼寇,是来求婚的,最终没有埋怨。

六五:以土丘园林为文饰,系一束微薄的丝帛;礼品俭吝,终能获得吉祥。

《象辞》说:六五的吉祥,因为有喜庆。六五以柔居中履尊,能修柔中之德,弃华崇俭,所以"终吉"。

上九:素白的文饰,没有咎害。

《象辞》说:素白的文饰没有咎害,因为上九实现了自己的志向。

◎哲学美学启示

其一,"文"意为涂画,与"索"意为绳索义同。《系辞》"物相杂,故曰文",故"文"的相互杂交与"索"的绳索都有交互作用之义。其二,白贲为素朴自然,代表无色,如日月星辰,光华是从内自然焕发出来的,而不凭借外部的粉饰。文饰之极在于无饰，绚烂之极，归于平淡，由文返质，归于无色，文明以止。其三，贲卦作为与噬嗑卦一组的卦，其衍生的哲学思想还包括是决案议政，强调明而止、明与慎，即办案判决要谨慎，不得草率行事。贲卦虽主讲文饰美观，但又极其推崇务实、审慎与俭朴。告诫人们治狱、决案、理政务必去文饰而求实效，对一切矫揉的繁文缛节之法都应反对。

◎ 西方美学比较

当代简约主义源于 20 世纪初期的西方现代主义。欧洲现代主义建筑领域"Less is more"被认为是代表着简约主义的核心思想。简约主义风格的特色是将设计的元素、色彩、照明、原材料简化到最少的程度，但对色彩、材料的质感要求很高。因此，简约的空间设计通常非常含蓄，往往能达到以少胜多、以简胜繁的效果。简约的目的不光是对素材尽量少的应用，而是对功能性、实用性尽量多的展现，即创作出的空间尽可能舒适、实用，华而不实、脱离使用功能，即便再漂亮的简约主义设计也不会受到推崇。在简约主义及其美学思想影响下，人们渐渐渴望在视觉冲击中寻求宁静和秩序，所以简约风格无论是在形式上还是精神内容上，都迎合了在这个背景下所产生的新的美学价值观。由《周易》贲卦引发出的"文""质"关系的论述，构成了传统美学观念中"文饰之道"的思想要素。"白贲"是中国传统美学的重要概念，其所推崇的朴素美，本体美，简约美，一直以来为中国人所致力追求的最高审美境界。真正的绘画上品不贵五彩，而是以水墨为上，此即白贲无咎的文饰之道。

第十九讲

剥卦与复卦

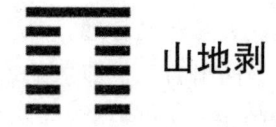

山地剥

《周易》第 23 卦：剥卦

◎ 古经

剥，不利有攸往。

《彖》曰：山附于地，剥；上以厚下安宅。

初六：剥床以足，蔑贞凶。

《象》曰：剥床以足，以灭下也。

六二：剥床以辨，蔑贞凶。

《象》曰：剥床以辨，未有与也。

六三：剥之，无咎。

《象》曰：剥之无咎，失上下也。

六四：剥床以肤，凶。

《象》曰：剥床以肤，切近灾也。

六五：贯鱼以宫人宠，无不利。

《象》曰：以宫人宠，终无尤也。

上九：硕果不食，君子得舆，小人剥庐。

《象》曰：君子得舆，民所载也。小人剥庐，终不可用也。

◎《彖传》

> 剥，剥也，柔变刚也。不利有攸往，小人长也。顺而止之，观象也。君子尚消息盈虚，天行也。

《彖传》说，剥，剥落腐蚀，柔顺改变刚强。不适宜有所前往，因为不利前进的因素在增长。顺势而制止，是观其卦象的结果。君子重视消亡、生息、满盈、虚亏，是在顺应自然的运行法则，剥卦蕴含着大自然盛衰互转之哲理。消息盈虚是自然界变化的规律，君子应遵循自然规律行事，与时偕行，也即是说君子处剥之时，要藏器于身，屈身避祸，效法坤的顺与艮的止，顺以安分，待时而动。《序卦传》："致饰然后亨则尽矣，故受之以《剥》。《剥》者，剥也。"经过文饰修饰之后的通达，也就到了尽头，所以接着是剥卦。剥，是剥蚀的意思。《杂卦传》云："剥烂也，复反也。"剥卦表示把已经朽烂之物剥离。

◎释义

剥卦：有所往则不利。

《象辞》说：剥卦上卦为艮为山，下卦为坤为地，山在地上，风雨剥蚀，这是剥卦的卦象。君子观此卦象，以山石剥落、岩角崩塌为戒，不利于继续前行，而是反躬修心，厚结民心，使人民安居乐业。

初六：床足脱落。无须占问，这是凶险之象。

《象辞》说：床足脱落，这是自毁根基。

六二：床板脱落，是凶险之象。

《象辞》说：床板脱落，自毁辅佐。

六三：剥蚀，没有咎害。

《象辞》说：剥蚀没有咎害，是因为摒弃不良同类，倒向君子一边。

六四：剥取床上的垫席，这是凶险之象。

《象辞》说：剥取床上的垫席，灾祸就在眼前。

六五：象鱼之贯串成列，以宫人的身份一同受宠于君王，没有不利。

《象辞》说：统领宫中之人及妻妾侍婢之类，一同受宠于君王，终究没有责怪。

上九：硕大的果实不被剥食，君子将获得车马，小人将剥蚀屋宇。

《象辞》说：君子将获得车马，是因为受到百姓的爱戴与拥护。小人将剥蚀屋宇，是因为终究是行不通的。上九是全卦唯一的阳爻，按照消息盈虚的自然规律，阳不能尽剥，故唯一阳爻有硕果不食之象。

◎ **哲学美学启示**

剥卦有阴气递增、阳气被剥蚀殆尽之象，象征剥落之意。在象征意义上，有不利因素阻害于君子之象，故君子应暂时退避，不宜有所前往。盛世之时，人们讲究装饰，但过度的奢侈就像腐物一样，会逐渐剥蚀盛世的繁荣与人的心智，使鼎盛状态走向衰落。在政治哲学方面，剥卦告诉我们，在高位者凡事要体恤下情，否则"高处不胜寒"导致群阴剥阳，政权颠覆。又如同人的健康，一味的滥用体力精力以及不按照规律的肆意作息，只会在群阴剥阳的时候导致各种疾病的发生。剥卦中前两爻爻辞讲对作为基础的剥落，君子为此应该放缓进度，采取切实可行的办法去加固自己的基础，防止一味冒进带来的基础动摇以至于全盘皆输。美学上的剥卦表征对繁复甚至奢华状态的一种反叛，即便伴随着被剥离的忧虑不舍，但至少获得了剥去所有外在华丽装饰之后的简约至真。

◎ **西方美学比较**

极简主义（Minimalism）并不是现今所称的简约主义，是第二次世界大战之后60年代所兴起的一个艺术派系，作为对抽象表现主义的反动而走向极致，以最原初的物自身或形式展示于观者面前为表现方式，意图消弭作者借着作品对观者意识的压迫性，开放作品自身在艺术概念上的意象空间，让观者自主参与对作品的建构，最终成为作品在不特定限制下的作者。在艺术设计学意义上，极简主义以简单到极致为追求，代表一种感官上简约整洁的设计风格。此外，西方美学领域的极简主义并不局限于艺术或设计，它是极简主义者奉行的一种哲学思想，价值观以及生活方式即极简主义生活方式。在具体艺术形式上，极简主义主要描述抽象的、几何的绘画和雕刻，其艺术原则包括正确的角度、几何形、立方形、比例、尺度，使用最低限度的事件或组成来诠释作品内在思想。极简主义艺术家主张一件艺术品不应涉及自身以外的任何事物，试图除去他们作品任何视觉效果以外的联想，应用简单形式与线条而不采用涂绘笔画的方法，强调二度空间感与直接观感。

地雷复

《周易》第 24 卦：复卦

◎ 古经

复，亨。出入无疾，朋来无咎；反复其道，七日来复，利有攸往。

《象》曰：雷在地中，复；先王以至日闭关，商旅不行，后不省方。

初九：不远复，无祗悔，元吉。

《象》曰：不远之复，以修身也。

六二：休复，吉。

《象》曰：休复之吉，以下仁也。

六三：频复，厉，无咎。

《象》曰：频复之厉，义无咎也。

六四：中行独复。

《象》曰：中行独复，以从道也。

六五：敦复，无悔。

《象》曰：敦复无悔，中以自考也。

上六：迷复，凶，有灾眚；用行师，终有大败；以其国，君凶；至于十年，不克征。

《象》曰：迷复之凶，反君道也。

◎《彖传》

"复亨"，刚反，动而以顺行，是以"出入无疾，朋来无咎"。"反复其道，七日来复"，天行也。"利有攸往"，刚长也。复，其见天地之心乎？

《彖传》说，"复卦亨通"，是由于刚爻（自剥卦上九）返回（于初爻），阴阳消长是自然规律，阴可以剥阳，但是不可能剥尽，剥至极处，阳便要复生，即一阳来复。震动而以坤顺运行，因此"外出和进入没有疾患，朋友前来没有咎害"。"返转回复运行在轨道上，七天回归重新开始"，这是天体的运行法则。"适宜有所前往"，因为刚爻在增长。《序卦传》："物不可终尽，剥穷上反下，故受之以复。"剥卦是阴气剥蚀阳气，剥卦走到极点，阳气必回到地下重新开始，于是大地重现生机，故而亨通。复卦为剥卦的覆卦（颠倒过来成同一卦）。

◎ **释义**

复卦：复卦，亨通。外出和进入没有疾患，朋友前来没有咎害；返转回复运行在轨道上，七天回归重新开始，适宜有所前往。

《象辞》说：复卦内卦（下卦）为震为雷，外卦（上卦）为坤为地，天寒地冻，雷返归地中，往而有复，依时回归，这是复卦的卦象。君王观此卦象，取法于雷，在冬至之日关闭城门，不接纳商旅，暂停巡视邦国。

初九：出外不远就返回，没有大的过失，大吉大利。

《象辞》说：出外不远就返回，表示能时刻反省，严于修身。

六二：圆满而归，吉利。

《象辞》说：圆满而归之所以吉利，是能够取人之善，见贤思齐。

六三：愁眉苦脸地回来，是遇到了危险，知难而退可以无灾祸。

《象辞》说：虽然愁眉苦脸地回来，但已脱离危险，理应没有灾祸。

六四：中途独自返回。

《象辞》说：中途独自返回，这是返回到道义上来。

六五：经过考察，敦厚地返回正道，可以无悔。

《象辞》说：敦厚地返回正道，没有懊恼，是因为居中而能自我省察。

上六：迷途难返，凶险，有灾祸。筮遇此爻，出兵打仗，终有大败，连累国君遭遇凶险，元气大伤，十年后还不能再举征伐。

《象辞》说：迷途难返遭遇凶险，这是由于君王违反君道。灾为外来的伤害，眚引申为自作的过失。

◎ **哲学美学启示**

"复"在《说文》中的解释是"复，往来也"。复的意思是返回、回来的意思。"无往不复"，说的便是没有一直往前走而不返回的，《周易》中的"周"表示的，是万物内在固有的一种循环往复、周而复始的规律，前面剥卦讲群阴剥阳，接下来便开始一阳复生，所以剥卦的下面是复卦，正如《序卦传》所说：

147

"物不可以终尽，剥穷上反下，故受之以复也。"复卦代表的节气是冬至，代表阳的复兴与阴的衰退，黑夜过后光明就会来到，复卦启示去而复回和失而复得的哲理，冬至时节，一阳始生万物潜藏，为了保护这微弱的阳气元气，人应该休养生息，一个国家也不能四处征战，提醒人们在弱小状态或尚未完全准备充分的情况下，要继续韬光养晦，不能贸然出击，并告诫人们发现自己行为失范并不可怕，但须时刻自查自省、知过必改，及时复归正道才能保持吉祥，若是执迷不悟，就会产生灾祸。而复卦最后一爻因违反"复"之道，最终导致物极必反的"迷复"之凶。

◎西方美学比较

中国哲学有一阳来复的观念，无往不复，循环不已，这就是"天地之心"——宇宙生命的核心精神。程颐说："生意闹然，具此全美。"所谓"闹"，就是枯杨生华，于沉寂中的跃起，体现强烈的生命力，幻化为宇宙中至美之物。中国艺术于枯拙中追求新生的观念，正受到这种哲学思想的影响。复卦中，"复"字描述了太阳在南北回归线之间复转的情形，复卦对应的时序是阴历十一月，节气是"冬至"，是日照最短的一天，这一天太阳的直射光线到达南回归线，之后便停止并向北转移。从此时开始一阳始生，太阳光线开始逐渐向北回归线回转。过了冬至天气慢慢转暖，阳气逐渐恢复。从自然界来看，阴气达到极致就会阴极反阳，剥极必然阳复，象征自然现象中不以人的意志为转移的冬去春来。引申到人类社会生活中，复卦启示人们要学习君子知错能改，回归至纯至善之心的美德。在更高维度的生命美学范畴，生即善，生是合目的性的表现；生即美，生是合规律性与合目的性的统一；生是真、善、美的合一，复卦中"一阳来复"的生生之意，正是对关涉自然真实、生命规律、德性至善生命美的体现。

第二十讲

无妄卦与大畜卦

☷ 天雷无妄

《周易》第 25 卦：无妄卦

◎古经

无妄，元亨，利贞；其匪正有眚，不利有攸往。

《象》曰：天下雷行，物与无妄；先王以茂对时育万物。

初九：无妄，往吉。

《象》曰：无妄之往，得志也。

六二：不耕获，不菑畲，则利有攸往。

《象》曰：不耕获，未富也。

六三：无妄之灾，或系之牛，行人之得，邑人之灾。

《象》曰：行人得牛，邑人灾也。

九四：可贞，无咎。

《象》曰：可贞无咎，固有之也。

九五：无妄之疾，勿药有喜。

《象》曰：无妄之药，不可试也。

上九：无妄，行有眚，无攸利。

《象》曰：无妄之行，穷之灾也。

◎《彖传》

无妄,刚自外来而为主于内。动而健,刚中而应,大亨以正,天之命也。其匪正有眚,不利有攸往;无妄之往,何之矣?天命不祐,行矣哉!

《彖传》说,无妄卦,震动而乾健,刚爻居中与内卦相应,大为通达而能守正,这就是天道的体现。遇到非正常状态有灾祸时,不适宜有所前往;不妄为的前往,为什么也会带来不利?因为这时天命并不祐助,前往怎能合宜呢。

◎释义

无妄卦:嘉美通泰,最为亨通,适宜守持正固;非正常状态有灾祸时,不适宜有所前往。

《象辞》说:本卦上卦为乾为天,下卦为震为雷,天宇之下,春雷滚动,天下有雷在运行,万物应之,这是无妄卦的象;先王由此领悟努力配合天时养育万物。

初九:不妄为,前往吉祥。

《象辞》说:没有悖妄的行为,因为所有行动受到意志的控制。

六二:不耕种却有收获,不垦荒却有熟田,外来之邀,适宜有所前往。

《象辞》说:不耕种却有收获,是因为没有妄念,做事并非出于以谋取财富为目的。象征不要在刚耕作时就期望立即获得丰收,不要在刚开垦荒地时就期望它立即变成良田,若能这样,才有利于前去行事。

六三:没有妄为却来了灾难,好比有人把耕牛拴在路边,行人顺手牵走,村里人遂遭无牛耕田之灾。

《象辞》说:行人把牛牵走了,村里人遂遭无牛耕田之灾。这是一种意想不到的灾难,就好比有人系牛于此,被路过的人顺手牵走了,村里的人也遭到了怀疑。

九四:仅可固守,没有咎害。

《象辞》说:自始至终牢固地坚守正道,才能使自己免遭灾害。

九五:患意外之病,不要忙乱服药,自可痊愈。

《象辞》说:出人意料的药物,不可随便服用。

上九:没有妄为,行动会有灾难,没有什么利益。

《象辞》说:没有妄为的行动,是穷困处境导致的灾难。有些时候,即使内心摆脱了虚妄,但是在做事时由于客观环境或是时机不对,仍需等待时机。

◎ 哲学美学启示

无妄卦的卦象是震下乾上,好比在天的下面有雷在运行,象征着天用雷的威势警戒万物,并赋予万物以不妄动妄求的本性,以天道比喻人道,即君王应顺应天命,尽其所能地遵循天时以养育万物的生长。人处无妄之时,应该不妄求,不苟得,当行则行,当止则止,行止动静,一切依时而定。《序卦传》云:"复则不妄矣,故受之以《无妄》。"返回正道就没有虚妄了,所以接着是无妄卦。《杂卦传》:"大畜时也,无妄灾也。"是说在需要保持无妄心态之时,如果妄为会带来灾祸。大畜来源于积蓄,储畜得到的多是因为"得时"的缘故,所以说"大畜时也",乾为天,震为雷,乾震为天威,天威无妄作,所以称为无妄,卦辞说"非正有眚"。例如雷声很大的雷雨天出门是不合时宜的,因为容易遭受雷击,又如在局势不稳定而以严法治理的时期,不适合随意妄动,以避免不必要的伤害。无妄卦的卦意与道家美学中的"无为"之美有内在互通之处,道家美学是中国古典美学的基本派别之一,指老子、庄子开创、发挥并建立在道论哲学基础上的美学思想。强调以自然、素朴、无为的观点对待美和艺术,没有客观的标准。

◎ 西方美学比较

无意识及其相关学说是20世纪心理学界乃至美学界较有争议的创举之一,其中荣格的集体无意识理论及与之相关概念被广泛地运用于艺术创作和审美研究。关于无意识和艺术创作之间的关系,一直是心理学家和艺术家颇为关注的理论课题。无意识理论认为,在感性意识和无意识活动之间常常并不存在明确的界限,有许多无意识的心理内容就是从感性记忆转化而来的。在艺术创作与审美过程中,非理性意识(潜意识)参与艺术家创作活动的根本作用,在于它可以使艺术家打破理智因素和各种社会规范与艺术陈规的束缚,把各种有悖于艺术规律的陈词滥调抛诸脑后,从而获得更大的创作自由。中国道家美学话语体系中,理性意识与自然的"无为"意识被"道"的概念所统摄,"道"是万物产生和存在的根本,也是美的产生和存在的根本。在庄子看来,美根源于化生万物的"道",美在得"道"而有"德"的个体自然物。在审美活动中,主体人只有处于"虚静、恬淡、寂寞、无为"这样一种非关功利的自由自在的精神状态中,方能玄览、静观天地自然之美。而以孔

151

子为代表的儒家，主张审美和艺术同伦理政治的联系，强调艺术创作中理性意识的法度规矩，坚持理智对情感的规范和制约，赞赏美与善二者的和谐统一。无妄卦中各卦爻辞既有"无妄之疾，勿药有喜"无为之美的观念意识，又有"其匪正有眚，不利有攸往"理性之美意识倾向，在儒道两个美学维度都有相应的思想表达。

山天大畜

《周易》第 26 卦：大畜卦

◎ **古经**

大畜，利贞；不家食吉；利涉大川。

《彖》曰：天在山中，大畜；君子以多识前言往行，以畜其德。

初九：有厉，利已。

《象》曰：有厉则已，不犯灾也。

九二：舆说輹。

《象》曰：舆说輹，中无尤也。

九三：良马逐，利艰贞；日闲舆卫，利有攸往。

《象》曰：利有攸往，上合志也。

六四：童牛之牿，元吉。

《象》曰：六四元吉，有喜也。

六五：豮豕之牙，吉。

《象》曰：六五之吉，有庆也。

上九：何天之衢，亨。

《象》曰：何天之衢，道大行也。

◎ **《彖传》**

　　大畜，刚健笃实，辉光日新其德。刚上而尚贤，能止健，大正也。不家食吉，养贤也。利涉大川，应乎天也。

《彖传》说，大畜卦，刚健而笃实，光彩辉映，德行日进。刚爻在上而崇尚贤人，能够蓄止刚健，大为中正。不使贤人有养家糊口之忧是吉祥的，赐以俸禄培养贤人。适宜渡过大河，大有作为之象，这是因为行为符合天道的法则。

153

《序卦传》有云："有无妄然后可畜，故受之以《大畜》。"能没有妄念就可以有所积蓄，所以接着是大畜卦。《杂卦传》云："大畜时也。"是说大畜卦意在把握时机。大畜倒转成无妄，无妄倒转成大畜。大畜无妄，一体两仪。大畜储畜这么多，是得"时"的缘故。

◎ 释义

大畜卦：吉利的贞兆。不食于家，食于朝堂，吉利。筮遇此卦，有利于涉水渡河。

《象辞》说：大畜下卦为乾为天，上卦为艮为山，太阳照耀于山中，大畜，刚健笃实这两种美德交相辉映，这是大畜的卦象。君子观此卦象，须广纳贤人嘉言善行，日日更新充实才德，让阳刚有才能的人居于上位，推崇贤人，能为国家蓄养贤能的人才，这是最大的正事。不在家里吃饭，吉祥，是说推举培养的贤能之才得到国家重用。适宜渡过大河，有一番作为，是因为顺应天道而行。

初九：有危险，适宜停止。

《象辞》说：有危险适宜停止，不招惹灾祸。

九二：车辐脱落，车轮坏了。

《象辞》说：车辐脱落车轮坏了，但目标中正，毕竟没有忧患。

九三：骏马驰骋疆场，适宜在艰难中守正；每天练习驾车与防卫，适宜有所前往。

《象辞》说：适宜有所前往，因为与上位者心意相合。

六四：给小牛角绑上横木，最为吉祥。

《象辞》说：六四最为吉祥，是因为有喜庆之事。

六五：给猪阉割，使它有牙也不会伤人，吉祥。

《象辞》说：六五的吉祥，是说有福庆之事。

上九：肩负尚贤大任，又得到上天的福佑，大吉大利。

《象辞》说：肩负尚贤大任，遇到应天行道之时，犹如天路荡荡，任其驰骋，通达无碍。

说明抱负可以得到充分施展。

◎ 哲学美学启示

大畜卦的主旨是畜聚与畜止。其卦象为天被包于群山之中，象征大的畜养积聚。君子效法这一精神，应当努力更多地学习领会贤人君子的言论和行为，以此充实自己，培养美好的品德和积聚广博的知识。大畜言蓄德，小畜言蓄文，二者都讲蓄文德，但小畜的文德是小德，大畜所畜乃是大德。程颐说："君子所蕴蓄者，大则道德经纶之业，小则文章才艺。"意思是说君子外显于大处的是道德经纶，道德是为君子者所必须具备的人格典范，经纶是治国安邦，把事情安排得井井有条；而蓄文则是讲文章才艺的积蓄，以广博深刻的学识欣赏艺文之美，从中得到感悟和启发，从而形成内在的审美能力，这说明审美和道德文章对于君子来说都是不可或缺的。

◎ **西方美学比较**

立体派是西方现代艺术史上的一个运动和流派，又译为立方主义，1908年始于法国。立体主义的主要代表艺术家是毕加索和布拉克，毕加索的油画《弹曼多林的少女》被认为是较早体现立体主义元素的作品。立体派或立体主义艺术的主要目的是追求一种几何形体的美，在形式的排列组合所产生的美感，否定从一个视点观察事物和表现事物的传统方法，把三度空间的画面归结成平面。在艺术表达上注重把不同视点所观察和理解的形诉诸画面，比如由以往明暗、光线、空气、氛围的表现，转为由直线、曲线所构成的轮廓、色块堆积与交错，立体主义的艺术家追求碎裂、解析、重新组合的形式，形成分离的画面，以许多组合的碎片形态为艺术家们所要展现的目标，广纳富含各种思想元素的艺术符号，从而表现出各种思想的交汇聚集以及它们在时空中的持续性。大畜卦虽未直接在艺术层面涉及具体问题，但其中内涵的"以多识前言往行""以畜其德""辉光日新其德"等观念，都可作为审美能力积蓄的重要条件，即具备广博深刻的学识、蓄养才情文德、善于欣赏自然之美、广纳积蓄各种思想、注重对观念的重新体悟解析，等等，这些更新思想理念的启发对形成全面的审美能力都是十分必要的。

第二十一讲

颐卦与大过卦

☰ 山雷颐

《周易》第 27 卦：颐卦

◎ 古经

颐，贞吉。观颐，自求口实。

《象》曰：山下有雷，颐；君子以慎言语，节饮食。

初九：舍尔灵龟，观我朵颐，凶。

《象》曰：观我朵颐，亦不足贵也。

六二：颠颐，拂经；于丘颐，征凶。

《象》曰：六二征凶，行失类也。

六三：拂颐，贞凶；十年勿用，无攸利。

《象》曰：十年勿用，道大悖也。

六四：颠颐，吉；虎视眈眈，其欲逐逐，无咎。

《象》曰：颠颐之吉，上施光也。

六五：拂经，居贞吉，不可涉大川。

《象》曰：居贞之吉，顺以从上也。

上九：由颐，厉吉，利涉大川。

《象》曰：由颐厉吉，大有庆也。

◎《彖传》

颐，贞吉，养正则吉。观颐，观其所养也。自求口实，观其自养也。天地养万物，圣人养贤以及万民，颐之时大矣哉！

《彖传》说，颐卦，贞吉，是说养育之道由于谨守正道而获吉祥。观颐，是说观察他所养育的对象。自求口实，即观察他如何养育自己。天地生养万物，君王养育贤人从而养育百姓，颐卦所蕴含的时空之势真是伟大。《序卦传》有云："物畜然后可养，故受之以颐。《颐》者，养也。"事物聚集之后才可以蓄养，所以接着是颐卦。颐是养育的意思。《杂卦传》云："颐养正也。"颐卦是讲养育如何合乎正道的内容。养又有养德与养体之分，养德为大，养体为小。

◎ 释义

颐卦：正固吉祥。观察养育状况，自食其力。

《象辞》说：颐卦上卦为艮为山，下卦为震为雷，雷出山中，万物萌发，这是颐卦的卦象。君子由此领悟言语谨慎，饮食有节。当思生养之不易，从而谨慎言语，修身养性。

初九：舍弃你的灵龟不用，看着我嚼食时候的动作，有凶祸。

《象辞》说：只看着我嚼食而自己不去付出，也就没有什么可贵的了。灵龟被引申为自身虽具备自养能力，但却舍弃这种能力，而求别人来供养自己，这是自找麻烦的做法。

六二：颠倒了顺序，依靠上级来养育，不合常理；往高处求养育，前进有凶祸。

《象辞》说：前进有凶祸，是因为前往不能得到同类帮助。

六三：违背养育正道的做法即便正当，坚持下去也会有凶祸，十年不能有所作为，没有任何适宜的事情。

《象辞》说：十年无法施展才用，因为大大的背离了正道。

六四：颠倒养育方式，依靠上九来养育。像老虎要扑食那样，虎视眈眈，没有咎害。

《象辞》说：颠倒养育方式之所以能吉祥，是因为上位者广施恩泽，足以养民。

六五：不合常理，守住正固则吉祥，不可以渡过大河。

《象辞》说：守住正固，吉祥，是因为以柔顺来追随居于上位的贤人。

上九：由于守规而得到颐养，心怀危惧可获吉祥，适宜渡过大河。

《象辞》说：由于守规以得颐养，心怀危惧可获吉祥，因为大有喜庆。

◎**哲学美学启示**

颐卦的卦象是雷在山下，震动之表象，引申为咀嚼食物时上颚静止下颚活动的状态，代表饮食之道，因而象征养生颐养。颐卦的卦象就像张开的嘴巴，这个卦象以咀嚼动作反映出嘴巴的两个功能，即吃饭和说话。由此，颐卦引申为养身和养德两个方面，由吃饭推至养身属于物质层面的，由言语推至养德则属于精神层面的。养生最重要的是必须遵循正道，无论是自养还是他养，节欲则正，纵欲则咎。颐卦所讲的颐养之道，从个人的饮食养生，引申到君子的道德修养，最后上升到国家治理层面的贤达与百姓颐养。总体上讲，养生之道是中国传统文化中的重要主题之一，道家重养生之术，儒家重养心之理，释家重养神之法，医家有疗治之药，民间有调理之方，各有千秋，而颐卦所讨论的养生之道基于人的日常生活，也是一种生活态度和生活情趣的总结，带有生活美学的意味。

◎**西方美学比较**

生活美学的概念，在进入21世纪以来逐渐发展成为西方美学的主流范畴。由生活美学概念引起的美学运动不同于以往狭隘地以艺术为中心的表达路径，指向了纯艺术经验与其他生活经验之间的连续性的认知。生活美学作为一种新的话语方式已日渐兴起并形成美学的次级学科，它们通常以日常美学或生活美学来命名。西方生活美学理论家援引的理论资源之一，来源于美国学者杜威的实用主义美学的代表作《艺术即经验》，生活美学真正所寻求的，是要重构一种植根于日常生活的崭新的生活化理论。在当代消费主义的大背景中，"泛审美化"的美学形态共同构成了当今世界的广义生活美学，在此影响下，"欣赏日常的环境"与"发现日常的审美"等观念更为生活美学所涵盖，日常生活所经历的种种带有日常审美价值的美食、美景、美物，具体到对美食本身的"色、香、味"品味都被纳入西方生活美学的研究视域。在《周易》思想中，颐卦所代表的颐养养生所关注的，是如何把握日常生活中身心养护的规律方法，与西方生活美学所不同的，颐卦更注重从人内心美德出发观照外在客观，"观其所养"与"观其自养"的美的德性在于遵守伦常的"慎言语"与"节饮食"。

泽风大过

《周易》第28卦：大过卦

◎ 古经

大过，栋桡，利有攸往，亨。

《象》曰：泽灭木，大过；君子以独立不惧，遁世无闷。

初六：藉用白茅，无咎。

《象》曰：藉用白茅，柔在下也。

九二：枯杨生稊，老夫得其女妻，无不利。

《象》曰：老夫女妻，过以相与也。

九三：栋桡，凶。

《象》曰：栋桡之凶，不可以有辅也。

九四：栋隆，吉；有它，吝。

《象》曰：栋隆之吉，不桡乎下也。

九五：枯杨生华，老妇得其士夫，无咎无誉。

《象》曰：枯杨生华，何可久也？老妇士夫，亦可丑也。

上六：过涉灭顶，凶，无咎。

《象》曰：过涉之凶，不可咎也。

◎《彖传》

大过，大者过也。栋桡，本末弱也。刚过而中，巽而说行，利有攸往，乃亨。大过之时大矣哉。

《彖传》说，大过，阳刚大者超过界限，象横梁中部太粗，首尾两端太过柔弱，不堪负荷，又象泽水淹没木舟，这是大过的卦象。栋桡，底部和上部柔弱。刚爻虽有过失而居中，下巽谦逊而上兑喜悦，如此行动，则适宜有所前往并得通达。大过卦所体现的时势真是伟大。《序卦传》有云:"不养则不可动,故受之以《大过》。"不蓄养就不会壮大,有能量可以行动,所以接着是大过卦。《杂卦传》云:"大过颠也。"大过卦内含即将颠覆之意,即泽灭木。兑泽为水,巽木为舟,舟若载重太过就会沉没,所以说"大过颠也",覆亡。

◎释义

大过卦:屋梁压得弯曲了。有所往则有利,通泰。

《象辞》说:大过卦上卦为兑为泽,下卦为巽为木,上兑下巽,泽水淹没木舟,这是大过的卦象。君子观此卦象,以舟重则覆为戒,意识到即将遭遇祸变,应守节不屈,稳居守正,清静淡泊。

初六:用白茅垫在祭品底下,没有咎害。

《象辞》说:用白茅垫在祭品底下,是因为柔顺本应居下。无咎害在于小心慎重。

九二:已经枯萎的杨树林根部又长出了新的枝叶,老年男子娶了位年轻的妻子,没有什么不利的。

《象辞》说:老年男子娶了位年轻的妻子,九二虽阳刚已过,但与初六相亲,阴阳相合而获合宜。

九三:屋梁弯曲,这是凶险之象。

《象辞》说:屋梁弯曲之所以凶险,因为栋梁弯曲则屋倾,表明过刚则易折,已无法支撑。

九四:屋梁挺直,吉利。但有意外之患则不好应付。

《象辞》说:屋梁挺直之所以吉利,因为屋梁自身足够挺拔刚直。不过如果发生其他外来变故,也有可能出现问题。

九五:枯杨长出花朵,老妇配年轻男子做丈夫,没有咎害但也没有什么可誉的。

《象辞》说:枯杨长出花朵,怎么会长久呢?老妇配找到年轻丈夫,并没有什么好称赞甚至不是什么光彩的事。

上六:大洪水时,渡河淹没头顶,虽遇凶险,但终归没有灾难。

《象辞》说:大洪水时,渡河淹没头顶有凶祸,这是一定会发生的,不能视为有咎害。身临处于泽中不能不渡,所以尽管结果凶险,也没有可指责的地方。

◎哲学美学启示

大过,阳刚者过盛,泽水淹没了树木。栋梁弯曲,是因为首尾两端太过柔弱。在大过卦中，爻辞中拿杨树的生长来比喻刚柔相辅之理，以此体现春夏秋冬四季循环的规律，突出大过之"时"的重要性，初春的杨树枯木逢春，开始发芽生机勃勃，深秋初冬的枯杨，繁华一时却不能长久，以此象征阴阳刚柔之关系。大过卦以杨树生长规律、房屋的构造结构，以及人世间男女婚配，展现危象来喻示人伦之理，指出之所以陷入大过是因为太过阳刚的缘故，告诫君子要刚柔兼济才能渡过凶险之境。大过卦象征能量超过普遍限度的一种超越状态，与美学和艺术实践中的野兽主义有几分相似，旨在超越庸常与平淡，以色彩、构图等艺术方式的夸张表达反映情绪情感的激动亢奋。

◎ **西方美学比较**

野兽主义是自1898至1908年在法国盛行一时的一个现代绘画潮流。野兽派画家热衷于运用鲜艳、浓重的色彩，往往用直接从颜料管中挤出的颜料，以直率、粗放的笔法，创造强烈的画面效果，充分显示出追求情感表达的表现主义倾向。野兽主义的主要原则是通过颜色起到光的作用达到空间经营的效果，绘画手段要净化和简化，在表达与装饰之间运用粗犷的题材构图，广泛利用强烈的设色来颂扬进取激进的感情，用纯单色来代替透视，以达到色彩不必依附于任何自然形态来表现其自在的本真与原始性。代表艺术家马蒂斯认为，野兽主义构图就是以装饰方法对画家用以表达自己感情的各种不同素材进行安排的艺术。由此可见，西方美学体系中的野兽主义旨在突破陈规、张扬个性，尽管大过卦所展现的是一种超越常态的情景，但它最终所要传达的，则是对自然法则与人伦经验的遵守。

第二十二讲

坎卦与离卦

☵ 坎为水

《周易》第 29 卦：坎卦

◎古经
习坎，有孚。维心亨，行有尚。
《象》曰：水洊至，习坎；君子以常德行，习教事。
初六：习坎，入于坎窞，凶。
《象》曰：习坎入坎，失道凶也。
九二：坎有险，求小得。
《象》曰：求小得，未出中也。
六三：来之坎坎，险且枕，入于坎窞，勿用。
《象》曰：来之坎坎，终无功也。
六四：樽酒簋，贰用缶，纳约自牖，终无咎。
《象》曰：樽酒簋（贰），刚柔际也。
九五：坎不盈，祇既平，无咎。
《象》曰：坎不盈，中未大也。
上六：系用徽纆，寘于丛棘，三岁不得，凶。
《象》曰：上六失道，凶三岁也。

◎《彖传》

> 习坎，重险也。水流而不盈，行险而不失其信。维心亨，乃以刚中也。行有尚，往有功也。天险不可升也，地险山川丘陵也，王公设险以守其国。险之时用大矣哉！

《彖传》说，习坎是指重重险陷。水流动而不盈满，人历经险地而不失其诚信笃实。维系内心通达，是因为秉持刚正之心行中道。君子因此应当坚持不懈地努力，向前行进才会有发展，是因为只有继续前往方可走出险境并取得成功。君王利用天地之险以避险，往往利用自然山川之险设置都城，平原建都则人工设险。坎卦配合时势的功用真是伟大。《序卦传》有云："物不可以终过，故受之以《坎》。《坎》者，陷也。"事物不可能总是通过，所以接着是坎卦。坎，就是坎陷的意思。《杂卦传》云："离上，而坎下也。"离卦代表火的走势是往上烧，坎卦代表水的走势是往下流。故曰"火炎上，水润下。"

◎ 释义

习坎卦：习坎，有诚信。秉持内心通达正派，前进才有发展。

《象辞》说：坎为永，水长流不滞，是坎卦的卦象。君子由此领悟要不断修养德行，取法于细水长流之象，熟习教化之法。

初六：坎坑之中又有坎坑，陷入重坑之中，凶险。

《象辞》说：进入陷阱中的陷阱，违反普遍法则偏要走险道，必招致灾殃。

九二：坑坑坎坎，道路有险阻。敢于行险道或许会小有收获。

《象辞》说：敢于行险道，或小有收获。因九二之爻居下卦的中位，故尚未偏离正道。

六三：来也是坎陷，去也是坎陷，这坑坎既险又深，陷入重坎之中，不可有所施行。

《象辞》说：来到这多坎之地，进退皆危，终无功利。

六四：应该用樽装酒和簋盛食祭祖，也可代之以瓦缶装酒盛食，从窗户送入简约的祭品，但最后还是没有危险。

《象辞》说：应该用樽装酒和簋盛食祭祖，也可代之以瓦缶装酒盛食，象征"过去本可享受美食美器，此时用瓦盆吃牢饭"，虽受此磨难但最终没有咎害，是因为刚柔交接顺承。

九五：坎险之地水流不停，坎中之水流不满溢，仅仅达到齐平状态，没有咎害。

《象辞》说：坎中之水流不满溢，守中则不盈，是因为守中而没有壮大。

上六：用绳索捆绑起来，囚禁于丛棘多险之牢狱，三年不能出来，有凶。

《象辞》说：上六违反了法则，导致被困于凶险之境持续三年。

◎ **哲学美学启示**

习坎卦，阳陷入阴爻包围之中，陷入困境。人处险境时应该像水那样不顾一切地向前流动行进。"有孚，维心亨"，困于险，行动虽有险阻但不能失去诚信和对信念的笃定，须内心通达并守正道，方能"行有尚"，继续做应该做的也能做的事才能走出险境。坎卦爻辞不见吉，可见处险之险与出险之难。坎中一画即乾阳，乾阳刚正，诚实居中，所以说"有孚"。一阳在中，"中"即"心"，所以说"维心亨"。坎卦考验逆境中人的实践处世能力，大凡天下之事，处顺境则容易，履逆境则困难。儒家论域中的"体仁"，就是对人在遭遇颠沛逆境中人格品质的验证。处于艰险之地，没有见识和定力的人不敢前往；但若随意妄行，则可能更加艰险。但君王却可认识到坎险的正向价值，辩证地看待坎险的益处，凭借险要为我所用，变不利甚至凶险之境为建立功业的必要条件。

◎ **西方美学比较**

俄国革命民主主义美学，是19世纪30年代至60年代俄国革命民主主义美学思想、理论的统称。其特点为：与文艺批评和现实斗争紧密结合在一起，具有强烈的现实主义精神。代表人物有别林斯基、车尔尼雪夫斯基、赫尔岑等。主要内容包括：一是艺术与现实的审美关系。主张现实生活是艺术的源泉。如别林斯基指出一切美的事物只能包括在活生生的事物里，艺术乃是现实在艺术形象中创造性的再现；二是艺术的本质及其社会功能问题。强调艺术的社会教育作用，反对为了艺术而艺术。艺术更高的目的和作用在于说明现实，对现实加以判断，帮助对现实加以革命的改造；三是艺术创造问题。主张艺术与科学的区别在于艺术始终借助形象来表现事物，显示真理。尽可能在生动的图画和个别的形象中具体地表现一切。俄国革命民主主义美学有力地推动了俄国现实主义文艺的发展。从坎卦到离卦的过渡，是人的巨大革命实践的结果使然，《序卦传》云，"坎者，陷也，陷必有所丽，故受之以离，离者，丽也"，坎是陷入困顿黑暗的意思。但夜晚的黑暗终究不能代替光明的来到，所以接着是离卦，离是附丽光明的意思。坎卦是克服前进道路上的一个个艰难险阻，这正与历史上每一次伟大革命斗争推动历史进步一样，每克服一个坎险就能前进一步，唯有坚持初心不断前进，熬过漫漫长夜就会迎来黎明的曙光。

离为火

《周易》第30卦：离卦

◎ 古经

离，利贞，亨；畜牝牛，吉。

《彖》曰：明两作，离；大人以继明照于四方。

初九：履错然，敬之，无咎。

《象》曰：履错之敬，以辟咎也。

六二：黄离，元吉。

《象》曰：黄离元吉，得中道也。

九三：日昃之离，不鼓缶而歌，则大耋之嗟，凶。

《象》曰：日昃之离，何可久也？

九四：突如，其来如，焚如，死如，弃如。

《象》曰：突如，其来如，无所容也。

六五：出涕沱若，戚嗟若，吉。

《象》曰：六五之吉，离王公也。

上九：王用出征，有嘉折首，获匪其丑，无咎。

《象》曰：王用出征，以正邦也。

◎《彖传》

离，丽也。日月丽乎天，百谷草木丽乎土；重明以丽乎正，乃化成天下。柔丽乎中正，故亨，是以畜牝牛吉也。

《彖传》说，离卦象征炫丽。日月炫丽于天空，百谷草木炫丽于大地。君王像太阳一样明明德以彰显正道，推行教化以成就天下的事业。炫丽是因柔爻中正，所以通达，好比畜养牝牛一样吉祥。牝牛温顺，得坤卦的本性。牛本性温顺，牝牛即母牛，是温顺中的温顺者。离卦的卦象为光明接连升起之表象。离卦可代表太阳，象征太阳东升西落，因而有上下充满光明的形象。《序卦传》有云："陷必有所丽，故受之以《离》。《离》者，丽也。"陷入险难之中，要脱险，一定要有所附丽，所以接着是离卦。离，就是附丽的意思。《杂卦传》云："离上，而坎下也。"离卦往上烧，坎卦往下流。"火炎上，水润下。"

◎释义

离卦：吉利的占问，通泰。像母牛一样温顺的驯养，吉利。

《象辞》说：太阳每日照常升起，从不停顿，这是离卦的卦象，君王观此卦象，以源源不断的光明照临四方。

初九：听到纷至沓来的脚步声，立时警惕戒备，可以无灾难。

《象辞》说：听到纷至沓来的脚步声，立时警惕戒备，变得恭敬慎重，不再轻举妄动，则可以避免灾难。

六二：天空出黄霓，大吉大利。

《象辞》说：黄色附丽于身，大吉大利，因为六二之爻居下卦中位，黄色代表中，坚守正道，像人得中正之道。

九三：太阳西斜的附丽。不能敲着瓦缶唱歌，就会发出垂老之人的哀叹，有凶祸。

《象辞》说：太阳当顶就要开始西斜，事业处在顶峰时就会开始走向衰落，就像黄昏时分的霓虹，怎么会长留不去。

九四：刚烈暴躁的气焰，必然带来危险，灾祸突然降临，房屋被烧毁，自身也被焚烧，名声也遭人唾弃。

《象辞》说：灾祸突然降临如同火焰熊熊燃烧，刚烈暴躁的气焰不被天下人所容。

六五：灾难过后，人们痛哭，人们悲叹，然而却是吉利之象。

《象辞》说：六五的吉祥，是因为新君继明王公大位，像人们能够附丽于王公而得到救赎。六五之吉在于虽然处境危险，但是由于日夜忧惧，而时刻警觉，反而能化险为夷，所以吉祥。

上九：被新君任用出兵讨伐，斩敌人首级而得嘉奖，俘获不服从的异己，无所咎害。

《象辞》说：被新君任用出兵讨伐，俘获不服从的异己，以端正邦国，大有功劳。表明征伐虽然得势，但在征伐的过程中仍要守持正道，只俘首领与异己而放过随从者，所以无咎。

◎ **哲学美学启示**

离为火，离者丽也。古人遥望远方见土地上燃起熊熊的烈火，创造了离卦，认为附丽在一个器具上的东西是美的。同时，离既有相遇的意思又有相脱离的意思，这是对一种具有装饰效用美的诠释。离卦的美是同古代工艺美术相联系的，工艺美术是关于器物美学的艺术。而器是人类的创造，器具通过创作雕饰能够引起美感。再者，附丽和美丽的统一，这是离卦的一个意义。离者，明也，关于光明文明的概念都在离卦中有所反映，如依附、华丽、鲜艳、文明、礼仪、明察、文化、光亮等等。但《周易》中的离卦不是无限的光明与火的肆意燃烧，"柔丽乎中正，故亨。是以畜牝牛吉也"。古人以母牛比作离卦所带来的光明亨通，并附带了两个条件，一是美所附丽的对象要具备中正之德；二是附丽者本身应当是非一般的谦恭柔顺，即能像牝（母）牛那样温顺。这种品格绝非短时间所能成就，要有类似太阳每日东升西落一般长期不间断的意志磨炼。

◎ **西方美学比较**

印象派是19世纪后半期诞生于法国的绘画流派，其代表人物有莫奈、马奈、毕沙罗、雷诺阿、德加、塞尚、凡·高、高更等人。印象派画家的绘画生长在写实主义的土壤之中，但他们的主要兴趣在于准确而客观地描绘个人面对世界时的视觉感受。印象派画家对瞬间视觉感受以及对色彩、氛围、笔触的关注，超过古典主义绘画对社会历史、宗教、伦理的关注，正是这一点使得印象派画家走上了与以往绘画形式不同的艺术道路。印象派的名称源自与法国美术学院官方沙龙相抗衡的一次独立画展，莫奈的作品《日出》参展，当时人们便以印象派这一名称来讥笑这批画家，这是他们对还没创作完的画的讽刺，认为这只是给人一个印象而已，并不如古典绘画那样富有魅力。1886年以后印象派团体宣布解散，其存在时间虽然很短，但在艺术史上却完成了一次革命，使西方后来产生的各种绘画得以从画家和题材之间的既定束缚关系中解放出来。从欧洲绘画史的发展进程看，正是在印象派画家笔下，闪烁的阳光和微妙的阴影被引入画面，他们把"光"和"色彩"作为绘画追求的主要目的，倡导走出画室描绘自然景物，以迅速的手法把握瞬间的印象，使画面呈现出新鲜生动的感觉，绘画由此变得清新明丽而有生机。《周易》离卦描绘的是太阳升起过程中对光明的展现以及人们的应对方式，从广义上看也可理解为人与光明、人与色彩的感受关系，人的喜怒哀乐情绪、人的道德伦理尺度、人的行为规范方法，均可从太阳在不同时空中的象征物那里找到对应关系，体现出周易思想中一以贯之的天人合一美学观。

下编

第二十三讲

咸卦与恒卦

泽山咸

《周易》第31卦：咸卦

◎古经

咸，亨，利贞，取女吉。

《象》曰：山上有泽，咸；君子以虚受人。

初六：咸其拇。

《象》曰：咸其拇，志在外也。

六二：咸其腓，凶，居吉。

《象》曰：虽凶，居吉，顺不害也。

九三：咸其股，执其随，往吝。

《象》曰：咸其股，亦不处也。志在随人，所执下也。

九四：贞吉，悔亡。憧憧往来，朋从尔思。

《象》曰：贞吉悔亡，未感害也。憧憧往来，未光大也。

九五：咸其脢，无悔。

《象》曰：咸其脢，志末也。

上六：咸其辅颊舌。

《象》曰：咸其辅颊舌，滕口说也。

◎《彖传》

> 咸,感也。柔上而刚下,二气感应以相与,止而说,男下女,是以亨,利贞,取女吉也。天地感而万物化生,圣人感人心而天下和平。观其所感,而天地万物之情可见矣。

《彖传》说:咸,感应之义。下卦艮为山,为刚为少男;上卦兑为泽,为柔为少女。兑柔在上,艮刚在下,就像山上的水向下渗透,滋养山上生长的万物,反过来山承载着泽,表明刚柔二气相互感应。艮止而兑悦,艮能礼下于兑,所以通达,适宜守正,娶妻吉祥。天地感应而万物化生,君王与民众感应而天下太平。观察其所感应的现象,则天地万物的性情就可以见到了。《序卦传》有云:"有天地,然后有万物;有万物,然后有男女;有男女,然后有夫妇;有夫妇,然后有父子;有父子,然后有君臣;有君臣,然后有上下;有上下,然后礼义有所错。"有了天地,然后才会产生万物;有了万物,然后才有男女两性;有了男女两性,然后才有夫妇;有了夫妇,然后才有父子;有了父子,然后才有组成国家的君臣;有了君臣,然后才会有上下尊卑之分;有上下尊卑之分,然后礼仪才可以有所安排,这一生生不息的变化发展的缘由都与感应有关。《周易》六十四卦以乾坤二卦为门户,下经以咸恒开始,用男女、夫妇比喻咸、恒二卦。以父子、君臣、上下、礼仪等比喻以后诸卦。《杂卦传》云:"咸速也,恒久也。"咸恒一卦相颠倒。咸卦阴阳正配而向心,一见钟情,感应很是迅速,所以说"咸速也"。恒卦有恒定不移之象,所以说"恒久也"。咸与恒,以时间的长久与短暂而形成一体两端。

◎释义

咸卦:通达,适宜守正,娶妻吉祥。

《象辞》说:山中有泽,山气水息,互相感应,是咸卦的卦象。君子观此卦象,取法于深邃笃实的山谷,能以宽容广纳水泽,以谦虚的态度,接受他人的教益。

初六:感应到脚拇指。

《象辞》说:感应到脚拇指,因为心意在向外发展,意在行动。

六二：感应到小腿肚子，有凶险，安居则会吉祥。

《象辞》说：象征遵守礼仪，所以动有凶，安居则会吉祥，顺从就没有灾害。咸卦虽言交感，然当以守正不动为美。

九三：感应到大腿上，连同小腿和脚，前往有憾惜。

《象辞》说：感应到大腿上，也不能安处，因为心意是非礼地控制他人服从自己。

九四：守正可获吉祥，懊恼消失。心意不定地往来，朋友顺从了你的心意。

《象辞》说：以正道相感应，就会获得吉祥，懊恼自然也就会消失，是说尚未受到感应带来的灾害。忙着来来往往，只有少数听从，说明感应还不够广大。

九五：感应到后背，没有什么悔恨。

《象辞》说：感应到后背，要以中正之道去感应天下所有的人，理想就能到达终点。

上六：感应到面颊和唇舌上。

《象辞》说：感应到面颊和唇舌上，因口舌言语的相感而喜悦。

◎哲学美学启示

在中国古代社会生活中，审美需要是人们生命活动的基本需要之一，是主体生命节律活动要求在同美的节律形式相感应，以便在相互契合的关系中体验生命活动的自由，肯定和享受自己的生命本质，从而获得身心的愉悦，咸卦所描述的感应内容与审美需要，就是植根于这种生命活动的本能之中。严格说来，审美能力是主体生命节律系统所具有的实现其与审美对象，节律形式相感应的诸种机制和功能的总和，它直接制约着审美关系的实现及其深广敏感的程度，并直接表现为生命节律系统中各种节律活动的感应力。《周易》咸卦中提出了一种关涉感应感官的美学体验，并以其独特的"感应美学"观念为中国古代美学的现代转化提供了范例。双向甚至多向"交互"的审美感应论，是中国古典美学中关于审美感情发生的经典理论，具有深刻而丰富的理论内涵，其功能既体现在审美创造方面，也体现在审美欣赏方面。审美感应论涉及审美活动中的主客体关系、艺术活动的本质及古代艺术的审美理想等重大理论问题，《周易》古代宇宙创生论及"天人合一"等哲学思想影响了审美感应论的生成，并在今天仍具有重要的美学价值。

◎西方美学比较

发端于19世纪晚期的德国格式塔心理学是当时心理学的一个重要支派，它在 20 世纪上半期同文艺学相结合，催生出文艺心理学的一个重要流派——格式塔心理学美学。格式塔是德语词汇的音译，其基本含义为形式形状，这一概念在艺术心理学中成为有特定含义的美学范畴。美学意义上，格式塔指的不再只是视觉上单纯、静止的形状，而是着重于事物各部分组织成的整体性效果，这种效果是经过人的感知活动实现的，它要大于各个部分机械相加的总和。格式塔心理学美学强调与人的感知活动紧密相连，非常强调审美活动中人的主动参与，人的感知觉积极主动地参与审美活动，与人的内部心理活动一起成为一个整体形式，呈现为完整的艺术品。在具体艺术形式方面，现代意义上的交互艺术是与传感艺术、电子艺术、参与者等有关的一种特定的艺术形式。交互艺术创作需要经过五个阶段有连结、融入、互动、转化、出现。通过与观者连结并全身融入其中，与系统和他人产生互动，使得作品以及观者意识发生转化，最后展现出全新的影像、关系、思维与经验。可以说，感应虽然是中国美学特有的一个范畴，但它的内涵却具有世界性，中国古典美学中的感应问题是实现中国古典美学向现代转换，进而成为沟通中西方美学的一个契机。

雷风恒

《周易》第32卦：恒卦

◎ 古经

恒，亨，无咎，利贞，利有攸往。

《象》曰：雷风，恒；君子以立不易方。

初六：浚恒，贞凶，无攸利。

《象》曰：浚恒之凶，始求深也。

九二：悔亡。

《象》曰：九二悔亡，能久中也。

九三：不恒其德，或承之羞，贞吝。

《象》曰：不恒其德，无所容也。

九四：田无禽。

《象》曰：久非其位，安得禽也。

六五：恒其德，贞。妇人吉，夫子凶。

《象》曰：妇人贞吉，从一而终也；夫子制义，从妇凶也。

上六：振恒，凶。

《象》曰：振恒在上，大无功也。

◎ 《彖传》

　　恒，久也。刚上而柔下，雷风相与，巽而动，刚柔皆应，恒。"恒，亨，无咎，利贞"，久于其道也。天地之道，恒久而不已也。"利有攸往"，终则有始也。日月得天而能久照，四时变化而能久成，圣人久于其道而天下化成。观其所恒，而天地万物之情可见矣。

　　《彖传》说：恒，是长久的意思。刚正的震在上，柔顺的巽卦在下，雷风相互配合，逊顺而后动，六个爻中的阳爻与阴爻全部相应，这是恒卦的特征。卦辞"恒，亨，无咎，利贞"，意在表明天地有恒久之美德。天地保持运行恒久而不停息在于秉持了恒久之道，卦辞"利有攸往"，是说万物的发展是终而复始、循环不已。日月顺行天之恒德而能永久照耀天下。四季依循时序变化而能永久地成就万物。圣人保有恒常美德而能教化群众。观恒常之道，天地万物之性情就可以明白了。《序卦传》有云："夫妇之道，不可以不久也，故受之以《恒》。《恒》者，久也。"恒是长久的意思，以恒久比作夫妇关系的正道，意在长久，所以接着是恒卦。《杂卦传》云："咸速也，恒久也。"咸恒一卦相颠倒。咸卦，阴阳正配象征男女感应迅速，一见钟情，所以说"咸速也"。恒卦有恒定不移之象，所以说"恒久也"。咸恒，以时间的长久与短暂为据结成一体两面。

◎释义

恒卦：通达，没有过失，吉利的卜问。有所往则有利。

《象辞》说：恒卦上卦为震，震为雷，下卦为巽，巽为风，风雷涤荡是恒卦的卦象。君子观此卦象应永葆中正，坚守不易。

初六：刚开始就深入追求恒久，有凶险，并不适宜。

《象辞》说：深入追求恒久会有凶险，因为刚一开始就追求得太深。

九二：悔恨消失。

《象辞》说：九二悔恨消失，是由于能长久谨守中道。

九三：不能恒久保持其美德，或将蒙受由此而来的羞辱，谨守正道以防惋惜。

《象辞》说：不能保持其德行，反复无常，无人信任，必然落到无所容身的地步。

九四：田猎没有俘获禽兽。

《象辞》说：久居不当之位，怎么能获得禽兽呢？

六五：恒久保持其美德，守持正固。妇人可获吉祥，男子有凶险。

《象辞》说：妇人守贞可获吉祥当顺从一位丈夫，终身不改；男子处理诸事应据义理而行，顺从妇人则有凶险。

上六：振动长久不停，有凶险。

《象辞》说：居上位振动长久不停，完全没有功劳。

◎哲学美学启示

恒是长久的意思。雷风相互配合，随顺而行动，刚强者与柔顺者都能上下应和以保持持久的状态，这就是恒卦。天地的运行法则是永恒长久而永不停息，因为终结之后会有新的开始。恒卦以"变"诠释保持"不变"的恒久之理，以自然四时运转为喻，指出日月与四时都因变化而能久成，社会也是如此，强调君子须长久坚持正道，以不变的中正之德保持社会生活的秩序形成。恒久恒常本身并不是一成不变的维持或循规蹈矩，而是极具挑战性的君子守正守恒之德的维系，因而保持中正之常态是非常困难的。

◎西方美学比较

马丁·海德格尔以其《存在于时间》等著作探讨了时间美学的问题。海德格尔是德国哲学家、美学家，20世纪存在主义哲学的创始人和主要代表之一。在海德格尔看来，美在本源上就不是别的什么东西，而是存在之真理的显现。海德格尔认为只有"我"是这种"在者"，只有"我"是在成什么样都还不清楚的时候它的"在"已经是不证自明了。因此，他认为"我"就是"在"，"在"就是"我"。海德格尔认为对"我"的探讨就是关于"存在"的探讨，即关于现实世界的探讨。海德格尔"存在论"思想的核心是：个体就是世界的存在。因为在所有的哺乳动物中，只有人类具有意识到其存在的能力。人类处于矛盾之中，他们预示到不可避免的死亡，死亡导致痛苦和恐怖的经验。人类不得不承认死亡是不可避免的，接着便是一切不复存在，人类的存在既不是我们自己造成的，也不是我们的选择。存在是强加给我们的，并将一直延续到死亡。海德格尔哲学对于现代存在主义心理学、文学、美学都具有强烈的影响，其美学思想被西方思想家公认为是由现代跨向后现代的桥梁。在其整个哲学思想的背景下，海德格尔实现了对传统美学的超越，海德格尔认为，世界的本体既非物质也非意识，所以他的哲学是存在哲学。海德格尔用"此在的基本本体论"为其美学思想的提出奠定了坚实的基础。他把美的基础建立在存在论之上，美的问题在本性上，是一个存在之问题，美的理性基础被存在代替。恒卦中所阐释的恒常与时间性，本身就代表了一种具体时空下的"存在"，并且这一"存在"是有意识、有感情、有目的的存在，它既是自然万物的客观存在，也是人类社会和个人情感的真实存在，这一"存在"的基础不是人类意识本身，而是以婚姻家庭和社会繁衍为基础的人类整体的存在。

第二十四讲

遁卦与大壮卦

天山遁

《周易》第 33 卦：遁卦

◎ 古经

遁：亨，小利贞。

《象》曰：天下有山，遁；君子以远小人，不恶而严。

初六：遁尾，厉，勿用有攸往。

《象》曰：遁尾之厉，不往何灾也？

六二：执之用黄牛之革，莫之胜说。

《象》曰：执用黄牛，固志也。

九三：系遁，有疾厉；畜臣妾吉。

《象》曰：系遁之厉，有疾惫也。畜臣妾吉，不可大事也。

九四：好遁，君子吉，小人否。

《象》曰：君子好遁，小人否也。

九五：嘉遁，贞吉。

《象》曰：嘉遁贞吉，以正志也。

上九：肥遁，无不利。

《象》曰：肥遁，无不利，无所疑也。

◎《彖传》

> 遁，亨，遁而亨也；刚当位而应，与时行也。小利贞，浸而长也。遁之时义大矣哉。

《彖传》说，遁卦通达，是说退避就可以通达。刚强者处于适当的位置又有应和，表明君子随着时势而行动。小的一方适宜正固，阴柔者渐渐地生长。遁卦顺应时势的意义太伟大了。《序卦传》有云："物不可以久居其所，故受之以《遁》。《遁》者，退也。"事物不能长久占据一个位置，所以接着是遁卦，遁，就是退避的意思。《杂卦传》云："大壮则止，遁则退也。"大壮与遁两卦一体，相互颠倒。大壮，震上乾下，雷声震天，上下都是阳卦，刚极必止。遁，上乾下艮。大壮颠倒为遁，遁就是退避。

◎ 释义

遁卦：通达。小的一方适宜持守正道。

《象辞》说：遁卦上卦为乾，乾为天；下卦为艮，艮为山，山在天下，高起而又止，不可一味上进，正是遁避之象。君子观此卦象要远离小人，不将憎恶的表情表露在外，但保持威严庄重，使小人心生敬畏而自觉远离。

初六：退避时落在后面，有危险，不可有所前往。

《象辞》说：逃遁隐藏仍未脱离危险，若能坚持奋斗，又有什么灾难呢。这就好比如果君子全部隐退，国家就危险了，因为丧失了有所作为的可能。

六二：用黄牛革绳紧紧捆绑，这样就不能解脱了。

《象辞》说：用黄牛革绳捆绑，表示意志坚固。

九三：被拖累而不能决然隐退，就像身染重病情形危险。在这种情况下，蓄养奴婢或可有利。

《象辞》说：被拖累以至不能决然隐退所造成的危险，有如被疾病折腾得疲惫不堪，所以说蓄养奴婢则吉，只能退而求其次，暂且养疾疗伤干点小事，不可贸然行动。

九四：心情愉快地退避，这对君子是吉利的，对普遍人则未必能做到。

《象辞》说：君子不以利禄为心，因而能做到愉悦地归隐；普通人追逐利禄不会甘于退隐。

九五：退隐顺时值得赞美，通泰吉利。

《象辞》说：善识时务，不为情感所移，不为势力所屈，存心正直，品德崇高，应机而超然远遁，实在是值得赞美而吉利。

上九：远走高飞，退隐山林，没有什么不利的。

《象辞》说：退隐山林无不利，说明其人善观形势，能够做到急流勇退。

◎哲学美学启示

遁卦之遁有二意。其一，遁字从艮引申而来，象征从山后绕行，《老子》曰"功成身退，天之道"，君子功成之后自动退出符合自然之象。其二，遁字从豚引申而来，豚这种动物见到人就会逃走，所以遁卦以豚来象征退避，也有基于客观情势被迫退出之意，有遁而隐居之象，故为天山遁。遁卦全卦对如何隐退给出了几种好的方式，其中的"嘉遁"与"好遁"均是上选，"嘉遁"与"好遁"相比境界又高了一层。如果说"好遁"是带有功利思想的保全，是其精确计算的结果，表达人生圆满努力目的的达成，那么"嘉遁"则是一种崇高的思想境界，是遁之精神的外化体现。在具体隐遁方式方法上，既要注意把握时机，懂得及时隐退。又要在隐退的同时固守志向，心志不为外力所动；隐退时既要名利牵制，当断则断，又要善于隐退时分配安顿好各种资源，不可失去章法、意气用事。遁卦之意与古代隐士精神有内在想通之处，《辞海》释隐士为隐居不仕的人，《南史·隐逸》云隐士须含贞养素，文以艺业。不尔，则与夫樵者在山，何殊异也，也指代为"贤"者。魏晋时期的"隐逸"文化与艺术是中国古代美学史中不可或缺的重要时期。

◎西方美学比较

在诗歌艺术方面，隐逸派是20世纪上半叶在意大利和西方颇有影响的诗歌流派之一。隐逸派回避写实而侧重以奔放的想象，借助独特的隐喻和意象来建立艺术形象，表达诗人复杂的主观感觉。隐逸派的诗歌大多是自由体，讲究韵律，追求诗歌的音乐性，强调词的声音比词的意义更富有表现主观感觉的力量，力求挖掘词语蕴含的感情色彩，而舍弃它的普通的、日常的含义。在绘画艺术方面，意象主义绘画与隐逸派诗歌一样，都注重隐喻与意象化的情感表达，意象主义绘画作品的诞生及画派的形成开创了一种全新的绘画表现技法和构成模式，折射出东西方两种艺术的光彩，蕴含着东方美学特质和西方形式表现的双重意蕴，带给人们一种全新的视觉冲击力和视觉美感，具有着划时代的美学价值和学术价值。隐逸与意象构成了中国古代玄学和美学的主要方面，也是最早由遁卦阐释的价值理念。当代意象主义绘画具有融合中西方艺术元素的新的时代特征，即以中国古代传统文化元素为特征，以西方油画技法为载体，以色彩结构形成的立体画面及三维时空为视觉效果，全面阐释新时空条件下的一种融合美术观。

雷天大壮

《周易》第 34 卦：大壮卦

◎古经

大壮：利贞。

《象》曰：雷在天上，大壮；君子以非礼弗履。

初九：壮于趾，征凶；有孚。

《象》曰：壮于趾，其孚穷也。

九二：贞吉。

《象》曰：九二贞吉，以中也。

九三：小人用壮，君子用罔，贞厉。羝羊触藩，羸其角。

《象》曰：小人用壮，君子罔也。

九四：贞吉，悔亡。藩决不羸，壮于大舆之輹。

《象》曰：藩决不羸，尚往也。

六五：丧羊于易，无悔。

《象》曰：丧羊于易，位不当也。

上六：羝羊触藩，不能退，不能遂，无攸利。艰则吉。

《象》曰：不能退，不能遂，不详也；艰则吉，咎不长也。

◎《彖传》

　　大壮，大者壮也；刚以动，故壮。大壮，利贞，大者正也。正大而天地之情可见矣。

《彖传》说，大壮，刚大者强盛；乾之刚健振奋而起，所以强盛。大壮，适宜守正，刚大者必固守正道。保持正直刚健，天地之性情都可见于此自强不息的刚健。大壮之大即为"正大"或"大正"，天地至大至正，这是天地的显著特点。看见天地的正大，便看见天地的情状了。《序卦传》有云："物不可以终遁，故受之以《大壮》。"事物不能一直退避，积蓄能量之后接着是《大壮》。《杂卦传》云："大壮则止，遁则退也。"《老子》说"物壮则老，是谓不道，不道早已"，所以说大壮到达了势力的鼎盛状态，随后将进入另一个运行轨道，转而向止。

◎ 释义

大壮卦：适宜守正。

《象辞》说：雷在天上轰隆作响，象征声势浩大，这是大壮的卦象；君子由此领悟，违背礼义法度的事情不可做。

初九：大壮之始，脚趾欲动，前往有凶险；应退回原初，诚信自守。

《象辞》说：大壮之始脚趾欲动，是说贸然前往，必然陷入穷困的境地。

九二：守正吉祥。

《象辞》说：九二爻守正吉祥，是因为刚居柔中。如果阳刚过盛，则有失于中道，所以一定要抑制它过刚，使它走上中道。九二得中，中就是不偏、无过、避免不及，进退适宜，所以"贞吉"。

九三：小人使用他的强盛，君子处于强盛而不用，守正以防危险。犹如公羊抵撞藩篱，卡住了羊角。

《象辞》说：小人使用他的强盛，君子则不这样恃强而为，而是凭借法度权威。

九四：守正吉祥，悔恨消失。犹如藩篱被公羊撞开，羊角不再被卡住，其强盛如大车有坚固强壮的车轮。

《象辞》说：藩篱被公羊撞开，羊角也没有被卡住，其强盛之势足以向上进取。

六五：羊在田边走失，没有悔恨。

《象辞》说：羊在田边走失，是因为位置不恰当。

上六：公羊抵撞藩篱，不能后退，也不能前进，没有什么利益。坚贞自守则获吉祥。

《象辞》说：不能后退，也不能前进，因为处事不够审慎周详；坚贞自守则获吉祥，因为咎害不会长久。

◎ 哲学美学启示

大壮卦上卦为震为雷，下卦为乾为天，天上鸣雷是大壮的卦象。大壮卦的卦辞总论为"利贞",此说具有三层内涵:一是表明事物之壮的主体是大,即体积上的至大与特质上的阳刚。二是主体之势是壮,即由事物自身之壮所带动起周围势头之强盛。三是强调大所应具备的静态特征,即内在品质之中正。大壮以天地为具体对应,天地至大至正,这是天地的显著特点,天上鸣雷正是天地正大光明的情状,人世也应如此,处于强势鼎盛之时更要坚守正道光明。同时从动态角度看,"大者"只是在动的状态,即"刚以动"的时候才能壮,否则当事物发展归于静态之时,先前所积累下的"不正"之壮便会凸显,由此带来祸患。总起来说,"利贞"就是体大势盛但无偏倚,天地间万事万物,大不一定壮,大而不壮,并无凶咎,但如果大壮而不正,就一定会带来凶险。君子要想保住强盛的势头,就要学会处壮守正,正大光明,以类天地之情。

◎西方美学比较

表现主义在20世纪初至20世纪30年代盛行于欧美一些国家的文学艺术流派,第一次世界大战后在德国和奥地利流行最广。德国著名哲学家尼采在《悲剧的诞生》中,将欧洲古代艺术分为两类:一类是阿波罗式的艺术,这是一种理智、秩序、规则和文雅的艺术;另一类是狄俄尼索斯式的艺术,这是一种表达混乱和疯狂的艺术。对比看来,阿波罗式的艺术代表着理智的理想,而狄俄尼索斯式的艺术则来自人的潜意识。这两种艺术形式与代表它们的神一样,两者都是神的儿子,互不相容又无法区分。尼采认为任何艺术作品都包含这两种形式,其中,表现主义的基本特征是狄俄尼索斯式的,包括鲜艳的颜色、扭曲的形式、绘画技巧上看似的漫不经心、平面、缺乏透视,基于感觉而非基于理智。严格地说,表现主义是指艺术中强调表现艺术家的主观感情和自我感受,而导致对客观形态的夸张、变形乃至怪诞处理的一种思潮,表现主义否定现实世界的客观性,反对艺术的目的性,认为主观是唯一真实。如果说尼采笔下的表现主义代表了狄俄尼索斯式的艺术形式,那么色彩鲜明强烈、笔触突出有力、造型夸张疯狂的表达方式都可以被认为是对一种理智、秩序、规则的突破和反叛,这好比大壮卦中"羝羊触藩"式的猛烈无畏,反映出生命本能在自我意识支配下的刚健强盛之力。

第二十五讲

晋卦与明夷卦

火地晋

《周易》第35卦：晋卦

◎古经

晋：康侯用锡马、蕃庶、昼日三接。

《象》曰：明出地上，晋；君子以自昭明德。

初六：晋如，摧如，贞吉。罔孚，裕无咎。

《象》曰：晋如，摧如，独行正也。裕无咎，未受命也。

六二：晋如，愁如，贞吉。受兹介福，于其王母。

《象》曰：受兹介福，以中正也。

六三：众允，悔亡。

《象》曰：众允之，志上行也。

九四：晋如鼫鼠，贞厉。

《象》曰：鼫鼠贞厉，位不当也。

六五：悔亡，失得勿恤，往吉，无不利。

《象》曰：失得勿恤，往有庆也。

上九：晋其角，维用伐邑，厉吉，无咎；贞吝。

《象》曰：维用伐邑，道未光也。

◎《彖传》

> 晋，进也。明出地上，顺而丽乎大明，柔进而上行，是以"康侯用锡马、蕃庶、昼日三接"也。

《彖传》说，晋为晋升、上进。象征光明出现于大地之上，顺从而附丽于太阳，好比卦中六五爻柔顺而承刚上行，所以"康侯用锡马、蕃庶、昼日三接"也。《序卦传》有云："物不可以终壮，故受之以《晋》。《晋》者，进也。"事物不能够一直壮大而不有所前进，所以接着是晋卦。晋是前进的意思。《杂卦传》云："晋昼也，明夷诛也。"晋与明夷一卦相颠倒。晋卦上离下坤，离为日，坤为地，日出地上为昼。表示光明在天与不断前进之象。明夷卦上坤下离，坤为地，离为日，以日入地下黑夜无光，表示无法前行，离又为戈兵，所以说"明夷诛也"。

◎释义

晋卦：康侯用天子赏赐的良种马去繁殖出众多的马匹，一天之中受到天子三次接见。

《象辞》说：光明出现在大地的上方，这就是晋卦。君子由此领悟，要自己彰显光明的德行。

初六：开始上进，遇到摧折阻隔，守正可获吉祥。还没有得到信任，宽以待时，则无咎害。

《象辞》说：开始上进，遇到摧折阻隔，说明独自前行于正道。宽以待时，没有咎害，说明尚未得到重视。

六二：上进并满怀忧患之心，守正可获吉祥。承受大的福泽，来自王母之坤德。

《象辞》说：承受大的福泽，是因为六二既中且正。

六三：万众一心，全力进攻，无所悔恨。

《象辞》说：众人信任，其志向就会实现。

九四：上进之时象鼫鼠一般既无才干又懦弱，守正以防危险。

《象辞》说：象鼫鼠既无才干又懦弱，守正以防危险，说明地位不当。

六五：无须悔恨，吃了败仗也不要气馁。只要再接再厉，终必转败为胜。无所不利。

《象辞》说：受到挫失，不要气馁，勇往直前，定有喜庆降临。

上九：上进到威猛之境，可以讨伐叛逆的邑国，虽有危厉终获吉祥并无咎害，但须守正以防遗憾。

《象辞》说：可以施行讨伐叛逆的邑国，但处晋卦之终，上进之道已经穷尽，尚未光大。

◎ **哲学美学启示**

晋卦上卦为离为日为光明，下卦为坤为地为柔顺，以太阳从东方的大地上升起来的旭日东升，显示晋卦的卦象。好比贤明的君王会对有功的臣民进行奖赏。"柔以时升"反映出晋之条件，晋卦象征积极进取，但卦爻辞却告诉我们仅仅靠奋力拼搏往往并不构成"晋"的关键要素，晋卦中的初、二、三、五的柔爻多吉，四、上的刚爻多凶，这说明处于晋升之时，应当守持坤柔之道才有条件进入佳境。而坤柔之德对于君子来讲，就是"自昭明德"，虽说太阳从地面升起来，越升越明盛，但是太阳的光明是日出之前就固有的，并非后天主动而为之。君子观此卦象，应该明白想要获得"晋"升须充实自身的日常修为，不是依靠外力而是自己，将自身固有的品行明德展现出来，假以时日终能获得进步。

◎ **西方美学比较**

神经美学是一个相对较新的实验美学的子学科，诞生于西方社会和科学界。神经美学主要研究艺术审美的神经机制，具体而言是对审美活动激活的脑区及其相互关系的认识，强调客观外在（自然界）对人在视觉、触觉、知觉等感性直观的直接作用。该领域的研究试图从神经生理学的角度为美学问题提供新的研究角度和解释框架，在视觉艺术、听觉艺术、审美体验以及艺术创造力等方面取得了许多有意义的研究成果，为传统美学研究提供了全新的思路。神经美学研究可着眼于探索不同艺术领域中审美活动的神经机制，以定位大脑中和审美相关的特异性脑区并对其进行功能的细分，是一门集合包括生物神经学、艺术史学、艺术心理学以及细分艺术领域诸如建筑学、风景园林学等在内的高度交叉学科。例如，人们在欣赏印象派画家莫奈的《日出》作品时，就能感受到日出状态下水面的波光粼粼和天边的霞光闪耀，但由于海水和太阳的方位飘忽不定，人的大脑可以识别物体但不能确认其方位，因此使画作呈现出流光溢彩的"印象"。从发生进路上看，西方神经美学所基于的是生物学意义上主体受到客体作用后的一种被动反映，是主客体二元分立状态下的人的生命本能的自然状态，而周易美学话语中，以晋卦为例，其卦象是日出之时光明出现于大地之上，君子从这种日出画面中不仅能感受到太阳的光和热，还由此领悟要如旭日东升般彰显自己的明德，即"自昭明德"，是一种主客体合而为一的伦理自觉与审美自觉，人的感性直观不仅作为对客观外在的被动反映而存在，而且以自身特有的自由方式，自觉地作出"晋如""摧如""愁如"等行为内容，以诠释周易生命美学的内在德性价值，儒家经典《大学》中所谓"明明德"正是此意。

地火明夷

《周易》第 36 卦：明夷卦

◎ **古经**

明夷：利艰贞。

《象》曰：明入地中，明夷；君子以莅众，用晦而明。

初九：明夷于飞，垂其翼，君子于行，三日不食。有攸往，主人有言。

《象》曰：君子于行，义不食也。

六二：明夷；夷于左股，用拯马壮，吉。

《象》曰：六二之吉，顺以则也。

九三：明夷于南狩，得其大首，不可疾，贞。

《象》曰：南狩之志，乃大得也。

六四：入于左腹，获明夷之心，于出门庭。

《象》曰：入于左腹，获心意也。

六五：箕子之明夷，利贞。

《象》曰：箕子之贞，明不可息也。

上六：不明晦，初登于天，后入于地。

《象》曰：初登于天，照四国也。后入于地，失则也。

◎ **《彖传》**

明入地中，明夷。内文明而外柔顺，以蒙大难，文王以之。利艰贞，晦其明也；内难而能正其志，箕子以之。

《彖传》说，光明陷入地中，这是明夷的卦象。离在内卦表示文明，坤在外卦表示柔顺，当蒙受大难之时，需要做的就是学习周文王。适宜在艰难中守持正固，要隐晦自己的光明；濒临内乱而能坚守自己的心志，箕子就是这样做的。

《序卦传》有云:"进必有所伤,故受之以《明夷》。夷者,伤也。"前进必然会受到伤害,所以接着是明夷卦。夷,就是伤害。《杂卦传》云:"晋昼也,明夷诛也。"明夷卦象征太阳被遮蔽了光明,正道陷入坎险之中,此时多为凶险之时,故有诛。

◎ **释义**

明夷卦:适宜在艰难中守持正固。

《象辞》说:光明陷入地中,这是明夷卦的象;君子由此领悟治理民众时,要晦藏自己的明智,而利用并彰显群众的智慧,即有意不表露自己的才能和智慧,反而能在不知不觉中使民众得到治理。

初九:处明夷之始,如小鸟低垂着翅膀飞行,君子仓皇出走时,三天吃不上饭也不要停步。有所前往,所投靠的主人出言责怪。

《象辞》说:君子出逃隐遁,出于道义不苟且求食。

六二:光明陨落;左边大腿受伤,用健壮的良马来拯救,可获吉祥。

《象辞》说:六二爻获吉,是因为顺承而守则。

九三:光明陨落之时,若到南方巡狩,可擒获那里的猎物,但不能操之过急,应当守持正固。

《象辞》说:有转变方向到南方巡狩的心志,必然会有大的收获。

六四:回到深隐腹地获知黑暗的内情,毅然跨出门庭远去。退隐的念头油然而生。

《象辞》说:回到深隐腹地而获知光明隐晦的情势,更坚定了退隐的心意。

六五:箕子遭遇光明殒伤,适宜守持正固。

《象辞》说:箕子守持正固,处境艰难却韬光养晦,使得光明未被熄灭。

上六:没有光明,一片昏暗,起初登临天上,而后坠入地下。

《象辞》说:起初登临天子之位,光芒照临天下。而后坠入地下,说明失去了为君的正道。

◎ **哲学美学启示**

明夷卦下离上坤,离为明,坤为地,为明入地中,光明殒伤之象。虽明入地中,外部晦暗但内心光明,喻示身处艰难凶险时刻须大智若愚、韬光养晦,隐藏自己的察察之明,对是非能包容和合但不混同。卦爻辞中虽讲韬光养晦,晦藏文明德性,但同时也有对坚守正道的要求,不是一味的顺从隐忍。爻辞说

"箕子之明夷"，是以箕子处境及解决办法为例，说明箕子处在殷纣荒诞暴虐之下，能够以佯狂披发来晦藏他的德性、坚守他的心志，宁可成为囚奴也不改他的贞正，明夷卦"用晦而明"思想与道家"无为无不为""大智若愚"等思想本质一致，是遵时养晦、坚守正道、外愚内慧行动准则的反映。

◎西方美学比较

中世纪包括公元476年至公元1640年，自公元476年西罗马帝国灭亡到1640年英国资产阶级革命，是欧洲历史上的一个时代。"中世纪"时期的欧洲没有一个强有力的世俗政权统治，这一时期所谓的黑暗在于教会力量统摄一切，教权压倒人权甚至君权。封建割据带来频繁的战争，宗教对人民思想的禁锢，造成科技和生产力发展停滞，人民生活在宗教束缚与物质生产停滞的"黑暗时代"。教会事实上行使着国家的职能，成为凌驾在所有人头上的国家力量。这一时期的美术活动包括拜占庭美术、爱尔兰-撒克逊和维金美术、奥托美术、加洛林美术、罗马式美术和哥特式美术。总的说来，中世纪艺术属于基督教艺术，作为宗教信仰和神学的表达形式，这种艺术不注重客观世界的真实描写，而强调所谓精神世界的表现。多采用夸张、变形以及改变真实空间序列等多种手法来达到强烈表现的目的。众所周知，艺术只有在和平稳定的环境之中才能得到发展，中世纪宗教神学控制下的艺术家由于身处动乱岁月，又受到思想精神上的束缚，以至于在文艺复兴时期学者看来，当时的艺术连同文化一起，被认为属于文明衰落的"无知与迷信时代"。当然，随着近现代新发现与新观点的出现，关于中世纪艺术评价的争论也随之产生。联系来看，《周易》明夷卦的卦爻辞也是对中国古代一段"黑暗"历史时期的记载，只不过卦爻辞不仅以"利艰贞，晦其明"，指明顺利度过艰难时期的路径选择，更以"内难而能正其志"的信仰坚守指出"箕子之贞，明不可息"的发展方向，鼓舞人们在黑暗过后必定会迎来一个光明的未来。这仿佛也是对西方文艺复兴时期的一种思想观照：中世纪后期，随着工场手工业和商品经济的发展，资本主义生产关系开始在欧洲封建制度内部孕育，为文化繁荣提供了不可或缺的历史条件，正是这种历史条件开启了人的精神创造，为人类追求现实生活中的幸福，倡导艺术个性解放奠定了基础。

第二十六讲

家人卦与睽卦

䷤ 风火家人

《周易》第 37 卦：家人卦

◎ 古经

家人：利女贞。

《象》曰：风自火出，家人；君子以言有物而行有恒。

初九：闲有家，悔亡。

《象》曰：闲有家，志未变也。

六二：无攸遂，在中馈，贞吉。

《象》曰：六二之吉，顺以巽也。

九三：家人嗃嗃，悔厉，吉；妇子嘻嘻，终吝。

《象》曰：家人嗃嗃，未失也。妇子嘻嘻，失家节也。

六四：富家，大吉。

《象》曰：富家大吉，顺在位也。

九五：王假有家，勿恤，吉。

《象》曰：王假有家，交相爱也。

上九：有孚威如，终吉。

《象》曰：威如之吉，反身之谓也。

◎《彖传》

家人，女正位乎内，男正位乎外，男女正，天地之大义也。家人有严君焉，父母之谓也。父父，子子，兄兄，弟弟，夫夫，妇妇，而家道正，正家而天下定矣。

《彖传》说，家人卦，六二爻女子爻位得正位于内卦，九五爻男子爻位得正位于外卦，男女各得其正位，合乎天地阴阳之大道。一家人中须有受尊敬的长者，父母即为一家之君长。父要像父，子要像子，兄要像兄，弟要像弟，夫要像夫，妻要像妻，这样的家道才可保持端正，家是最小国，端正了家道，天下就能安定。《序卦传》有云："伤于外者必反其家，故受之以《家人》。"在外面受到伤害的人一定会返回到家里寻求慰藉，所以接着是家人卦。明夷卦预示的正值周朝兴起、商朝灭亡之际，周朝的兴起始于殷商君王不像君王，治家不严、家道不正，国运的兴亡以家政为根基，此为以家人卦接续明夷的原因。《杂卦传》云："睽外也，家人内也。"睽与家人一卦相颠倒，睽卦，上离下兑，离上升，兑下降，阴阳失配而离心表明疏远，所以说"睽外也"。家人卦，上巽下离，巽表下降，离表上升，阴阳向心，所以说"家人内也"。

◎释义

家人卦：卜问妇女之事吉利。

《象辞》说：家人卦外卦为巽，巽为风；内卦为离，离为火，内火外风，风助火势，火助风威，风与火相辅相成是家人的卦象。君子观此卦象，领悟到说话要有根据，做事要遵循恒常法则，德行须持之以恒才符合持家之道。

初九：治家之初要防不正之风于萌芽状态，这样做可悔恨消亡。

《象辞》说：在治家之处就要及早做好对家中不正之风的防范，是说在家人心志尚未改变的时候，就做好约束。

六二：妇女在家中料理家务，安排膳食，没有失误，这是吉利之象。

《象辞》说：六二爻辞之所以称吉利，像妇人对丈夫顺从而又谦逊，处妻子的地位，具有中正的品德，与九五阴阳正应，能顺承九五尊重丈夫的意见。

九三：治家时严厉地训斥，尽管有悔恨有危险，但可获吉祥；妇女孩子整天嘻嘻哈哈，最终会有遗憾。

《象辞》说：治家即便严厉的训斥也未礼节。反倒是妇女孩子整天嘻嘻哈哈，过分宽容、没有节制，则丧失了治家礼节。

六四：家庭富裕，大为吉祥。

《象辞》说：在一家之中，父是主管教育的，负责一家的礼仪表率；母是主管饮食的，负责一家人的收藏节约。父母各自分工协作可使家庭富裕，大为吉祥，这是相互顺承配合的结果。

九五：君王到家庙祭祀祖先，是表明用美德感化众人，视天下为一家，吉祥。不要忧虑，祖先福佑家人，凡事吉利。

《象辞》说：君王到臣民之家，说明君臣交相爱护。君王以天下为家，把这种感情推广到治理国家。

上九：有诚信有威望，最终吉祥。

《象辞》说：心存诚信又威严肃穆，最终获得吉祥，是说治家治国之道在反求于自身。

◎ 哲学美学启示

中华文化高度重视家庭的伦理教化作用，以高度的家国情怀定义修身、齐家、治国的人生价值。《家人卦》中风自火出，风化的根本从家庭产生，家庭的根本从修身产生。其中外卦为巽为风，为言说言论，言之有物就可以取为法则，以教化治理家庭，而修身齐家之道最终靠明德，故取内卦离明之象，这就是卦名为什么叫"风火家人"。在中国人家庭伦理观念中，儒家秩序观占有重要地位，《家人卦》强调一家人中须有受尊敬的长者，父母即为一家之君长。父要像父，子要像子，兄要像兄，弟要像弟，夫要像夫，妻要像妻，这样的家道才可保持端正。将小家内涵推而广之就是家国观，封建时期君王的家庭就是国家，君王让天下人都像一家人一样相敬如宾，天下人民紧密地团结在一起，国家才能安定，可以说，高度伦理化的家国观念为中华民族的统一奠定了思想基础。

◎ 西方美学比较

弗里德里希·席勒是德国18世纪著名诗人、作家、哲学家、美学家、历史学家和剧作家，德国启蒙文学的代表人物之一。席勒是德国文学史上著名的"狂飙突进运动"代表人物，也被公认为德国文学史上地位仅次于歌德的伟大作家。席勒主张美育教育，对于男性和女性的性别美认识给出了自己的定义，与当代观念基本相同，诸如女性柔美，男性阳刚，女性感性，男性理性，社会分工的性别属性在席勒看来由男女的天性决定。同时，席勒也认为人既是感性的又是理性的，他综合康德的美学理论提出"经验之美"，将经验之美分为溶解性的美与振奋性的美，这两种美类似与秀美与壮美的概念，以对应男女性别美与个性美的差异，男人需要溶解性的美来调和心绪，女人需要振奋性的美来振奋精神。席勒的性别美学观同周易《家人卦》有着内在的联系但又不尽相同，家人卦中男女性别之美体现在伦常礼仪之中，是在阴阳和谐统一的"家道"中展现而不是各自分别展现的，男人要像男人的"主外"并不意味着男人不会配合女人主导的家务以"在中馈"，而女人的"主内"也不会影响到女人参与的匡正家风的"父母之谓"，总之，家人卦中男女性别美的异同探讨并非抽象化和概念化的，而是紧密联系着儒家"家国"情怀的秩序观念而存在。

火泽睽

《周易》第 38 卦：睽卦

◎ 古经

睽：小事吉。

《象》曰：上火下泽，睽；君子以同而异。

初九：悔亡；丧马勿逐，自复；见恶人，无咎。

《象》曰：见恶人，以辟咎也。

九二：遇主于巷，无咎。

《象》曰：遇主于巷，未失道也。

六三：见舆曳，其牛掣；其人天且劓。无初有终。

《象》曰：见舆曳，位不当也；无初有终，遇刚也。

九四：睽孤！遇元夫，交孚，厉无咎。

《象》曰：交孚，无咎，志行也。

六五：悔亡，厥宗噬肤，往何咎。

《象》曰：厥宗噬肤，往有庆也。

上九：睽孤！见豕负涂，载鬼一车，先张之弧，后说之弧，匪寇婚媾。往遇雨则吉。

《象》曰：遇雨之吉，群疑亡也。

◎《彖传》

　　睽，火动而上，泽动而下；二女同居，其志不同行；说而丽乎明，柔进而上行，得中而应乎刚；是以小事吉。天地睽，而其事同也；男女睽，而其志通也；万物睽，而其事类也；睽之时用大矣哉！

《彖传》说，睽卦代表火焰向上燃烧，泽水向下流注；两个女子住在一起，心意不一致；喜悦而依附于光明，柔爻上行，得中道而与九二刚爻相配合；因此小事吉祥。天地有别，但其化育万物之事相同；男女有别，然其心意相通；万物有别，但其本质类似。睽卦配合时势的功用真是伟大。《序卦传》云："家道穷必乖，故受之以《睽》。《睽》者，乖也。"家道走到困穷一定会出现乖离，所以接着是睽卦。睽就是乖离的意思。《杂卦传》云："睽外也，家人内也。"睽卦，上离下兑，离上升，兑下降，阴阳失去平衡而离心，向外扩大，所以说"睽外也"。

◎ 释义

睽卦：筮遇此卦，小事吉利。

《象辞》说：睽卦上卦为离，离为火；下卦为兑，兑为泽。上火下泽，彼此对立乖离是睽卦的卦象。事物有睽才有合，同以异为前提。君子既要同中求异，也要求同存异，保持自己的个性和特色，即和而不同。

初九：悔恨消失；马跑掉了不必去追，它自己会回来的；虽见到恶人但没有咎害。

《象辞》说：早点见到恶人，可避开更大咎害。

九二：在小巷遇到热情好客的主人，没有灾难。

《象辞》说：遇着热情好客的主人，这说明没有迷失道路。

六三：看到车往前拖，牛却向后牵制着；车夫受过刺字、割鼻的刑罚。开始虽然不利，最后仍然有结果。

《象辞》说：看到车往前拖，是因为位置不当；开始虽然不利，最后仍然有结果，是因为六三阴柔者最终会与上九阳刚者相遇，阴阳得以和合。

九四：乖离之时孤立无援，不过遇到阳刚的善人，彼此以诚相待、相互信任，虽然有危险，但没有灾祸。

《象辞》说：以诚相待，彼此信任，虽有危险但没有灾难，说明心意得以实现。

六五：悔恨消失，登上宗庙吃肉，前往有什么灾害呢？

《象辞》说：登上宗庙吃肉，前往会有喜庆。

上九：孤立无援之时乖离至极，仿佛看到猪背上都是泥巴，又好像看到车上载着一车的鬼怪。先张开弓想要射，后又迟疑地将弓放下。原来它们不是强盗，而是来求婚配的，前往遇到下雨，所有的疑惑终将解开，就会吉祥。

《象辞》说：前行遇到下雨则获吉祥，是因为所有的疑虑都消失了。

◎哲学美学启示

《睽卦》的卦象是兑泽润下而离火炎上,为水火相遇之象,象征对立。因为火焰是向上燃烧的,而水是向下渗透的,两者是相反行进,所以是相反的、矛盾的。世间万物有所不同,必有所异,相互矛盾,这就是睽,睽即矛盾。《睽卦》显示君子应在求大同的前提下,保留差别和不同,即异中求同与和而不同。唯物辩证哲学中的矛盾,指事物内部各个对立面之间的互相依赖而又对立互斥的关系,矛盾关系被认为是一种对立统一关系,这与周易阴阳辩证思维具有内在的相通之处。西方美学史中有狄德罗的"美在关系"说,在周易辩证思维中,矛盾美则是以一种阴阳互体的矛盾关系展现美。《睽卦》卦爻辞以比兴、拟人的文学方式表现出各种乖离状态下矛盾的哲理美,同时又以时间顺序形象地、辩证地描述出事件发生因果之间的关系以及人的情绪与行为状态,好事与坏事的对立转化都可能随时发生,给人以深刻的哲学启迪。

◎西方美学比较

狄德罗是法国启蒙思想家,唯物主义哲学家、美学家。他对"美"的概念评价说:"在我们称之为美的一切物体所共有的品质中,我们将选择哪一个品质来说明以美为其标记的东西呢?"他认为,这个品质就是"关系"。"人们在道德方面观察关系,就有了道德的美,在文学作品中观察,就有了文学的美,在音乐作品中观察,就有了音乐的美,在大自然的作品中观察,就有了自然的美,在人类的机械工艺的作品中观察,就有了模仿的美。"构成美这一观念之基础的普遍性质,就包含在"关系"这一概念中。按照"美在关系"的观点,狄德罗解释了现实美和艺术美。他把艺术美看作"模仿的美"。他主张艺术效法自然,反对仿古,反对墨守成规。认为大自然高于艺术,自然美高于艺术美。"美在关系"说,表现了美学理论上的一种辩证的思想,揭示了美的构成的多种因素,本质上狄德罗的"关系美学说"揭示出美的内在矛盾属性,但这种美终究强调的是二元对立下的矛盾美。与此不同的是,《睽卦》体现的首先是基于整体条件下的个性美,不论是同中求异还是求同存异,异同的相互转化是因势而动、随时而行的,个体之间的差异并不以对立与排斥作为关系特征的展现,而是以"通变"关系为主要表现。

第二十七讲

蹇卦与解卦

水山蹇

《周易》第39卦：蹇卦

◎古经

蹇：利西南，不利东北；利见大人，贞吉。
《象》曰：山上有水，蹇；君子以反身修德。
初六：往蹇，来誉。
《象》曰：往蹇来誉，宜待也。
六二：王臣蹇蹇，匪躬之故。
《象》曰：王臣蹇蹇，终无尤也。
九三：往蹇，来反。
《象》曰：往蹇来反，内喜之也。
六四：往蹇，来连。
《象》曰：往蹇来连，当位实也。
九五：大蹇，朋来。
《象》曰：大蹇朋来，以中节也。
上六：往蹇来硕，吉；利见大人。
《象》曰：往蹇来硕，志在内也；利见大人，以从贵也。

◎《彖传》

　　蹇，难也，险在前也；见险而能止，知矣哉。蹇，利西南，往得中也；不利东北，其道穷也。利见大人，往有功也。当位贞吉，以正邦也。蹇之时用大矣哉！

《彖传》说，蹇为艰难，险境在前边；看到险境而能提前止步，真是明智啊。蹇卦，西南有利，前往得乎中道；东北不利，道路已经穷尽。适宜出现大人，前往有收获。爻位得正，正固吉祥，可以端正邦国之治。蹇卦配合时势的功用真是伟大啊。《序卦传》云："乖必有难，故受之以《蹇》。《蹇》者，难也。"是说在睽卦的乖离之后，一定会出现艰难险阻，所以接着是蹇卦。蹇就是困难。《杂卦传》云："解缓也，蹇难也。"解与蹇两卦相互颠倒，蹇卦既有见险而能止的思想，也有处险也当进的思想。而在身处艰险、难辨方向的时候，去拜见德行高尚的君子和大人，请他为自身的行动提供指引才会"往有功"。

◎释义

蹇卦：筮遇此卦，利西南行，不利东北行。利见君子大人，获吉祥之兆。

《象辞》说：山上有水，山石嶙峋，水流曲折，是蹇卦的卦象；君子由此领悟反求自身修养道德。

初六：前往艰险，回来获誉。

《象辞》说：前往艰险，回来获誉，是说应当等待时机。

六二：君王的大臣遭遇重重艰险，不是为了自身的缘故。

《象辞》说：君王的大臣遭遇重重艰险，最终也没有怨言。

九三：出门困难重重，归来笑逐颜开。

《象辞》说：出门困难重重，归来笑逐颜开，这是由内而外带来的喜悦。

六四：出门步履艰难，归来时却有车可乘。

《象辞》说：出门步履艰难，归来时却有车可乘，因为六四阴爻居阴位，像人才正当其位，德符其名。

九五：处于最大的艰险中，朋友来相助。

《象辞》说：处于最大的艰险中，朋友来相助，因为九五保持阳刚中正的气节。

上六：前往艰险，回来得硕果，吉祥；适宜进见大人。

《象辞》说：前往艰险，回来得硕果，志向在于内卦；适宜进见大人，表示可以依附于德高望重之人。

◎哲学美学启示

蹇卦内卦艮为山，外卦坎为水，山重水复，艰险重重。告诫君子遇到困难一定要先省察自己，思考如何化解难题，这就是"反身修德"。蹇有艰难之意，坎险在前不可进，故难也。蹇卦讲如何渡过艰险之法：一是要知道知止则止、知进则进、知退则退，见到前面有危险的时候要停下来，不能一味冒进，而停下来之后需要的是反思反省，即"反身修德""反求诸己"，二是要注意团结友朋，做到与其同舟共济，坚守正道，当遇到重大艰难时可得"大人"之助。《周易》六十四卦中蹇卦与屯卦都表示艰难之意，蹇卦是艰难险阻的难，险在前，但后是止，止于险前，需要靠停止前行来渡难；而屯卦的难是屯难，即事物刚刚开始萌生时期的难，险在前面，而后是动，动乎险中，需要靠进一步有章法的行动来渡难。

◎西方美学比较

西方美学哲学思想多以崇尚不断进取、勇往直前的人的行动力为特征，在二元对立的矛盾动力中，方能更为有力地展现人的进取、抗争、追求的精神价值。反观中国美学视域中，道家思想特别强调以退为进、以止为动的辩证思维方式。道家思想认为如果行进的方向错误，那么停止就是进步。人总是很难改正自己的缺点，人也总是很难发现自己的错误，有时明知错了却欲罢不能，而防止一错再错的最好办法可能以客观外在的形式出现，那就是阻碍人发展进取的艰难险阻。进一步看，道家思想认为遇到险阻不一定就是坏事，做到把握正确的方向，坚守自己的原则，不因为一时冒进而付出惨痛的代价，发现错了及时止步、反身修德，反倒可以获得进取前进的动力。老子的美学思想中，推崇停止对物质和精神文明的一切追求和努力的观念，以"无为"的原则代替有为与外在干预，这是因为老子看到自然中一切事物的产生、变化都是因无意识、无目的而自由发展，但其结果又都合乎某种终极目的。自然并没有有意识地去追求什么，但却达到了一切、成就了一切，即所谓的"无为而无不为"。《蹇卦》以止为行、以静为动，一定程度上带有道家崇尚静虚无为、反求自身的价值倾向，同时又贯穿着守正、尚德的儒家有为进取的价值理念，全面地揭示出人在面对艰难之时应有的行为准则。

雷水解

《周易》第40卦：解卦

◎ **古经**

解：利西南。无所往，其来复吉；有攸往，夙吉。

《象》曰：雷雨作，解；君子以赦过宥罪。

初六：无咎。

《象》曰：刚柔之际，义无咎也。

九二：田获三狐，得黄矢，贞吉。

《象》曰：九二贞吉，得中道也。

六三：负且乘，致寇至，贞吝。

《象》曰：负且乘，亦可丑也；自我致戎，又谁咎也。

九四：解而拇，朋至斯孚。

《象》曰：解而拇，未当位也。

六五：君子维有解，吉；有孚于小人。

《象》曰：君子有解，小人退也。

上六：公用射隼于高墉之上，获之，无不利。

《象》曰：公用射隼，以解悖也。

◎ **《彖传》**

解，险以动，动而免乎险，解。解，利西南，往得众也。其来复吉，乃得中也。有攸往，夙吉，往有功也。天地解，而雷雨作，雷雨作，而百果草木皆甲坼：解之时大矣哉。

《彖传》说，解卦，有危险而行动，一旦行动就能脱离危险，即纾解。解卦，利于西南方，前往可以得到众人支持。即使不能前往，返回来也吉祥，因为占得中正之位。有所前往，早些行动吉祥，"往有功"概因九二爻是阳刚中正之爻，前往解阴柔六五君爻之蹇难，故会有功劳。天地纾解之时雷雨兴起，天地之气化解开来，于是百果草木都生发而出，解卦所体现的时势真是伟大。《序卦传》云："物不可以终难，故受之以《解》。《解》者，缓也。"事物发展不能够永远受到阻隔，所以接着是解卦。解，就是矛盾解开、紧张之势缓解的意思。《杂卦传》云："解缓也，蹇难也。"解与蹇一卦相互颠倒，综为一体。

◎释义

解卦：利于西南行，但若没有确定的目标，则不如返回，返回吉利。如果有确定的目标则宜早行，早行吉利。

《象辞》说：解卦上卦为震，震为雷；下卦为坎，坎为雨，雷雨兴起化育万物是解卦的卦象。君子观此卦象须赦免过失，宽恕罪过。

初六：没有咎害。

《象辞》说：处于刚柔交接，理应没有咎害。

九二：田猎得到三只狐狸与黄色箭头，守正吉祥。

《象辞》说：九二正固吉祥，是因为得乎中道。

六三：普通百姓带着许多财物，又是背负又是车拉，自然招致盗寇抢劫，卜问有灾祸之象。

《象辞》说：普通老百姓带着许多财物在大街上行进，又是背负又是车拉，愚蠢可耻自招寇盗，又能怪谁呢？

九四：解开你的大拇指，友朋就能前来以诚信之心相应。

《象辞》说：解开你的大拇指，远离不良之人的依附，说明居位不当。

六五：君子纾解险难，吉祥；小人则将受罚。

《象辞》说：君子纾解险难，需待小人退去之后才能得到验证。

上六：王公箭射盘踞在高墙之上的鹰隼，一举击中，无所不利。

《象辞》说：王公射击恶隼，是为了解除悖乱。藏器且待时，蕴蓄才能后再有所行动，因此出而有获。

◎哲学美学启示

蹇卦是见危险在前而停止，解卦却是有了危险而行动，一行动而脱离了危险，于是才纾解。解卦所提示的，是用可能冒一定风险的行动改变困境，也就是卦象所显示的"动而免乎险"。《周易》六十四卦均非纯哲学阐释，而是按卦象说理。解卦下坎上震，雷云交会成雨，象征种种矛盾对立的化解以及紧张压抑的释放，雷雨大作之时同时也是生命复苏萌发之际，阴阳经激烈碰撞交融后融为一体，结晶成新生的生命，故《象传》将解卦阐释为，"天地解而雷雨作，雷雨作而百果草木皆甲坼"。从这个意义上说，解卦内含的更像是生命为了重获新生而冒险进行的激烈抗争与奋斗，同时，卦爻辞给出了践行《解卦》要义所在：藏器与待时，蓄积能量之后择机而动，窘况方能解除。

◎ 西方美学比较

赫伯特·马尔库塞（1898—1979年）是美籍犹太裔哲学家和社会学家，法兰克福学派的代表人物之一。马尔库塞的美学思想是其社会批判理论的重要组成部分，带有一定的"解放"美学倾向。在《单向度的人》中，他指责艺术的大众化和商业化使之成为压抑性社会的工具，从而导致人和文化的单向度；在《审美之维》中，他认为艺术自动地对抗现存社会关系并加以否定和超越，通过倾覆占统治地位的意识及普遍经验，促成完整人的再生。其中，马尔库塞从弗洛伊德的心理分析理论出发来理解人的本质及其解放，由此提出"爱欲解放论"值得关注，他认为劳动是人的所有爱欲活动中最基本的爱欲活动。应当"让哲学关注人的生存"，"人作为主体和人的本质的现实性"在于劳动，真正有意义的劳动使得人的器官得以自由消遣，这是一种人性的"解放"，由此产生的艺术活动无疑可以表征为以解放为基本指向的美学。对比来看，周易六十四卦并非单纯讨论哲学美学的理论阐述，而是依据卦象与自然社会现象史实而进行的说理，其中《解卦》带有缓解、解决、解放的意思，也具有奋斗、斗争等行动的实践特征，这些内涵均需要一定的条件指引（藏器与待时），尽管在发生机制与话语方式上与西方所谓解放美学有所差异，但其目标指向是一致的，那就是人获得的自由与解放，即断语中的得"吉"。

第二十八讲

损卦与益卦

山泽损

《周易》第41卦：损卦

◎ **古经**

损：有孚，元吉，无咎，可贞，利有攸往。曷之用？二簋可用享。

《象》曰：山下有泽，损；君子以惩忿窒欲。

初九：已事，遄往，无咎；酌损之。

《象》曰：已事遄往，尚合志也。

九二：利贞，征凶；弗损益之。

《象》曰：九二利贞，中以为志也。

六三：三人行则损一人，一人行则得其友。

《象》曰：一人行，三则疑也。

六四：损其疾，使遄有喜，无咎。

《象》曰：损其疾，亦可喜也。

六五：或益之十朋之龟，弗克违，元吉。

《象》曰：六五元吉，自上祐也。

上九：弗损益之，无咎，贞吉，利有攸往。得臣无家。

《象》曰：弗损益之，大得志也。

◎《彖传》

损,损下益上,其道上行。损而"有孚,元吉,无咎,可贞,利有攸往。曷之用?二簋可用享"。二簋应有时,损刚益柔有时:损益盈虚,与时偕行。

《彖传》说,损卦,减损下方来增益上方,其运行之道是上行。减损之时心存诚信,最为吉祥,没有过错,可以正固,适宜有所前往。减损之道用什么来体现?二簋简单的食物就可用来献祭。百姓奉献神的祭品要简约,而且只有在富足的时候才可以奉献,由此可见,减损下之阳刚以增益上之阴柔也要适时:事物的减损增益、盈满亏虚,都要因时而行。《序卦传》有云:"缓必有所失,故受之以损。"险难缓解后一定会有所松懈,因而造成损失,所以接着是损卦。《杂卦传》云:"损益,盛衰之始也。"损益一卦相互颠倒,损益得失实为一体。损卦兑泽为下卦,艮山为上卦,为山下有湖泽之象,湖泽为滋润山上的万物而减损自己,这就是损卦的含义。损的开始为盈提供了新的空间,损为兴盛的开始。

◎释义

损卦:有诚信,至为吉祥,没有咎害,可以守持正固,适宜有所前往。减损之道用什么来体现?二簋简约的食物就可用来献祭。

《象辞》说:山下有泽,这是损卦的象;君子由此领悟以泽水浸蚀山脚为戒,要遏制怒气,杜绝贪欲。

初九:祭祀大事,得迅速去参加才不会有灾难。祭品过丰,可以酌情减损。

《象辞》说:进行祭祀之事迅速前往,与上合乎心意。

九二:适宜守持正固,前往有凶险;不减损即是增益。

《象辞》说:九二适宜守持正固,以持守中正的品德作为自己的志向。

六三:三个人同行就会减损一人,一个人行走就会得到朋友。

《象辞》说:一个人行走会得到朋友,三人同行就会生疑。

六四:减损自己的错误疾患,能使他人迅速前来相助,会有惊喜收获,没有过错。

《象辞》说:减损自己的疾患,这是可喜的。

六五:或有他人来增益,进献价值十朋的神龟,无法推辞,至为吉祥。

《象辞》说:六五至为吉祥,有来自上爻的护佑。

上九：不用减损他人来施益于己，这样做没有咎害，守持正固以获吉祥，适宜有所前往。得到广大臣民的爱戴而不限于小家。

《象辞》说：不用减损反而施益于下，说明自己施惠天下的志向得以实现。

◎ **哲学美学启示**

损卦以损下益上之义理讲减损之道，即损刚益柔。损卦要损所当损，提示取舍损益，减损之时须心怀诚信，守正合志，行动时须把握时机，损己利人。一方面，遇到减损状态强调守"正"，损上艮为山，下兑为泽，山越来越高但泽越来越低，减损泽中的土来增益山，这并非基于矛盾对立的损此及彼，而是能量融通统一的相互转换，因此从自然界推及人事，提示为人处世的德行操守，抑制欲望成就他人看似减损，实则增益；另一方面，减损之时的行动强调守"时"，孟子称孔子是"圣之时者"，易经也特别强调时的问题，损益、盈虚都要依时而行或"与时偕行"，损之当损，损得其宜，酌情的适度减损，不计得失的减损，无须通过减损而增益他人，等等，均是依据时空情势的变化所得。因此，守"时"是主体应遵循的准则，也是客体自身存在的客观规律。

◎ **西方美学比较**

后现代主义是20世纪60年代以来在西方出现的具有反西方近现代体系哲学倾向的思潮。后现代主义是一个广泛的具有包容性的术语，它产生于萨特、海德格尔等存在主义思想和学说中，以颠倒价值、瓦解规范等一系列手段来消解一切常规的世俗。在美学话语体系中，后现代主义追求自由以及对现代性的反叛和破坏，其本身虽没有明确的美学主张，但旨在破坏和颠覆现代主义美学观，使一切看似固有的美德、神圣的东西平凡化、世俗化，构成了后现代主义美学的理论倾向。这其中，解构文本、意义、表征和符号，以所谓"破坏性""否定性"特征呈现的美学面貌，在后现代主义美学语言中显得较为突出，这类美学通常带有悲剧主义美学特征，其起源与18世纪哥特式文学艺术密切关联，站在黑暗、压抑、悲观、死亡美学的立场审视生与死，揭示着人性和社会的本质。在周易《损卦》中，并不存在二元对立的减损与增益，也并不强调一方对另一方的否定和颠覆，周易美学中的辩证观对自然万物的观点是，重差异弱对立，重联系轻割离，重转化淡排斥，是一种非解构性、反叛性的价值判断，因此即便处于减损否定状态之中，《损卦》也强调行动的守正中庸，而非对既定秩序的单纯的否定、颠覆与瓦解。

风雷益

《周易》第42卦：益卦

◎古经

益：利有攸往，利涉大川。

《象》曰：风雷，益；君子以见善则迁，有过则改。

初九：利用为大作，元吉，无咎。

《象》曰：元吉无咎，下不厚事也。

六二：或益之十朋之龟，弗克违，永贞吉；王用享于帝，吉。

《象》曰：或益之，自外来也。

六三：益之用凶事，无咎；有孚中行，告公用圭。

《象》曰：益用凶事，固有之也。

六四：中行，告公从。利用为依迁国。

《象》曰：告公从，以益志也。

九五：有孚惠心，勿问元吉；有孚惠我德。

《象》曰："有孚惠心"，勿问之矣；"惠我德"，大得志也。

上九：莫益之，或击之；立心勿恒，凶。

《象》曰："莫益之"，偏辞也；"或击之"，自外来也。

◎《彖传》

益，损上益下，民说无疆，自上下下，其道大光。"利有攸往"，中正有庆。"利涉大川"，木道乃行。益动而巽，日进无疆。天施地生，其益无方。凡益之道，与时偕行。

《彖传》说，益卦，减损上边以增益下边，民众喜悦无边，上层德高望重之人施恩于下层百姓，其道大为广阔。"适宜有所前往"，因为九五与六二中正而应,有喜庆之德。"适宜渡过大河",因为巽木震动故能运行。益卦下卦表示震动而上卦表示巽随,益卦一行动就能带来顺利,每天增益没有止境。就像上天普降恩泽,大地受益化生,其增益遍及四方,万物茁壮成长。凡增益之道,要配合其时行进。《序卦传》有云:"损而不已必益,故受之以《益》。"减损不停,到一定时候一定要有所增益,所以接着是益卦。《杂卦传》云:"损益盛衰之始也。"损益一卦相颠倒,互为一体,互为损益。增益之后一定会有新的减损即衰败,减损是兴盛的开始,增益是走向衰败的开始,所以说"损益,盛衰之始也"。

◎ 释义

益卦:利于有所往,利于涉水渡河。

《象辞》说:益卦上卦为巽为风,下卦为震为雷,风雷激荡,是益卦的卦象。君子观此卦象,见善则从之,有过则改之。

初九:适宜任用做大事,至为吉祥,没有过错。

《象辞》说:不因繁重而畏难,却踊跃争先,乐意去做。至为吉祥,没有咎害。

六二:有人来进献价值十朋的神龟,无须推辞,守持正固而永保吉祥;被君王委任主持祭献,吉祥。

《象辞》说:自外来的增益,出乎意料。

六三:将增益用于抢险救灾之事,没有咎害;心存诚信,依中道而行,执君王符节告知王公,请示获准。

《象辞》说:将增益用于抢险救灾之事,取之用之是本来应有的职责。

六四:行中道,告示公侯得到同意。适宜作为依靠迁移国都。

《象辞》说:致意公侯,公侯同意,都是以增益为志向。

九五:有真诚施惠他人之心,以施惠天下为念,毫无疑问必获元吉;百姓亦以诚信感惠我之德行。

《象辞》说:心怀诚信,以施惠天下为念,无须被吉凶所左右;百姓以诚信感惠我之德行,因此实现了自己的心愿。

上九:不要再增益之,反而有人会打击之,不能长期恒守心志而贪求其他,有凶祸。

《象辞》说:不要再增益,这是有求不应;有人会打击,这是求益不停导致的意外风险。

◎ 哲学美学启示

风雷相互激荡便代表益卦，《益卦》取损上益下之义，将增益之道扩展至治国为民的政治伦理层面，强调凡是兴利益民的事情，就要抓住时机、主动出击，所谓"利有攸往，利涉大川"也。其中，《益卦》认为事物增益的现象与规律，都是随着时机是否到来而协同发展着，"凡益之道，与时偕行"。增益的对象并非自身，而是他人或众人，由于增益天下方能必有福庆，在共同志向的指引下，君王与众人共同行动，所带来的增益也与众人共同享有，这样他人、众人、天下人才乐于为此勤勉效劳，把上层安排的事情看作自己的事，如此则无往不利，增益无限。

◎ 西方美学比较

当代美学家、国际美学协会（IAA）主席阿诺德·柏林特认为，美学是一种感知力理论，它包含感知体验的整个范围，集中对感官体验的性质、变化、差异、敏锐性和细微处的研究，同时也包括了感知性、体验性的意义和情感内容。传统美学中只关注艺术和自然领域中美的体验，如今在消费文化全面渗透的影响下，在现代生活的所有领域都变得无所不包。柏林特发展了席勒的审美王国构想，引入对政治正义与环境正义的追求，试图建构一个消费文化环境中，人与人平等友爱、人与环境和谐相处的美学"共同体"理论。2013年，习近平主席在莫斯科国际关系学院发表演讲，第一次向世界提出"命运共同体"理念。从此"共同体"便作为关键词贯穿在习近平主席的外交活动中，在中国话语体系中的"共同体"概念，不是当代西方基于二元对立思维方式下的"零和博弈"，而是以增益他人、发展自己为核心的共同发展、和谐发展并惠及全体。以"共同体"思想为基础所能构建的中国美学"共同体"，以自然之美为核心内容建立美学逻辑出发点，其中"道法自然"所体现的审美观念，"与时偕行"所展现的审美方式，"其益无方"的审美目的，"和而不同"的审美认识，都具有丰富的美学内涵。中国式"共同体"美学理念与《益卦》"增益与众"的观念不谋而合，主张在共同志向的指引下与众人共同行动，将关于美与审美的增益惠及天下人，这一思想具有重要世界性价值。

第二十九讲

夬卦与姤卦

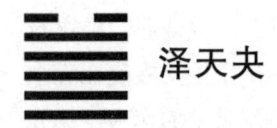

泽天夬

《周易》第43卦：夬卦

◎古经

夬：扬于王庭，孚号有厉；告自邑，不利即戎；利有攸往。

《象》曰：泽上于天，夬；君子以施禄及下，居德则忌。

初九：壮于前趾，往不胜为咎。

《象》曰：不胜而往，咎也。

九二：惕号，莫夜有戎，勿恤。

《象》曰：有戎勿恤，得中道也。

九三：壮于頄，有凶。君子夬夬，独行遇雨，若濡，有愠，无咎。

《象》曰：君子夬夬，终无咎也。

九四：臀无肤，其行次且；牵羊悔亡，闻言不信。

《象》曰：其行次且，位不当也；闻言不信，聪不明也。

九五：苋陆夬夬，中行无咎。

《象》曰：中行无咎，中未光也。

上六：无号，终有凶。

《象》曰：无号之凶，终不可长也。

◎《彖传》

夬，决也，刚决柔也；健而说，决而和。"扬于王庭"，柔乘五刚也；"孚号有厉"，其危乃光也；"告自邑，不利即戎"，所尚乃穷也；"利有攸往"，刚长乃终也。

《彖传》说，夬，决断，如阳刚君子决断制裁阴柔小人；内卦乾健而外卦兑悦，兑表示决断而乾予以应和，好比君子刚健勇进而又使人心悦诚服，果决行事而又意气平和。"宣布小人罪行于王庭之上"，因为唯一一个柔爻乘凌在五个刚爻之上；"以信用担保号召大家戒备危险"，度过危险而使君子的作为发扬光大；"告知自己的邑人，不适宜使用武力"，因为一味崇尚武力将使刚决之道衰微；"适宜有所前往"，阳刚向上盛长，终可获善终。《序卦传》有云："益而不已必决，故受之以《夬》。《夬》者，决也。"增益不停止，一定会超过限度而溃决，所以接下来是夬，夬就是决断的意思。夬卦泽在天上，泽水不断增加，必然满溢而溃决。《杂卦传》云："夬决也，刚决柔也，君子道长，小人道忧也。"夬卦，兑乾相重，兑为阴为柔为小人，乾为阳为刚为君子，五阳刚决一阴柔，故刚强战胜阴柔，君子道长，小人终失去立足之地。

◎释义

夬卦：朝堂之上有人诚实呼告小人罪责；告诫自己封邑中的人，不适宜立即动用武力制裁，但适宜有所前往。

《象辞》说：夬卦上卦为兑为泽，下卦为乾为天，泽气升到了天上，这是夬卦的象；君子由此领悟广施恩泽于百姓，不能居功自傲并以此为忌。

初九：强盛表现在脚趾上，前往不能胜任而有咎害。

《象辞》说：前往不能胜任，故有咎害。

九二：时刻忧惧地警惕呼号，即使夜间有兵戎之事，也不必担心。

《象辞》说：有兵戎之事也无须担忧，因为得乎中道。

九三：强盛表现在颧骨和面容上，这是凶象。君子坚决又果断，独自行路碰上了雨，全身淋湿了，会招来怨恨，但没有灾祸。

《象辞》说：君子内心坚决又果断，最终没有灾祸。

九四：臀部受伤，走起路来踉踉跄跄。牵羊上路，悔恨丢失了羊，这是由于对别人的告诫不相信。

《象辞》说：行走十分艰难，是因为居位不当。听了忠告也不相信，是因为耳不聪。

九五：像细角山羊一样果决敢行，居中行道则无咎害。

《象辞》说：居中行道则无咎害，是说九五的中正之道尚未光大。

上六：没有王庭号令，终究会有凶险。

《象辞》说：没有王庭号令，将引起凶灾，但最终不会长久。

◎ **哲学美学启示**

夬，决断。《夬卦》是十二消息卦，代表三月。卦辞在讲阳怎样决阴，即君子怎样决断小人或困境的问题上，着重强调警戒危惧，谨慎行事。夬的原则是"健而说，决而和"，即乾健而决，兑悦而和，需要避免因决断而打破平衡和谐大好局面。一方面，在时机面前迟疑不决将失去机会，但如若轻举妄动而激起重大变故则得不偿失，所以健而悦就卦德言，只有健而悦方能决而和。在具体方法与策略上，夬至六爻分别指出了决断的逻辑：公正公开，诚信笃实，不宜尚武，坚持不懈。夬卦卦象一阴在上，象征"泽上于天"，犹如泽水蒸发到天上化成云气，一旦决注成雨，云行雨施而滋润天下万物。君子观此象，要自觉把恩泽散施给下民，并忌在道德上自居恩德，所谓"大德不德"。

◎ **西方美学比较**

德国哲学家、美学家康德以其著名的哲学"三大批判"奠定了德国古典哲学的伟大理论基石，《判断力批判》是继其《纯粹理性批判》《实践理性批判》后的最后一部代表作。在《判断力批判》中，康德寻求理性认识和道德意志这两个分割世界的沟通，认为能够将自由道德律令在感性现实世界实现出来，其中介正是反思的判断力。因为判断力是人所特有的既带知性性质，又带理性性质的合乎目的与审美的一种意识能力，是在所谓自然界必然王国与道德界自由王国之间构建和谐的必要要素。该书分为两个部分，《审美判断力批判》正是作为其中一部分专门探讨审美判断力的思想汇总。分析美和崇高两个范畴是康德审美判断力的讨论重点，康德提出"美是道德的象征"的重要命题，并认为审美判断力会发生一种从"主观合目的性"到对自然界有机体组织的"客观合目的性"的逻辑转向。周易《夬卦》虽通过大量比喻、比兴等意象化语言阐释决断与判断问题，但并不直接涉及审美，也不含有抽象的理论假设与逻辑推演，这实际上是中国哲学"天人合一"逻辑思维方式的一种具体而生动的体现，它注重培育发掘人主观性中的德性要素，并将其在具体事例中赋予一定因果逻辑，从而倡导人在现实生活中对其认可与践行，使得包括美的判断在内的诸多问题成为日常生活实践的一部分。

天风姤

《周易》第44卦：姤卦

◎ **古经**

姤：女壮，勿用取女。

《象》曰：天下有风，姤；后以施命诰四方。

初六：系于金柅，贞吉；有攸往，见凶。羸豕孚蹢躅。

《象》曰：系于金柅，柔道牵也。

九二：包有鱼，无咎，不利宾。

《象》曰：包有鱼，义不及宾也。

九三：臀无肤，其行次且，厉，无大咎。

《象》曰：其行次且，行未牵也。

九四：包无鱼，起凶。

《象》曰：无鱼之凶，远民也。

九五：以杞包瓜，含章，有陨自天。

《象》曰：九五含章，中正也；有陨自天，志不舍命也。

上九：姤其角，吝，无咎。

《象》曰：姤其角，上穷吝也。

◎ **《彖传》**

姤，遇也，柔遇刚也。勿用取女，不可与长也。天地相遇，品物咸章也。刚遇中正，天下大行也。姤之时义大矣哉！

《彖传》说，姤，相遇之意，阴柔遇上阳刚。不要娶这个女子为妻，因为不可能与她长久相处。天地阴阳相遇，万物的生命之美皆因此彰显。九五刚爻来到中正的适宜地位，阳气下施大行其道。姤卦所蕴含的时势意义真是伟大。《序

215

卦传》有云："决必有所遇，故受之以《姤》。《姤》者，遇也。"夬卦是决，是分，姤是遇，是合。决断分离以后，一定会有新的遇合，只有分开的东西才有相遇的可能，所以接下来是姤卦，姤是不期而遇。《杂卦传》云："姤遇也，柔遇刚也。"姤卦，巽为阴为柔，乾为阳为刚，所以说"柔遇刚"。象征柔弱之女遇到刚强的丈夫。但女壮而不能与丈夫和谐同心，故仅仅是相遇的缘分而已。

◎ 释义

姤：女子过分强壮，不要娶这样的女子。

《象辞》说：风行天下，普遍接触万物，姤卦的卦象；君王发布命令传告四方。

初六：细柔之线被紧紧绑于黄铜横杠之上，吉兆。若有所往则必逢险，就像瘦弱的猪不停挣扎的样子。

《象辞》说：细柔之线牵附于黄铜横杠上，是说柔弱之物被牵制于刚强之物，如此柔附于刚则获吉利。

九二：包裹里有鱼，没有咎害，不适宜用于招待宾客。

《象辞》说：包裹里虽有鱼，但从道理上讲不是用于招待宾客的。

九三：臀部没有皮肤，行走艰难，有危厉但无大的咎害。

《象辞》说：行走艰难，行动没有牵制住阴柔。

九四：包裹里没有鱼，行动有凶险。

《象辞》说：包裹中没有鱼，行动有凶险，因为不得民心。

九五：用杞树包裹着瓜藤生长，蕴含文采，成熟后从天上掉落下来。

《象辞》说：九五蕴含文采，既中且正；有贤臣自天而降，心志不在于放弃使命。

上九：遇到头上的角，走投无路而陷入困境，有困难但无咎害。

《象辞》说：遇到头上的角，是因为处于上位，走投无路而陷入困境，需要返回。

◎ 哲学美学启示

姤卦乾上巽下，乾为天，巽为风。风行天下与万物相遇就是姤，象征着一个人的志向和理想，要能像风一样在天下流动，刚健而持久，就会不期而遇到能够实现的机会。姤的含义是不期而遇，姤卦中阴阳两种要素相遇，自然界万物才有了生长动力。不过由于阴爻力量过大，为了保持阴阳总体守恒和谐，姤卦全卦主题倾向为阳刚牵制阴柔，意在化阴邪为柔和。

◎ 西方美学比较

女性主义美学是 20 世纪下半期以来，在欧美兴起的一种美学思潮，从性别冲突的角度重新审视西方美学传统，并在对男权主义进行颠覆性的批判中表达女性主义的审美主张。随着西方妇女解放运动的勃兴而产生，作为一种自觉的美学与批评潮流，女性主义美学逐渐向女权主义方向发展，开始具有明显的政治性和社会学色彩，怀疑、反思传统美学价值评判标准的合法性是其首要任务和显性特征。具体看，在艺术创作表达上，女性主义艺术未受到正式的鼓励或承认，难以进入男性主导的艺术专业领域；在艺术观念上，传统男权艺术多从高度主观的观念出发，建构审美标准；在艺术评论上，由男权主义带来的审美准则"阳性中心主义"将女性视角的讨论置于主流话语体系之外。由此，女性主义美学挑战上述西方男性中心的美学殿堂，提出对哲学、美学、政治学、社会学等广泛领域的重构与反思，对传统美学观念作出了批判。应当指出的是，周易《姤卦》最有"女壮，勿用娶女"的卦辞表述，但其本质还不是单纯的抑制女性、推崇男性的男权主义内涵，在具体爻辞与《易传》中，大量具有哲学美学思想的内容，实际阐释了阴阳平衡、和谐守正的观点，在"天人合一"这一易学主题的论域下，天地、男女、刚柔、强弱均作为一个和谐的整体存在，所谓的抑阴尚阳是在阴的要素过于强盛状态下的抑制。

第三十讲

萃卦与升卦

泽地萃

《周易》第 45 卦：萃卦

◎ 古经

萃：亨，王假有庙。利见大人，亨，利贞。用大牲吉，利有攸往。

《象》曰：泽上于地，萃；君子以除戎器，戒不虞。

初六：有孚不终，乃乱乃萃；若号，一握为笑：勿恤，往无咎。

《象》曰：乃乱乃萃，其志乱也。

六二：引吉，无咎；孚乃利用禴。

《象》曰：引吉无咎，中未变也。

六三：萃如嗟如，无攸利；往无咎，小吝。

《象》曰：往无咎，上巽也。

九四：大吉，无咎。

《象》曰：大吉无咎，位不当也。

九五：萃有位，无咎；匪孚，元永贞，悔亡。

《象》曰：萃有位，志未光也。

上六：赍咨涕洟，无咎。

《象》曰：赍咨涕洟，未安上也。

◎《彖传》

萃,聚也。顺以说,刚中有应,故聚也。王假有庙,致孝享也。利见大人,亨,聚以正也。用大牲吉,利有攸往,顺天命也。观其所聚,而天地万物之情可见矣。

《彖传》说,萃,聚集的意思。下卦坤顺而上卦兑悦,顺从而喜悦,上卦九五刚爻守中又与下卦应和,故能聚集起来。君王到宗庙,要尽诚心祭享祖先。适宜出现大人而出现亨通,因为能够按正道去集聚。用大牲口去祭祀吉祥,适宜有所前往,因为顺乎天命。观察万物如何聚集的现象,天地自然的本性就可以参悟到了。《序卦传》有云:"物相遇而后聚,故受之以《萃》。《萃》者,聚也。"事物相遇之后才能聚集,所以接着是萃卦。萃就是聚集的意思。《杂卦传》云:"萃聚,而升不来也。"萃卦颠倒成升卦,升卦颠倒成萃卦,上兑下坤名萃,萃为聚集。萃倒转为升,坤上巽下为升,坤为地,巽为木,表示地下之木逐渐上长,故为升,上升而不再返回,所以说"升而不来也"。

◎释义

萃卦:通泰。君王到宗庙举行祭祀。适宜见到大人,通达,适宜正固。用牛牲祭祀,很吉利,适宜有所前往。

《象辞》说:萃卦上卦为兑为泽,下卦为坤为地。泽水于地上,是萃卦的卦象。君子观此卦象,当丛聚为戒、修治兵器,以防意外。

初六:有诚信但不能坚持到最后,心神迷惑,行为紊乱而与人妄聚;先是哭号,握手之间转为欢笑,无须忧虑,前往没有咎害。

《象辞》说:行为紊乱而带来妄聚,是说其心志混乱。

六二:因他人推荐而萃聚,吉祥,没有过错。只要心存诚敬,虽祭品微薄,亦可用于享献。

《象辞》说:因他人推荐而萃聚,没有咎害,因为六二居中守正,代表心志不变。

六三:相聚而嗟叹不已,无所获利;前往没有咎害,稍有憾惜。

《象辞》说:前往没有咎害,因为能谦逊地顺从处于上位的阳刚。

九四:大为吉祥,没有咎害。

《象辞》说:因为九四不当位,所以只有做到无所不周,无所不正,达到至

219

善至美的程度，才能称为大吉。

九五：会聚之时居于尊位，没有咎害。但尚未取信于众，适宜修养善德并持之以，这样懊恼就会消失。

《象辞》说：会聚之时虽居于尊位，但尚未取信于众，故其心志尚未光大。

上六：悲伤叹息泪涕满面，没有咎害。

《象辞》说：悲伤叹息泪涕满面，因为未能安于上位。

◎ **哲学美学启示**

萃卦卦象泽在地上，其势卑下，各方源流自然归聚之，此萃集之象也。萃卦卦义为聚合，下卦为坤为顺，上卦为兑为悦，九五刚爻中正，与六二正应，顺而悦，故能聚。凡事有分则有合，有聚即有散，分离则衰败，聚合则兴盛，萃聚的核心在于正，不仅君王要正且"性顺"，而且所聚之人亦正，混杂则良莠不齐者则不可不慎，故曰"君子以除戎器，戒不虞"。萃卦诸爻爻辞或号，或笑，或嗟，或涕，欢喜，或悲，只要得正，就都是真情的表露，所以都得无咎。萃卦讲的是不同形质之物何以荟萃之说，将德性中的"德"与"性"作为最重要因素，不仅集萃的核心君王要有大德，还要能像泽在地上一般性顺，胸怀宽广、广纳万物，同时，德性也适用于被集聚者，非"同人"不可聚，甚至须小心防范以戒不良之"聚"。

◎ **西方美学比较**

毕加索是绘画中擅于运用多种物质材料进行综合艺术尝试与个性表现的伟大艺术家。他尝试突破在二维平面上描绘三维空间的传统透视作画技法，例如，通过将木屑、报纸、甚至香烟粘到画面上，来取代传统的透视以及传统的三度空间带来的视觉影像，他的这一创作时期被称为综合的或拼贴的立体派。近代以来，西方艺术家们在创作中通过对各种新材料的选取、运用、革新了创作手段，解放了艺术创作思维，拓展了艺术表现的新领域，并且进一步促进了用新视角去发现、探寻各种材料的新特征和新表现的新形式，从而影响、改变了传统的审美经验，甚至创造了新的艺术形式。这一高度综合性、复合型、交叉性思维的核心要素，在于萃取与集聚，即萃取各表现手法与综合材料中的最具特征的方面，并将其集聚到一个空间中去，以构建新的审美经验与视觉感受。周易《萃卦》讲的也是集萃、聚集，其美学内涵更倾向于对人和由人发起的事的探讨，是通过对人的德性的萃取聚合来影响事物发展，在西方美学视域中，更倾向于对物本身的改造、综合、集聚来阐释与反观人。

地风升

《周易》第 46 卦：升卦

◎古经

升：元亨，用见大人，勿恤，南征吉。

《象》曰：地中生木，升；君子以顺德，积小以高大。

初六：允升，大吉。

《象》曰：允升大吉，上合志也。

九二：孚乃利用禴，无咎。

《象》曰：九二之孚，有喜也。

九三：升虚邑。

《象》曰：升虚邑，无所疑也。

六四：王用亨于岐山，吉，无咎。

《象》曰：王用亨于岐山，顺事也。

六五：贞吉，升阶。

《象》曰：贞吉升阶，大得志也。

上六：冥升，利于不息之贞。

《象》曰：冥升在上，消不富也。

◎《彖传》

　　柔以时升，巽而顺，刚中而应，是以大亨。用见大人，勿恤，有庆也。南征吉，志行也。

　　《彖传》说，柔顺者依循时势而升进，既顺利又和顺，有刚强者居中而相应，因此最为通达。适宜出现大人，不必忧虑，因为有喜庆。南征吉祥，心志在于前行。《序卦传》云："聚而上者谓之升，故受之以《升》。"物积累聚集之后必然升高，所以接着是升卦。《杂卦传》云："萃聚，而升不来也。"萃卦颠倒成升卦，升卦颠倒成萃卦，坤上巽下名升，坤为地，巽为木，象征地下之木逐渐上长为升，上升之后不再返回，所以说"升不来也"。"柔以时升"强调了升的两个特点：一是柔升，不是刚升，二是以时而升，不是躁进。

◎ **释义**

升卦：大为亨通，适宜出现大人，不必忧虑，向南行进吉祥。

《象辞》说：木植于地中是升卦的卦象。君子观此卦象，须顺循德义，加强修养，积累小善以成就其崇高伟大的事业。

初六：受到信赖而前进发展，大吉。

《象辞》说：前进发展，大吉大利，是说能受到信赖、契合心意。

九二：心存诚敬，虽祭品微薄亦可用于享献，没有咎害。

《象辞》说：九二之心存诚敬，是说要有喜庆。

九三：登上高丘之城邑。

《象辞》说：登上高丘之城邑，所见甚明，故无所疑惑。

六四：受君王委托到岐山祭祀，吉祥，没有咎害。

《象辞》说：受君王委托到岐山祭祀，概因能柔顺事上的缘故。

六五：守持正固而获吉祥，循礼而沿阶梯步步上升。

《象辞》说：守持正固而获吉祥，循礼而沿阶梯步步上升，因为充分实现了心意。

上六：在幽暗中升进，适宜不停息地守持正固。

《象辞》说：在幽暗中升进，应自我消损，不使满盈。

◎ **哲学美学启示**

升卦上坤下巽，有"地中生木"之象。木生于地中，由幼小的树苗长成枝繁叶茂的大树是一个日积月累、不断渐进的过程，应当顺理而进、以时而行。《道德经》中"合抱之木生于毫末，九层之台，起于垒土"正是此意。升卦贵柔、贵中、贵时。升的要义一是柔爻之升，其特点是以时升，即时机到来须从容升进，顺势而行，以此为循可得"元吉"，因此升卦中所有爻辞并无凶咎；二是柔爻的"上合志"。升中之柔，要有巽顺的品德，方具可升的才能，以此得上位的阳刚之爻助力提携而向上升进，并与其"合志"，即受到信赖与支持，在有可升时机的条件下获得吉祥。在道家美学中，女性之"柔""静""不争"等美德得以赞颂，道家相信"柔弱胜刚强"，所崇尚的无为而无不为的"道"，就是以柔顺自然为主要特征的一种"柔的升进"。

◎西方美学比较

生态女性主义是女性解放运动和生态运动相结合的产物，既是女权主义研究的重要流派之一，也是生态哲学、生态美学的重要流派之一。它从性别的角度切入生态问题，指出男权统治与人对自然的统治都是根植于以家长制为逻辑的认识之上的，进而进行深入的批判。生态女权主义者认为环境问题是女性主义要解决的问题之一，有些试图通过包括行为艺术在内的政治与社会运动，发起能够引起人们对环境问题关注的运动，因此世界各地有许多女性成为生态运动的积极分子。在瑞典，她们把用受污染的浆果做成的果酱送给议员，以抗议在森林中使用除草剂；在印度，她们参加"抱树运动"，以保护将被用作燃料的林木；在肯尼亚，她们积极植树，投身于"绿色运动"，以使沙漠变成绿洲。生态女性主义批判二元对立的理论，反对将人与自然分离，将思想与感觉分离，主张按照女性主义原则和生态学原则重建人类社会，强调所有生命的相互依存，将社会压迫与生态统治的模式两相对照。可以说，生态女性主义与周易或道家思想中的"柔弱胜刚强"有些内在的相通之处，都强调对自然的亲近以及对生命的呵护，主张以"柔"的方式渐进地推进人类社会进步，即通过"柔的升进"发展人类与自然的关系。

第三十一讲

困卦与井卦

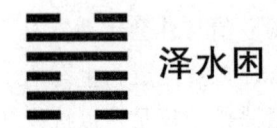

☱☵ 泽水困

《周易》第 47 卦：困卦

◎古经

困：亨，贞，大人吉，无咎。有言不信。

《象》曰：泽无水，困；君子以致命遂志。

初六：臀困于株木，入于幽谷，三岁不觌。

《象》曰：入于幽谷，幽不明也。

九二：困于酒食，朱绂方来，利用亨祀；征凶，无咎。

《象》曰：困于酒食，中有庆也。

六三：困于石，据于蒺藜，入于其宫，不见其妻，凶。

《象》曰：据于蒺藜，乘刚也；入于其宫，不见其妻，不祥也。

九四：来徐徐，困于金车，吝，有终。

《象》曰：来徐徐，志在下也，虽不当位，有与也。

九五：劓刖，困于赤绂；乃徐有说，利用祭祀。

《象》曰：劓刖，志未得也；乃徐有说，以中直也，利用祭祀，受福也。

上六：困于葛藟，于臲卼；曰动悔有悔，征吉。

《象》曰：困于葛藟，未当也；动悔有悔，吉行也。

◎《彖传》

困,刚揜也。险以说,困而不失其所亨,其唯君子乎!"贞,大人吉",以刚中也。"有言不信",尚口乃穷也。

《彖传》说,困穷,阳刚被掩蔽。面临险境而内心依然洒脱,如此虽处困境但不失内心亨通的境界,大概只有君子能做到吧!"应当守持正固,大人可获吉祥",说明济困求亨要具备阳刚守中的美德。"此时有所言难以见信于人",说明人在穷困时候即使说了话也没人相信,想靠言语就能摆脱困境的观念反而会使人更加走投无路。《序卦传》有云:"升而不已必困,故受之以《困》。"不停地上升,一定会陷入困境,所以接着是困卦。《杂卦传》云:"井通,而困相遇也。"井困一卦相颠倒而象义不同。井卦坎上巽下,巽为木为绳为人,象取水之井。困卦上兑下坎,泽水为困,水遇水不得流动而困在一起,犹如在囚困中的人,所以说"困相遇也"。

◎释义

困卦:困穷之时自济可致通达,应当守持正固,大人可获吉祥,没有咎害。此时言语尚不能受到他人相信。

《象辞》说:沼泽中没有水是困卦的象;君子由此领悟处困之时,宁可舍弃生命也要坚持实现崇高的志向,此舍生而取义者也。

初六:臀部被株木所困,后落入幽暗的深谷,三年不得相见。

《象辞》说:进入幽暗的深谷,是因为自己昏暗不明的缘故。

九二:被酒食所困,朱色官服刚好送来,适宜用于宗庙祭祀;前进有凶险,不前进则没有咎害。

《象辞》说:被酒食所困,有守中之德故有喜庆。

六三:被巨石所困,后又倚靠在蒺藜荆棘之上,刑满释放回到家里,看不到妻子,有凶险。

《象辞》说:被巨石所困,因为六三乘刚;回到家里看不到妻子,是不祥的预兆。

九四:徐徐而来,被金车所困,有憾惜但有好结果。

《象辞》说:慢慢地向下来发展,是说九四志向下取得处于下位初六的帮助以摆脱困境，虽然处位不当，但能得到同道者帮助而有应与。

九五：遭受割鼻砍脚的刑罚，被红色官服所困。不过慢慢地就能够脱离困境。适宜举行祭祀。

《象辞》说：遭受割鼻砍脚的刑罚，心意无法实现。不过慢慢地就能够脱离困境，那是因为九五有中正的品德。适宜举行祭祀，可以此蒙受福佑。

上六：被葛藟藤蔓所困，处在高处的危险状态，刚开始行动就能幡然悔悟，如此前往则获吉祥。

《象辞》说：被葛藟藤蔓所困，是位置不当；开始后悔就能觉悟，行动可获吉祥。

◎哲学美学启示

困，泽无水，刚为柔所掩蔽，也即阳刚君子为阴柔小人所掩蔽。处于困境之时道穷力竭，又怎么可能通达呢？困卦给出了困的意义与解困的条件：困境可激励心志、磨炼意志，促使人把困境转变为亨通，但只有遵守正道的大人才能变困为亨，舍生取义才能得吉而无咎。人处于困境既得不到重视，也无人信任，此时只有缄默隐忍，靠行动摆脱困境才是最好的办法。假如仍喋喋不休反招来怨恨，加深困穷。小人以身穷为困，君子以道穷为困，真正的穷困是心志上的穷困，爻辞分述不同困境状态下的脱困之法，如甘居下位的态度谦卑，如静守待变的量力而行，如广交朋友并充实自身，总之，脱困的要义是积极的心态与行动。

◎西方美学比较

按照当代主流艺术观点，西方中世纪艺术史一般被称为"黑暗时代"，欧洲受到教会与封建势力统治的大部分国家在经济方面的落后贫穷，思想方面的贫瘠单调，社会方面的动荡不安，政治方面的腐败黑暗，给当时的艺术环境蒙上一层束缚困顿的阴影。但这种"束缚"并不意味着全面的倒退，在所谓的困顿束缚中，实际上开始孕育了文艺复兴强大的思想因子，西方艺术历经穷困之后的大发展只是时间问题。同时，所谓中世纪艺术领域的困顿，也不能完全从负面或消极面评价，中世纪的文明整体上虽然在后世看来是衰落的、停滞不前的，但其绘画形式和情感表达上也呈现出与其他历史时期不同的自身特点，即因战乱纷争所引起的艺术风格上的高度融合性，诸如拜占庭艺术、罗马式艺术、蛮族艺术、哥特式艺术等，均为文艺复兴时期艺术世界百花开放盛世的到来产生深刻思想影响。特别是生活在中世纪的那些坚守人性美好信念的艺术家们，他们不懈坚持对人文主义、自由主义的艺术讴歌，与周易《困卦》关于解困之法在自我救赎的观念不谋而合，所谓"泽无水，困；君子以致命遂志"，这实际上也从根本上阐释了艺术所追求的重要精神：艰困条件下对人性自由的光辉展现。

水风井

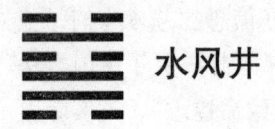

《周易》第48卦：井卦

◎ **古经**

井：改邑不改井，无丧无得，往来井井。汔至，亦未繘井，羸其瓶，凶。

《象》曰：木上有水，井；君子以劳民劝相。

初六：井泥不食；旧井无禽。

《象》曰：井泥不食，下也；旧井无禽，时舍也。

九二：井谷射鲋，瓮敝漏。

《象》曰：井谷射鲋，无与也。

九三：井渫不食，为我心恻；可用汲，王明，并受其福。

《象》曰：井渫不食，行恻也；求王明，受福也。

六四：井甃，无咎。

《象》曰：井甃无咎，修井也。

九五：井洌，寒泉食。

《象》曰：寒泉之食，中正也。

上六：井收，勿幕；有孚，元吉。

《象》曰：元吉在上，大成也。

◎ **《彖传》**

巽乎水而上水，井。井养而不穷也；改邑不改井，乃以刚中也。汔至，亦未繘井，未有功也；羸其瓶，是以凶也。

《彖传》说，陶罐放进水里，然后才可以往上提水，这就是井。井水给养于人无穷无尽；村邑可以迁移，但水井不会迁移，因为二五刚爻象征守正守中。提水刚刚接近井口，而绳索还没有提出井口时，不能说打水成功；打水的陶罐倾覆破裂，会有凶险。《序卦传》："困乎上者必反下，故受之以《井》。"上升者受困，必然反求于下。所以接着是《井》卦。《杂卦传》云："井通，而困相遇也。"井困一卦相颠倒、象义不同。井卦坎上巽下，巽为木为绳为入，从水中下入与上升，象取水活动，从井中打水的人来自四面八方，井水取用不竭，所以说"井通"。朱子云："井，物所通用而不吝也。困，安于所遇而不滥也。"是说井的无私带来亨通，困的安于坚守带来机遇。

◎ 释义

井卦：村邑可以迁移，水井则不会迁移。井水取之不竭，注之不盈。来来往往的人们都以井水为用。提水刚刚接近井口，而绳索还没有提出井口时，打水的陶罐倾覆，有凶险。

《象辞》说：木上有水，是井卦的象；君子由此领悟当为民操劳，劝民守望相助。

初六：井底有淤泥，因污浊不能食用；旧井年久失修，连鸟兽都不来。

《象辞》说：井底有淤泥，不能食用，因为位居井底；旧井年久失修，连鸟兽都不来，说明初六已遭舍用。

九二：在井口张弓射井中小鱼。打水的瓮瓶又破又漏。

《象辞》说：用在井口张弓射井中小鱼的方式谋食求生，可见其人无依无靠。

九三：水井清理干净却无人取用，这使我感到悲伤；井水完全可以汲用了，君王英明，众人都获得到好处。

《象辞》说：慨叹水井清理干净却没有人食用，是触景生情；祈求君王英明，是为了大家都受到福泽。

六四：井壁用砖石垒筑，没有咎害。

《象辞》说：井壁用砖石垒筑，没有咎害，是在说井壁修理成功。

九五：井水清澈，泉水凉爽可以食用。

《象辞》说：泉水凉爽可口，因为九五既中且正。

上六：水井竣工，不要覆盖住井口；有诚信最为吉祥。

《象辞》说：上位最为吉祥，大有成就。

◎ 哲学美学启示

井卦下巽为木为人，上坎为水，木入于水而上水，有从井中取水之象。水井一旦建成便难以移动，其功用无穷无尽，打井汲水义在共享于百姓。建成井水并不意味着一劳永逸，还需要及时修缮，并且汲水时候也要格外小心，由于打水的陶罐倾覆破裂终于没能成功取水，往往功亏一篑。《井卦》强调一个"劳"字，倡导君子不仅要为民操劳，注重劳作过程中的谨慎、持久、守正、共享，又要善于担当，一以贯之，广施恩泽于众、不偏向私利且不居功自傲。井卦六爻从一口废旧之井的衰败、修缮、汲水到修缮完工后的分享为逻辑线索，以作为客观对象的井，形象地描绘出作为主体对象的君子及其德行，从"为我心恻"到"并受其福"，君子以自己的为民操劳倡导百姓守望相助，用实际行动诠释了一种无私奉献的人格之美。

◎西方美学比较

共产主义主张消灭私有制，建立一个没有阶级制度、没有国家和政府，并且进行集体生产的社会，共产主义具体实行上需要每个人具有高度的集体主义价值观。通说认为，没有压迫和奴役、没有形成固定的分工和阶级分化，全体社会成员共同占有生产资料的社会形态可以被称为"原始共产主义社会"，中国古代的井，实质上可以算作是一种生产生活工具的"共产"，具备了某种原始意义上的共产属性，《井卦》所描述"往来井井"的井的功用，其实就是这种共产属性的现实表现。共产主义社会中，人的精神状态是丰富而富足的，具有大公无私、舍己为人热爱劳动和劳动人民的高尚品质，这实际上也与井卦中君子之德内在共通。马克思恩格斯提出共产主义伟大愿景，并认为劳动生产是产生美的关键因素，即便是原始艺术也是与生产劳动相联系而萌发的，人们的集体劳动与成果共享为进一步的艺术创作奠定了物质基础与思想条件，基于生产生活劳动过程的触景生情与情绪表达构成了艺术创作的主要内容。

第三十二讲

革卦与鼎卦

泽火革

《周易》第 49 卦：革卦

◎古经

革：已日乃孚，元亨，利贞，悔亡。
《象》曰：泽中有火，革；君子以治历明时。
初九：巩用黄牛之革。
《象》曰：巩用黄牛，不可以有为也。
六二：已日乃革之，征吉，无咎。
《象》曰：已日革之，行有嘉也。
九三：征凶，贞厉；革言三就，有孚。
《象》曰：革言三就，又何之矣！
九四：悔亡，有孚改命，吉。
《象》曰：改命之吉，信志也。
九五：大人虎变，未占有孚。
《象》曰：大人虎变，其文炳也。
上六：君子豹变，小人革面；征凶，居贞吉。
《象》曰：君子豹变，其文蔚也；小人革面，顺以从君也。

◎《彖传》

革，水火相息；二女同居，其志不相得，曰革。已日乃孚，革而信之。文明以说，大亨以正。革而当，其悔乃亡。天地革而四时成，汤武革命，顺乎天而应乎人，革之时大矣哉！

《彖传》说，革卦，水火互灭；如同两个女子住在一起，志趣不相合所以变革。革命改革需要等待时机，经过一段时间方才取得诚信，如此变革天下必信服。采用文明教化的变革能带来喜悦，坚守正道而非常通达。变革到适当程度，懊悔消亡。天地变革导致四时形成，商汤与周武王的革命，是顺从天道而应和人心的。革卦所体现的时势真是伟大啊。《序卦传》有云："井道不可不革，故受之以《革》。"井用久了，必然需要定期清理、修治，所以接着是革新。《杂卦传》："革去故也，鼎取新也。"革与鼎一体两卦，互相颠倒。革卦上兑下离，兑为泽水主下降，离为火主上升，向心相对而阴阳失配，如同二女同居，其志不相得为革，有去故之象。

◎释义

革卦：把握改革时机才会取得诚信，大为通达，适宜守持正固，懊悔消亡。

《象辞》说：泽中有火，是革卦的象。君子由此领悟，要制定历法，明辨时序。

初九：用黄牛皮制的绳子牢固捆绑。

《象辞》说：用黄牛皮制的绳子牢固捆绑，说明此时不可以有所作为。

六二：要经过一段时间发展才能变革，前进吉祥，没有咎害。

《象辞》说：把握改革时机才可进行变革，如此行动必获嘉美之功。

九三：贸然前行必生凶险，守正以防危险；变革谋略须经过反复研究达成一致，得到人们的理解、信任才可以实行变革。

《象辞》说：变革初成，更须再三体察人心，此时又何必贸然前行呢。

九四：悔恨消亡，能够得到人的理解信任以改变天命，吉祥。

《象辞》说：革除旧命的吉祥，在于心志诚信。

九五：大人如猛虎般推行变革，因其德行至伟，故无需占问必获信任于天下。

《象辞》说：大人如猛虎般推行变革，他的文德彪炳。

上六：君子如豹一般跟随辅佐君王实施变革，小人改变的只是表面；此时前行有凶险，静居守正可获吉祥。

《象辞》说：君子如豹一般跟随辅佐君王实施变革，其身上的花纹如君王的美德一样蔚然辉煌；小人（民众）虽注重表面但亦纷纷顺从变革。

◎哲学美学启示

革卦卦象是上兑下离，兑为泽为水，离为火。水与火两者互相排斥且不相容，有相互革命之意。以人为喻，离为中女，兑为少女，象征两个女儿共处一室，因其必将各有所归宿，故彼此心意不会相投。革卦提出了影响革命成功的几个因素：一曰"有孚"，即革命主张得到人们的普遍信任，革命是涉及重大利益变更的重要事件，须需要经过相当长的一段时间让人们相信并自觉支持，绝非朝夕之功就能成功。二曰"利贞"，即革命目的光明正大、坚守正道，"文明以说，大亨以正"就是此意。三曰"已日"，即革命的发动须十分注意时机。其实，革命的发生也是充满规律性特征的，"天地革而四时成"，好比四时的变化交替一样，革命的发生与革命时机的到来时都具有一定规律，也是必然要发生的，因此明辨时序，顺天道而治人事是科学把握革命时机的必要选择。历史的看，美的创生往往伴随着新生的美的意识、观念、行动的发生，这些活动往往具有革命性特征，在这个意义上，一部美学史也是一部关于美与审美的革命史。

◎西方美学比较

在西方近代美学史上，马克思以"实践"为核心建构的辩证唯物主义美学观掀起了一场影响深远的美学革命。马克思实践的唯物主义美学观是对绝对唯心主义和机械唯物主义的双重扬弃。其中，唯物史观是对费尔巴哈机械唯物主义、辩证法是对黑格尔为代表的绝对唯心主义美学观的深刻批判，它以美的实践观为核心，从逻辑与现实两个维度开创了现代美学本体论的变革，为美学的现代革命即传统美学向现代美学的转型奠定了基础。实践美学观不仅强调动态生成的美与审美观念，关注人的自由本质的全面实现，主张在实践的基础上建立人本主义的审美体验，同时构建了一整套实践唯物主义视域下的"关系生成"论，即由人的本质是社会关系的总和这一逻辑基础扩展至审美的社会性、历史性基础。这场深刻的思想革命也为中国现代美学带来了革命性的转变，在研究对象、研究内容、学科性质、逻辑起点和研究方式等方面，启发了现代美学在中国进行学科建构的突破可能，同时也为当代中国美学走向中西融会与创造性发展提供了多种路径。周易《革卦》用"人大虎变""君子豹变"富有艺术审美的图案色彩，象征性的描述革命条件下人的价值与功用，作为变革整体活动中的一个重要部分，审美观念的变革在革卦中也呈现出强烈的"实践"倾向，革卦各卦爻辞均紧密联系革命的时机把握、革命目标、依靠对象、方式策略谈"革"，并认识到历史发展自身固有的规律性"革新"是一种常态。

火风鼎

《周易》第 50 卦：鼎卦

◎ 古经

鼎：元吉，亨。

《象》曰：木上有火，鼎；君子以正位凝命。

初六：鼎颠趾，利出否；得妾以其子，无咎。

《象》曰：鼎颠趾，未悖也；利出否，以从贵也。

九二：鼎有实，我仇有疾，不我能即，吉。

《象》曰：鼎有实，慎所之也；我仇有疾，终无尤也。

九三：鼎耳革，其行塞，雉膏不食；方雨亏悔，终吉。

《象》曰：鼎耳革，失其义也。

九四：鼎折足，覆公𫗧，其形渥，凶。

《象》曰：覆公𫗧，信如何也。

六五：鼎黄耳金铉，利贞。

《象》曰：鼎黄耳，中以为实也。

上九：鼎玉铉，大吉，无不利。

《象》曰：玉铉在上，刚柔节也。

◎《彖传》

　　鼎，象也。以木巽火，亨饪也。圣人亨以享上帝，而大亨以养圣贤。巽而耳目聪明，柔进而上行，得中而应乎刚，是以元亨。

《彖传》说，鼎，本身属于象形文字，上为火下为木为风，有烧柴烹饪食物之象。圣人用鼎烹饪食物祭祀上天，又用鼎大量烹饪食物以养圣贤。巽为谦逊为耳目聪明，六五柔爻上行，得中道又与九二刚爻相应，因此大为通达。《序卦传》云:"革物者莫若鼎,故受之以《鼎》。"没有比鼎更能改变事物的,所以接下来是《鼎》卦。《杂卦传》有云:"革去故也,鼎取新也。"革与鼎一体两卦,互相颠倒。上兑下离为革,象征二女同居,其志不相得,有去故之象。上离下巽为鼎,卦象本身与鼎的实物相似,表示用火烧木来进行烹饪。鼎在生活中是百姓用于煮熟的必需品,在礼仪中是国之重器,只有掌握国家大权的人才配得上拥有宝鼎。革故鼎新意为革命后取得宝鼎,开始新的事业。

◎释义

鼎卦:大吉大利,亨通。

《象辞》说:木上有火,是鼎卦的象;君子效法鼎器的端正稳重,持正守位不负使命。

初六:鼎足颠倒,适宜走出闭塞。因为有了尊贵的儿子,原本地位低微的妾也随之尊贵起来,没有过错。

《象辞》说:鼎足颠倒,并未有悖常理;适宜利于走出闭塞,是为了要追随贵人,如妾生子而贵。

九二:鼎内有食物,我的同伴有疾病,不能接近我,吉祥。

《象辞》说:鼎内有食物,要谨慎安排去向;我的同伴有疾病不能前来,最终没有过失。

九三:鼎耳发生掉落,不能举移,鼎中盛着的山鸡佳肴不能被食用;正在下雨,感到懊恼,最终吉祥。

《象辞》说:鼎耳发生掉落,是说九三失去了它存在的意义。

九四:鼎足断折,打翻了王公的美粥,自己身上也沾污了,有凶祸。

《象辞》说:王公的美食被打翻,结果可想而知。

六五:鼎有黄色的耳与金制的铉,适宜坚守正固。

《象辞》说:黄色鼎耳,居中而得刚实之益。

上九:鼎配着玉制的鼎铉,大为吉祥,无所不利。

《象辞》说:玉制的铉在上位,是因为刚与柔调节合宜。

◎哲学美学启示

鼎卦上为离火下为巽木,木上有火且兑又为口为食,开口于上,故有烹饪食物之象,"鼎,象也"。作为古代烹饪食物的主要工具,鼎卦的卦象生动的表达出鼎的这一形象造型之美。从古代鼎器的形式来看,鼎器的整体造型的三足鼎立、中正稳重既具有动态美也具有静态美，静态方面有十分直观的稳重与庄严，体现出阳刚的力量之美，动态方面又因其器身生动的图案纹样或文字篆刻而体现出文饰之美。而到了鼎器的上部位置，由于有了玉制的鼎铉相配，正如爻辞中的"刚柔节也"，又体现出的"阳刚"与"阴柔"协调统一于鼎之和谐的美学思想。革卦之后是鼎卦，鼎在古代被视为立国的重器，是政权的象征，从政治美学视角上讲，革故鼎新表示旧王朝的没落与新王朝的开始，是对新权威的一种政治认同和情感认同，而作为国家礼仪典制的重要象征，精美庄重的鼎器无疑具有强烈的政治美学价值。

◎ **西方美学比较**

在西方传统美学观念中，崇高是美学领域中一个固有的重要内容，不管是古典主义时期还是当代话语情境中，崇高都赋予现代美学较之古代美学特有的感性形态与话语形态。然而，这种诸如崇高抑或雄壮的美学形态并不是一个纯粹的美学问题，而是连接着复杂多元的文化政治学，并承载着有关意识形态的审美表达功能。政治活动本身就是审美的一种特殊表现，政治意识形态、政治制度、国家礼仪、领袖风格，在种种侧面都表现出强烈的美学精神与价值导向，意识形态对于人们关于现实与未来的认识，很大程度上是通过普遍理想与共通情感的艺术载体、情感载体、权威载体来进行某种认同"灌输"，政治美学因此将权力结构纳入情感范畴，使得政令与新的改革得以在一种普遍认同与遵守的价值观念中得以推行。如周易《鼎卦》所言，"圣人亨以享上帝，而大亨以养圣贤"，鼎器以其庄重稳定与象征权威的艺术之美表达着古人对国家制度、君王德行、社会风尚乃至宗教信仰的态度，并融入于人们的日常生活，政治意识形态美学或者说文化政治美学就是以这样一种"百姓日用不知"的方式悄然影响着人们的价值观念，进而为革故鼎新的政治实践提供思想条件。

第三十三讲

震卦与艮卦

☷☷ 震为雷

《周易》第 51 卦：震卦

◎古经

震：亨。震来虩虩，笑言哑哑；震惊百里，不丧匕鬯。
《象》曰：洊雷，震；君子以恐惧修省。
初九：震来虩虩，后笑言哑哑，吉。
《象》曰：震来虩虩，恐致福也。笑言哑哑，后有则也。
六二：震来，厉；亿丧贝，跻于九陵，勿逐，七日得。
《象》曰：震来厉，乘刚也。
六三：震苏苏，震行无眚。
《象》曰：震苏苏，位不当也。
九四：震遂泥。
《象》曰：震遂泥，未光也。
六五：震往来，厉；亿无丧，有事。
《象》曰：震往来，厉，危行也。其事在中，大无丧也。
上六：震索索，视矍矍，征凶；震不于其躬，于其邻，无咎；婚媾有言。
《象》曰：震索索，中未得也；虽凶无咎，畏邻戒也。

◎《象传》

震，亨。震来虩虩，恐致福也；笑言哑哑，后有则也。震惊百里，惊远而惧迩也；出可以守宗庙社稷，以为祭主也。

《象传》说，震卦，亨通。"震雷袭来令人惶恐"，说明恐惧谨慎能带来福泽；"谈笑风生"，说明因恐惧谨慎而遵循法则。"惊雷响彻百里"，不论远近，所有的人无不为之震惊恐惧，但主祭人手中的祭器和祭酒因为雷惊而掉落，祭祀得以照常进行。这样的人，出而继世后可以守护宗庙与社稷，胜任祭主之职。《序卦传》有云："主器者莫若长子，故受之以《震》。《震》者，动也。"掌管祭器的人没有比长子更合适的。所以鼎卦之后接着是震卦。震为动的意思。《杂卦传》云："震起也，艮止也。"震与艮两卦为一体颠倒，震为雷，一阳在下主上升，为震动，故"震起也"。《说卦传》云，"帝出乎震"，是说君王的诞生往往伴随着震动而起。

◎释义

震卦：亨通。震雷袭来令人惶恐，在恐惧中能够谈笑风；惊雷响彻百里，主祭人手中的祭器和祭酒没有掉落。

《象辞》说：雷声相续而至，这是震卦的象；君子由此领悟心存戒惧而修己省心。

初九：震雷袭来令人惶恐，再震动起来的时候反而从容镇定，谈笑自如，吉祥。

《象辞》说："震雷袭来令人惶恐"，说明恐惧谨慎能导致福泽；"谈笑风生"，说明因恐惧谨慎而遵循法则。

六二：惊雷骤来，有危险；惊恐中丢失钱币，应登于高峻山陵之上，不要去追逐它，七天后便会失而复得。

《象辞》说：惊雷骤来有危险，因为六二乘于阳刚的初九之上。

六三：惊雷之时得微微发抖，若能配合震卦而行，恐惧修省就没有祸患。

《象辞》说：惊雷之时的惶恐，因为阴居阳，居位不中不正的缘故。

九四：因震动而坠入泥中。

《象辞》说：因震动而坠入泥中，说明九四的阳刚之德未能光大。

六五：震动之时不论往来都有危险，没有大的失去，但会有事故。

《象辞》说：震动之时不论往来，行动都有危险。但是其事合符义理，故能没有大的损失。

上六：雷动之时惊慌到发抖，双目左右张望，此时贸然前往有凶险；雷动尚未触及自身，已触及邻居，没有咎害。婚配会有争论。

《象辞》说：震动得浑身颤抖，是因为没有取得中位。虽有凶险但没有过失，是因为害怕邻居那种遭遇而有所戒惧。

◎ **哲学美学启示**

震卦卦辞讲的是人对恐惧震动的应对之理。在古代，地震、雷震都是能极大促发恐惧的自然现象，震卦以此天象为依据，阐释人在遇到重大变故之时，有所惧和有所不惧的心态与处世之法。各爻辞主旨在于恐惧修省，防患未然，以一种强烈的忧患意识应对突遇变故，做到镇定自若，谈笑自如，临危不惧。特别是对于身负重任的人来说，尤其应当有此涵养，例如作为人君的长子，若能具有这样的涵养和气度，就能代替君王履行祭祀主持之职。

◎ **西方美学比较**

声音艺术出现在二十世纪末期，用以指包含传统意义上噪音与乐音为创作内容的广义的声音，主张尊重声音本体，重视主动聆听而非"创作"的一种艺术类别。"声音艺术"一词是在1980年代中期由加拿大作曲家、声音艺术家丹·兰德正式提出的。声音艺术与"前卫音乐""实验音乐""电子音乐""电脑音乐"多有交集。广义的声音艺术可指一切诉诸耳朵的艺术形式，而狭义的声音艺术可以用来指相对于重视能量感的极端大音量噪音艺术而言的，讲究概念性的听觉艺术形式。由于声音艺术这一概念的提出较晚，且与演奏类音乐的概念存在区分界定上的模糊性，所以如果要为"声音艺术"这一术语下一定义的话，目前通说可供参考的定义包括：它是一种装置性的声音场域，该声音场域的设置是以空间而非时间为基准的，同时兼具展示的视觉性；它是一种兼具发声功能的视觉艺术作品，比如声音雕塑；它是一种作为艺术家特定美学追求和表达的延伸，是由视觉艺术家利用非传统视觉艺术媒介所制作的声音。周易《震卦》讲得更多的是轰鸣雷震下人的处世心态，虽描述了不同雷声震动声情境下人的活动状态，但其要义是揭示居安思危与忧患意识，处理恐惧以及由此带来的谨慎修省，并没有太多对声音本身的审美感触，而是代以道德的行为约束。

艮为山

《周易》第 52 卦：艮卦

◎ **古经**

艮其背，不获其身；行其庭，不见其人，无咎。

《象》曰：兼山，艮；君子以思不出其位。

初六：艮其趾，无咎，利永贞。

《象》曰：艮其趾，未失正也。

六二：艮其腓，不拯其随，其心不快。

《象》曰：不拯其随，未退听也。

九三：艮其限，列其夤，厉薰心。

《象》曰：艮其限，危薰心也。

六四：艮其身，无咎。

《象》曰：艮其身，止诸躬也。

六五：艮其辅，言有序，悔亡。

《象》曰：艮其辅，以中正也。

上九：敦艮，吉。

《象》曰：敦艮之吉，以厚终也。

◎ **《彖传》**

艮，止也。时止则止，时行则行，动静不失其时，其道光明。"艮其止"，止其所也。上下敌应，不相与也，是以"不获其身，行其庭，不见其人，无咎"也。

《彖传》说，艮是止的意思。该停止时就停止，该行动时就行动，动静都不会失去时机，其道因而广大明朗。艮卦所谓的止，就是止得其所。卦中六爻上下对立，即不相应，因此就好像人不能看见自己的背部，也好像人行走在他人的庭院里却看不见一个人，没有过失。《序卦传》有云："物不可以终动，止之，故受之以《艮》。《艮》者，止也。"事物不可一直在动，要使它停下来，所以接着是艮卦。艮是止住的意思。《杂卦传》云："震起也，艮止也。"艮卦为上艮下艮相重，艮为山，一阳爻在上，无可再升，终止之象，所以说"艮止也"。《说卦传》曰："艮，东北之卦也。万物之所成终而成始也，故曰'成言乎艮'。"又说"终万物始万物者莫盛乎艮"。艮为终始，终则止，静也；始则行，动也。

◎释义

艮卦：止住背部，看不见自己的身体，行走在庭院里，看不到一个人，没有过失。

《象辞》说：两山重叠是艮卦的象；君子由此领悟考虑问题不应超出自己的职责与能力范围。

初六：止住脚趾，没有咎害。适宜守持正固。

《象辞》说：止住脚趾，没有失去正当的做法。

六二：止住小腿肚子，不能匡正我跟随的九三，所以心里不痛快。

《象辞》说：不能匡正改变我所跟随的九三，是因为九三不能垂听于下，不得已只得采取随顺的态度。

九三：止住腰部，却脊背撕裂，危险，心焦如焚。

《象辞》说：止住腰部，危险，心焦如焚。

六四：止住身子，没有咎害。

《象辞》说：艮其身，就是止住全身。

六五：管住嘴巴，做到言而有序，悔恨消失。

《象辞》说：控制住自己的口，是因为它有中正之德的缘故。

上九：敦厚而止，吉祥。

《象辞》说：笃实地止住，吉祥，是说敦厚于最终。

◎哲学美学启示

艮卦之道贵时。艮卦所言止并非停止，而是止住，即控制住自己的言行举止，讲的是人的自我控制能力。这种"止"中包含着"行"，即"时止则止，时行则行，动静不失其时"。在八个两两相重的卦中，上下卦均有相互交往的可能，如巽卦（风与风交互融合）、坎卦（水与水交融为一体），唯独两山并立不可能有往来，止所当止，称为"兼山"，故引申艮卦也是无为无欲之卦。艮卦六爻以人的背部为要义核心，从下至上依次以小腿、腰部、背部、脸颊、嘴巴、全身为喻，说明各个阶段行当所止之道。艮之止不在于静止，而是积蓄能量、守正待机的一种积极的控制之止、行动之止、有为之止，充满着人类理性的能动智慧，强调在普遍规约状态下对具体情势的自主把控，而不是肆意妄为，同时这种理性把控也并不意味着凡事都不主动作为、趋利避害的一种庸俗的利益观，全卦没有一处凶咎断辞，为遵循规律条件下的积极作为提供了空间。

◎ 西方美学比较

经验主义美学17、18世纪产生于英国，是与"理性主义美学"相对的一种重要的西方美学思潮，其主要代表人物有培根、霍布斯、洛克、休谟、博克等哲学美学家。经验主义美学强调感性经验的重要性，把感觉经验与感性直观作为研究和审视美学问题的出发点。培根的经验主义和霍布斯的经验心理学构成了经验主义的美学基础，其主要特点是坚持感觉论、经验论，把感性经验当作知识的基础，重视审美意识的主观生理、特别是心理活动的特征与结构的研究。在经验主义美学家看来，人的想象、联想、情感和直觉倾向应当被提到审美观念的首位，由此形成的"观念联想律""快感说""内在感官说"等理论可被用于解读审美活动和创作活动，由此从审美的感觉经验上把握美的本质与规律。与此相对，周易《艮卦》是六十四卦中非常特殊的一卦，从地位上看，《易经》有夏朝之《连山》、商代之《归藏》、周代之《周易》这"三易"，前两易已失传，但据古籍记载，三易的一大不同是在卦序上，《周易》以乾卦起始，《归藏》以坤卦起始，《连山》正是以艮卦起始，由卦序与乾坤居于同等重要位置，我们便知艮卦被赋予了相对重要的价值。从内容上看，艮卦卦爻辞全部以身体部位取象，表达的是一种以身体感官为出发点的经验主义判断。与其相同的咸卦也是如此，由"咸"而"感"，并"感而遂通天地"。这类由人感性直观发起的对天道与万物的感应，是《周易》天人合一理念的集中体现，内涵着经验主义的审美理念。进一步讲，佛家所言"本性须内求内证"，道家所言"天籁"来自"自己"之"自取"等种种观点，也都归因于此，即人本身感性经验的"向内"反思。《艮卦》将这种反思自省定位为"止"的艺术，"戒"和"定"都可归于止，如行止和心止，按照佛家观点，止生定、观生慧，止也生观、定也生慧，一切都是从止开始，最终通达的则是慧，从止法而达止境，艮卦所言止法所通向的乃是一种智慧之境。

第三十四讲

渐卦与归妹卦

䷴ 风山渐

《周易》第53卦：渐卦

◎古经

渐：女归吉，利贞。

《象》曰：山上有木，渐；君子以居贤德善俗。

初六：鸿渐于干；小子厉，有言，无咎。

《象》曰：小子之厉，义无咎也。

六二：鸿渐于磐，饮食衎衎，吉。

《象》曰：饮食衎衎，不素饱也。

九三：鸿渐于陆，夫征不复，妇孕不育，凶；利御寇。

《象》曰：夫征不复，离群丑也。妇孕不育，失其道也。利用御寇，顺相保也。

六四：鸿渐于木，或得其桷，无咎。

《象》曰：或得其桷，顺以巽也。

九五：鸿渐于陵，妇三岁不孕，终莫之胜，吉。

《象》曰：终莫之胜，吉，得所愿也。

上九：鸿渐于陆，其羽可用为仪，吉。

《象》曰：其羽可用为仪，吉，不可乱也。

◎《彖传》

渐，之进也，女归吉也。进得位，往有功也。进以正，可以正邦也。其位，刚得中也。止而巽，动不穷也。

《彖传》说，渐，是循序渐进，象征女子渐进的出嫁过程，吉祥。渐进而取得恰当的位置，是前往有功劳。依循正道渐进，可以引导国家走上正道。就位置而言，是刚强者取得中位。能做到宁静而谦逊，行动就不会陷入困境。《序卦传》有云："物不可以终止，故受之以《渐》。《渐》者，进也。"事物不可总是停止，所以艮卦之后接着是渐卦。渐就是渐进的意思。《杂卦传》云："渐女归，待男行也。"渐卦是讲女子出嫁，等待男子遵循礼仪程序行使婚配。渐卦，上卦巽为女为入，下卦艮为男为止，为等待，所以说"渐，女归待男行也"。在古代，女子出嫁要经过一个周期和一系列程序，如男方送信物（一般为雁）给女方的"纳彩"，查看生辰八字的"问名"，占卜是否吉祥"纳吉"，去女方处订婚的"纳征"，择日定喜的"请期"、完成婚礼的"亲迎"等多个步骤，这些婚配程序虽受一定封建主义甚至迷信思想的影响，但时至今日已作为一种传统民俗延续下来，如果除去其中不合理不科学因素，可以说体现了中国人自古对婚姻家庭关系的高度重视，以婚前程序上所谓的"繁文缛节"逐渐增进男女双方的彼此了解，以时间上的依礼而行与较长周期考验双方的情感忠贞，为婚后夫妻关系的稳定和谐打下基础。

◎释义

渐卦：女子出嫁吉祥，适宜正固。

《象辞》说：渐卦下卦为艮为山，上卦为巽为木，山上有木不断生长，是渐卦的卦象。君子观此卦象，取法于山之育林，要积累美好的品德以改变社会风俗。

初六：鸿雁渐行飞到水边；年轻者遭遇险情，蒙受责备但没有咎害。

《象辞》说：年轻者遭遇险情，道义上讲没有咎害。

六二：鸿雁渐行飞到磐石上，饮食和乐，吉祥。

《象辞》说：饮食和乐，并不代表庸碌无为。

九三：鸿雁渐进飞到高平的陆地。丈夫出征不能回来，妇女怀孕所生却不能归于其名下,有凶祸。适宜抵御强盗。

《象辞》说:丈夫出征不能回来,是因为他远离了同类。女子怀孕所生却不能归于其名下,是因为丧失了婚配正道。适宜抵抗盗寇,通过一致对外可得相互随顺并彼此保护。

六四:鸿雁栖息于大树之上,或能在枝杈上休息,可无咎害。

《象辞》说:能停于平整的枝杈上休息,因为与上位之爻顺承而谦逊。

九五:大雁渐进飞到高岗之上,妻子虽三年没有怀孕,却最终没人能够取代她,吉祥。

《象辞》说:最终谁也没有取代她,吉祥,因为她的愿望实现了。

上九:鸿雁迁徙飞到高地换羽,它的羽毛可以用来做礼仪的装饰,吉祥。

《象辞》说:它们的羽毛可以用来做礼仪的装饰,吉祥,因为守礼而不乱序。

◎ 哲学美学启示

渐为主讲女子婚配之卦,取象鸿雁,鸿雁是一种有迁徙习性的大型鸟类,并无在一处长期停留栖息的习惯。因此,以"鸿渐于磐""鸿渐于陆""鸿渐于陵"等自然习性的描述,比拟鸿雁渐进式的迁徙活动,并象征古代女子出嫁的循序渐进过程,确是十分形象和生动的。在古代,"娶女"与"女归"是女子婚配活动的两个方面,娶女是男子娶女,女归是女子嫁男,咸卦卦辞取象"娶女",讲天地万物相互感通之理,渐卦卦辞取象"女归",则是讲嫁娶循序渐进的规律。《渐卦》所展现的是古代婚配礼仪之美,这种礼仪美学所关注的是一种动态之美,即践行礼仪的人以一定的礼容、秉持一定的程序、具备一定礼器,在礼仪的空间和仪式过程中所展现的文雅与高尚。渐卦所揭示的婚配活动体现出上古时期人们已经开始以审美的眼光来看待礼,如"其羽可用为仪,吉,不可乱也"。应当说,古代礼仪之美并非与"追求自由"的当代美学价值相违背,而是以"行礼"为表征的一种中国传统之礼的审美自觉,诸如情感表达、礼仪文饰、礼仪节文等整体审美实践,均可纳入中华美育精神的考察范畴。

◎ 西方美学比较

西方文化中很早就有关于礼仪之美的记载,《伊里亚特》和《奥德赛》是西方古典文明巨著《荷马史诗》的主要部分,在这部著名的叙事诗篇中有过不少关于礼仪的论述。如讲礼貌、守信用的人才受人尊重,后世从古希腊古罗马、中世纪封建神学、文艺复兴、资产阶级革命到近现代乃至后现代，西方哲学家美学家对礼仪之美的许多精彩论述从不曾间断过。例如，毕达哥拉斯就主张将道德与美结合起来，用礼仪之秩序培育道德，使"美德成为一种和谐"，可以说，西方重礼仪的雅典式教育实践为美育思想的发展奠定了基础。在中国，美育的源头可以追溯到原始氏族社会。周公制礼作乐是对礼乐教化制度的进一步系统完善，按《周礼》规定，学校必须"以乐德教国子"，即在礼仪方面培养学生具有忠、和、敬、有常、孝、悌等美德。在近代，以美学的方式接续中国传统礼仪文化，不仅具有传统文化与现代条件下的实践和理论的基础，更能在现代美学主张中找到依据。具体说来，礼仪美学把礼作为表现情感的形式和精神的象征，使之成为一种综合性艺术，如《渐卦》所呈现的，这种艺术的综合性意味着不仅仅是对礼仪器物、礼仪活动、礼仪空间进行研究，更注重对美善相融的礼仪目标、礼仪品格进行全方位探讨，以追求动静合一的整体之美。

雷泽归妹

《周易》第 54 卦：归妹卦

◎ 古经

归妹：征凶，无攸利。

《象》曰：泽上有雷，归妹；君子以永终知敝。

初九：归妹以娣，跛能履，征吉。

《象》曰：归妹以娣，以恒也；跛能履，吉相承也。

九二：眇能视，利幽人之贞。

《象》曰：利幽人之贞，未变常也。

六三：归妹以须，反归以娣。

《象》曰：归妹以须，未当也。

九四：归妹愆期，迟归有时。

《象》曰：愆期之志，有待而行也。

六五：帝乙归妹，其君之袂不如其娣之袂良；月几望，吉。

《象》曰：帝乙归妹，不如其娣之袂良也；位在其中，以贵行也。

上六：女承筐无实，士刲羊无血，无攸利。

《象》曰：上六无实，承虚筐也。

◎《彖传》

归妹，天地之大义也，天地不交，而万物不兴。归妹，人之终始也。说以动，所归妹也。征凶，位不当也。无攸利，柔乘刚也。

《彖传》说，归妹卦，体现了天地间的宏大道理，天地间阴阳二气不相交流，万物则不能生发。嫁出女子，人类就能终而复始的繁衍生息。喜悦而行动，正可以嫁出少女。前进有凶险，因为所处的位置不恰当。没有什么适宜的事情，因为柔顺者凌驾于阳刚者之上。《序卦传》有云："进必有所归，故受之以《归妹》。"进展到一定程度，就应该要有归宿，所以接着是归妹卦。《杂卦传》云："归妹女之终也。未济男之穷也。"归妹卦有上震下兑阴阳得配之象，互卦水火既济为已经完成之事，象征女子完婚成为妻子的过程，所以说"女之终也"。归妹卦反映的是古代婚嫁中的侄娣制度，这种制度实际上是更古老的群婚制的残余。与渐卦女子等待男方婚前六礼的正妻制不同，归妹卦讲的是家中较小的女子陪嫁的侄娣制（相当于纳妾），即不待六礼而直接随从正妻陪嫁。归妹卦虽然反映出《周易》成书时期社会显著的男尊女卑观念，如卦爻辞所描述的女子不经过男子迎娶而嫁入的不合乎礼仪现象，所谓"征凶，无攸利"，但这种不合礼仪之行为却有着其内在的合理性，即确保人类生生不息的繁衍功用。正是由于男女交感以及所有由此带来的最大程度的婚配完成，才使得人类文明整体生生相续，这就像天地相遇而有万物一样自然合理。

◎ 释义

归妹卦：前进有凶险。无所利。

《象辞》说：沼泽上有雷鸣，雷震水动，这就是归妹卦。君子由此领悟，要长久保持婚姻，有弊端就要防患于未然，使生息延续，持久正固。

初九：妹妹陪嫁为娣，以侧室的身份辅助正室，犹如脚跛了还能走路，前往吉祥。

《象辞》说：嫁出妹妹为妾，合乎延续生息之常道。犹如脚跛了还能走路而获得吉祥，说明能辅佐夫人承助丈夫。

九二：眼睛有病但还能看见，适宜深居的妇人坚守正道。

《象辞》说：适宜深居之人守持正固，是说没有改变婚嫁的恒常之道。

六三：把媵妾充作妹妹陪嫁，结果被送回去再以娣陪嫁。

《象辞》说：把媵妾充作妹妹陪嫁，是因为位置不恰当。须，意为需时，也指代媵妾，地位低于娣。六三爻以阴居阳，爻位不中不正，表示本为伺候正妻的媵妾，却以娣（正妻之妹）的身份陪嫁，居位不当。因此应当返回，等待合适时机，依循正道以娣陪嫁。依照古代礼俗，妻娣是姊妹，易于和睦相处，妻妾则无血缘关系，一般难以共融，不利于恒久地保持婚姻和家庭稳定。

九四：嫁妹妹推迟了婚期，等待时机成熟再出嫁。

《象辞》说：推迟婚期的心意，是有所等待再出嫁。

六五：帝乙的妹妹出嫁，这位正室嫡妻的衣饰不如媵娣的衣饰华美；但其品德却如月圆般明亮而不盈满，吉祥。

《象辞》说：帝乙的妹妹出嫁，衣饰虽不如媵娣的衣饰漂亮，但居中位而有尊贵的身份以及高尚的德行，谦虚顺遂，满而不骄，所以吉祥。

上六：女子手捧竹筐，筐内没有祭品，男子宰杀羊，没有血，无法取血祭祀。没有适宜的事情。

《象辞》说：上六阴爻无实，手捧的是空的竹筐。

◎ 哲学美学启示

归妹卦与渐卦取义相反，渐卦卦辞"女归吉，利贞"，而归妹卦辞则言"征凶，无攸利"。这表明古代关于婚配方式选择的价值判断，即女子经过礼仪程序嫁为正室是合礼的，而作为娣陪嫁虽未能遵守礼仪之道，不应提倡但也是合理的。两卦反映出商周之际婚姻活动特点与婚姻观念的变化。其中，以嫡妻身份嫁出的，既合礼又合理，以妻娣身份陪嫁的，不合礼但合理，是也是周人普遍矛盾心态的反映，集中体现在卦爻辞上，即卦辞为道义层面的谴责倾向，而爻辞多从事实层面给予肯定。《象传》将古代侄娣制度与人类生命繁衍的客观需要联系起来，具有宏阔而深刻的哲学思考，以"天地之大义"指其伟大历史意义。

◎ 西方美学比较

《家庭、私有制和国家的起源》是恩格斯的一部关于古代社会发展规律和国家起源的著作，阐明了唯物主义的历史观，是马克思主义国家学说代表作之一。书中指出，正是人类群体在劳动生产过程中相互依存的社会性的不断增长，以及对这种社会性的自觉，并凭借这种自觉来规范群体中每个成员的行为，才最终使形成中的人类脱离了动物界，使人类成为能够制定两性关系机制，并不断衍生艺术、宗教等上层建筑的独特群体。而在家庭关系与婚姻形式方面，恩格斯研究了史前各文化阶段与家庭的起源、演变和发展，着重论述了人类史前各阶段文化的特征、早期的婚姻和从原始状态中发展出来的几种家庭形式，指出一夫一妻制家庭的产生和最后胜利乃是文明时代开始的标志之一。可以说，恩格斯根据大量史料研究而成的重要成果虽在研究范式、价值目标、路径方法上，与周易所体现的逻辑思维、叙述方法存在根本差异，但其最终判断却是惊人的相似，即对婚姻关系中一夫一妻制度最终胜利结论的推崇。同时，恩格斯从唯物史观的视角阐释了家庭关系中的美学价值与伦理意义，为科学树立正确的婚恋家庭观提供了理论依据。

第三十五讲

丰卦与旅卦

雷火丰

《周易》第 55 卦：丰卦

◎古经

丰：亨。王假之，勿忧宜日中。

《象》曰：雷电皆至，丰；君子以折狱致刑。

初九：遇其配主，虽旬无咎，往有尚。

《象》曰：虽旬无咎，过旬灾也。

六二：丰其蔀，日中见斗，往得疑疾；有孚发若，吉。

《象》曰：有孚发若，信以发志也。

九三：丰其沛，日中见沫；折其右肱，无咎。

《象》曰：丰其沛，不可大事也。折其右肱，终不可用也。

九四：丰其蔀，日中见斗，遇其夷主，吉。

《象》曰：丰其蔀，位不当也。日中见斗，幽不明也。遇其夷主，吉，志行也。

六五：来章，有庆誉，吉。

《象》曰：六五之吉，有庆也。

上六：丰其屋，蔀其家，窥其户，阒无其人，三年不觌，凶。

《象》曰：丰其屋，天际翔也。窥其户，阒无其人，自藏也。

◎《彖传》

丰，大也。明以动，故丰。王假之，尚大也。勿忧宜日中，宜照天下也，日中则昃，月盈则食，天地盈虚，与时消息，而况于人乎？况于鬼神乎？

《彖传》说，丰，盛大的意思。君王圣明地行动，所以丰盛。君王使天下达到了丰盛，因为他崇尚宏大的美德。不用担忧，适宜太阳在正午的时候，是说适宜以盛明普照天下。太阳到正午就会开始西斜，月亮圆满就会开始亏蚀。天地的满盈与虚空，随着时势变化而消退成长，更何况是人呢？何况是鬼神呢？《序卦传》有云："得其所归者必大，故受之以《丰》。《丰》者，大也。"得到很多人来归顺，汇聚起来定会盛大。丰卦承接归妹卦，归妹是指女子得其所归，成家之后的婚姻、家庭、事业、财富等将逐渐发展壮大，从而趋向丰盈圆满状态，所以接着就是丰卦。丰，就是盛大的意思。《杂卦传》云："丰多故，亲寡旅也。"丰与旅为一卦相互颠倒，丰是多的形象，指代故旧者众多并汇聚在一起，旅是寡的形象，指代在外旅途中亲比者稀少。

◎释义

丰卦：通达。举行祭祀，君王将亲临宗庙。不要担心，适宜太阳在正午的时候。

《象辞》说：电闪雷鸣为天垂象，也是丰卦的卦象。君子观此卦象，有感于电光雷鸣的光明和威严，裁断讼狱明察秋毫，施行刑罚须轻重适中而不滥刑。

初九：遇到匹配之主，虽然彼此势均力敌，但没有过失，前往可受到尊尚。

《象辞》说：虽然彼此均等，没有过失。但是如果破坏均势寻求超越彼此，就会有灾祸。

六二：用草席遮挡太阳，光明受到遮蔽，正午见到北斗星。前往会受到怀疑猜忌。但如果能以至诚之心求得六五的感通，则疑障可消，能获吉祥。

《象辞》说：保持诚信，感通对方心志，是说通过保持诚信能感通心志。

九三：用帷幔遮挡太阳，光明被遮蔽得更加严重，天上昏暗出现斗星，如能像折断右臂一般无为慎守，就可以没有过失。

《象辞》说：光明被遮蔽得更加严重，不能办成大事。折断了右臂，终究不可施展才用，韬光养晦为上。

九四：光明遮蔽范围更大，中午见到了北斗星。遇到与自己适宜的主人，吉祥。

《象辞》说：光明受到遮蔽，是因为位置不恰当。中午见到北斗星，因为幽暗不明。遇到与自己相适宜的主人，吉祥而可以行动。

六五：神采光明的到来，有喜庆美誉，吉祥。

《象辞》说：六五吉祥，是说有喜庆。

上六：高大其房屋，遮蔽了居室，从门缝窥视，寂静不见人影，三年不能见面，有凶险。

《象辞》说：高大其房屋，高高在上就像在天空飞翔一样。从门缝窥视，寂静毫无人踪，是把自己隐藏起来。

◎ 哲学美学启示

打雷闪电一起来到，象征着盛大丰满，这就是丰卦。丰卦说的盛大，不是一般的盛大，而是君王所统治天下之盛大。盛大的东西有"亨"的一面，也有"忧"的一面。月盈则亏，日中则昃，盛大超过极点，必然转向衰落。盛大之中包含着衰败，这是忧患意识的体现。只有知道保持"保丰"的状态，懂得持盈保泰的道理，就可以不必担忧走向衰败。《彖传》与《序卦》皆曰"丰，大也"，《杂卦传》云"丰，多故也"，皆有丰富和丰收之意。《系辞》言，"天垂象，见吉凶，圣人象之"，爻辞中有"日中见斗"之句，使丰卦明确涉及古代天文知识。丰卦下离为日，上震为动，指示太阳运动之象。丰卦各爻辞均以太阳被遮蔽不同时段的状态（古代发生的日食现象）隐喻社会人伦、政治国家的种种活动。

◎ 西方美学比较

1944年，美国的太空美术大师邦艾斯泰在《生活》杂志上发表了他的太空美术处女作"土星世界"组画，从而揭开了现代太空美术的序幕。现代天文学把自然美的范围扩大到了地球以外的宇宙空间。让越来越多的人看到了那无边宇宙深处的壮丽世界，新的审美要求使得美术与天文学更加紧密地结合在一起。在现代美术中形成了一个新的分支领域：太空美术。由于太空美术是一种建立在现代天文学的空间探测和理论研究成果基础之上，以绘画的形式来展现宇宙天体真实景色以及未来人类改造和征服太空世界的艺术，从而被誉为是科学与艺术完美融合的结晶。而早在1889年，精神失常的凡·高在病房中透过有铁栏的窗户，看到了满天繁星，创作的《星空》便是该时期的代表作。这幅名作在后世艺术评析中虽有多重维度的解读，但无论如何它都是一幅以太空和宇宙天体为表达对象的艺术作品。有观点认为，《星空》中所表现的回旋式运动似乎与中国传统文化中的《周易》思想有着某种关系，即乾卦内含强健不息、周而复始的运动变化，即宇宙永恒的运动，艺术家或许一方面要表现宇宙的博大宽广，另一方面也在暗示生命的生生不息，循环往复。这一点无疑与《丰卦》中不同时空中"变"的思想内在想通。

火山旅

《周易》第56卦：旅卦

◎ 古经

旅：小亨，旅贞吉。

《象》曰：山上有火，旅；君子以明慎用刑，而不留狱。

初六：旅琐琐，斯其所取灾。

《象》曰：旅琐琐，志穷灾也。

六二：旅即次，怀其资，得童仆，贞。

《象》曰：得童仆贞，终无尤也。

九三：旅焚其次，丧其童仆，贞厉。

《象》曰：旅焚其次，亦以伤矣。以旅与下，其义丧也。

九四：旅于处，得其资斧，我心不快。

《象》曰：旅于处，未得位也；得其资斧，心未快也。

六五：射雉一矢亡，终以誉命。

《象》曰：终以誉命，上逮也。

上九：鸟焚其巢，旅人先笑后号咷；丧牛于易，凶。

《象》曰：以旅在上，其义焚也。丧牛于易，终莫之闻也。

◎《彖传》

"旅，小亨"，柔得中乎外而顺乎刚，止而丽乎明，是以"小亨，旅贞吉"也。旅之时义大矣哉。

《彖传》说，"旅卦，柔顺通达"，柔顺者在外面取得六五爻之中位，顺应刚强者，下卦艮为止，上卦离为明，小的方面通达，所以"行旅守正吉祥"。旅卦所蕴含的时势意义真是伟大啊。《序卦传》有云："穷大者必失其所居，故受之以《旅》。"丰盛大到了极点，不知收敛则必将丧失居所，便成了在外流动旅行之人，所以丰卦之后接着是旅卦。《杂卦传》云："丰多故，亲寡旅也。"丰与旅为一卦相颠倒。一般来说，在旅途里亲人是很少的。所以说"亲寡，旅也"。朱熹对此二卦评价为："虚则惧危，满者戒盈。丰大者多忧故也。亲寡故寄旅也。"

◎ 释义

旅卦：小的方面柔顺通达，行旅守正，吉祥。

《象辞》说：山上有火，洞照幽隐，这是旅卦的卦象。君子观此卦象，从而明察刑狱，慎重判决，但也不应以此长期拖延滞留案件不予裁决。

初六：行旅之初，只关注眼前小利和身边琐事，离开自己的居处无处容身，这是它自己造成的灾祸。

《象辞》说：行旅之初，不可能有大的作为，是志向穷尽而导致灾祸。

六二：行旅到了旅馆住下，身上带着旅费，得到童仆的真诚关照。

《象辞》说：得到童仆照顾，守持正固，不会有什么过失。

九三：行旅中大火烧了客舍，丧失了童仆，守正以防凶险。

《象辞》说：馆舍被烧，旅费也没了，主人也因此受伤，以强势的态度对待童仆，危难之时童仆深恐问责，离开也是合乎情理的。

九四：行旅到了暂时的居所，获得了旅费和用具，但我心里还是不愉快。

《象辞》说：行旅到暂时的安身之处，因为没有得位，只是获得了旅费和用具，愿望尚未实现，心里还是不愉快。

六五：射得野鸡，损失一支箭，但最终得到美誉和禄位。

《象辞》说：最终得到美誉禄位，因为受到上九的提携。

上九：鸟巢被焚烧，行旅人先欢笑而后号啕大哭；牛在田畔边界处走失，有凶险。

《象辞》说：作为行旅之人却高居上位，必致被焚。牛在田畔边界处走失，最终不会得到消息。

◎ 哲学美学启示

旅卦卦象为山上燃火，火势不停地向前蔓延，如同途中行人，急于赶路，意即失其本居、游历他方。旅是一种不安定状态，在不安定状态中，一切都是不确定的，所以必须守正而且柔顺其中，方可安然度过。《乾凿度》中记载孔子曾用《周易》自占得旅卦，于是带着弟子自鲁抵达卫都帝丘，开始周游列国，从此在漫漫旅途中宣传自己的政治主张。旅卦的文学意蕴在李白那里曾以诗表达："夫天地者万物之逆旅也，光阴者百代之过客也。"天地是万物的旅舍，而流动不息的时间犹如世世代代过往的客人。因此从某种意义上说，人生就是一场从生到死的旅行。旅卦的内涵主要包括两点，一是柔顺，二是小亨。处旅困之时，柔中在外，须顺刚，知处屈以求伸，方能合乎旅道的要求，得到吉祥。而处旅行之际为何不可"大亨"呢？卦象上看，旅卦六五与六二敌应，阴柔无阳刚的辅助，办不成大事，故只能"小亨"。从一般理解上看，人在失去本来的居所浪迹他乡的时候，往往只求得到赖以生存的条件，又怎么能奢望"大亨"呢？这就是受旅羁绊的"小亨"。说明行旅之人应当尚柔、守持中正。

◎ **西方美学比较**

在当前旅游文化产业蓬勃发展的今天，旅游审美作为一门新兴研究域日益受到学界和艺术界的关注。有学者认为，中西旅游审美文化差异之所以较大，主要源于以下几方面：一是中国人更多地关注自然景观所内涵的人文之美，而西方则关注自然景观本身的自然美。二是中国人的旅游审美集中于由于风景而带来的感情抒发，而西方人的旅游审美集中于对风景本身的对象性描写。三是中国人的旅游审美目的在于怡乐性情，而西方人的目的在于追求风光本身的形式之美，即风景本身自带光感、色彩、空间感的那种真实性。还有学者从现代旅行、旅游概念着眼，探讨在此过程中的美学问题，如学者陈昌茂教授在长期的旅游研究、旅游教学和旅游工作实践中，提出了旅游美学的研究对象就是"旅游美"，并指出"旅游美"是游客在旅游活动中创生出来的美即美感。以此为理论原点，提出并构建了旅游美学的新范式，认为科学研究的根本目的在于探索事物的内在规律。旅游美学的研究不能仅限于旅游中的具体的审美问题的考察上，而应从旅游活动中大量与美有关的事物中找出规律性，上升到理论的高度，成为从事旅游审美文化研究和实践的理论指导。旅游美的审美对象可以旅游景观为内容，分类为拟态景观、风景景观、环境景观、场所景观、旅游纪念品景观。旅游美的美感经验包括：神话诗性、抒情诗性、畅爽诗性、狂欢诗性、梦幻诗性。相比之下，《周易》旅卦所内涵的却与现代旅游审美的优美、抒情等正向观念不同，而是旅行中的无奈、被迫以及"我心不快"，对旅行者以一种告诫的方式呈现，唯有做到行旅守正、柔顺谦逊，方能得到吉祥。

第三十六讲

巽卦与兑卦

巽为风

《周易》第 57 卦：巽卦

◎ **古经**

巽：小亨，利有攸往，利见大人。

《象》曰：随风，巽；君子以申命行事。

初六：进退，利武人之贞。

《象》曰：进退，志疑也。利武人之贞，志治也。

九二：巽在床下，用史巫纷若，吉，无咎。

《象》曰：纷若之吉，得中也。

九三：频巽，吝。

《象》曰：频巽之吝，志穷也。

六四：悔亡，田获三品。

《象》曰：田获三品，有功也。

九五：贞吉，悔亡，无不利；无初有终，先庚三日，后庚三日，吉。

《象》曰：九五之吉，位正中也。

上九：巽在床下，丧其资斧，贞凶。

《象》曰：巽在床下，上穷也。丧其资斧，正乎凶也。

◎《彖传》

重巽以申命，刚巽乎中正而志行，柔皆顺乎刚，是以小亨，利有攸往，利见大人。

《彖传》说，两巽相重，是说反复申明教化大义。刚强者随顺于居中守正的位置，柔顺者都于是顺应刚强者，因而得以行其志，在小的方面通达，适宜有所前往，适宜见到大人。《序卦传》有云："旅而无所容，故受之以《巽》。《巽》者，入也。"旅为行旅，无定所可居，巽为入为伏为容，故旅卦之后为巽卦。巽就是进入某地。《杂卦传》云："兑见，而巽伏也。"兑与巽相颠倒，巽为入，一阴在下，象征潜伏，所以说"巽伏"。朱熹说："兑贵显说，巽贵卑退。"

◎释义

巽卦：柔顺通达，适宜有所前往，适宜出现大人。

《象辞》说：风与风相随，长风吹拂不断，是巽卦的象；君子由此领悟取法于长吹不断的风，从而不断地申明教义，实行政事，灌输纲常大义。

初六：进退不决，适宜发挥武人之刚贞。

《象辞》说：进退不决，是说心志忧疑。适宜用武人的正固，是用像武人那样的贞固勇决以消除疑虑。

九二：随顺进入床下，君王周围的祝史、巫使隆重地举行祭祀，顺从天意，吉祥没有咎害。

《象辞》说：隆重地祭祀神祇，顺从天意而获吉，因为九二得乎中道。

九三：频繁而反复的发布政令，会有困难。

《象辞》说：频繁的发布政令而有困难，是因为心志困穷。

六四：悔恨消失，打猎获得三种动物。

《象辞》说：田狩获得三类猎物，是奉行君命而获功勋。

九五：守持正固可获吉祥，悔恨消失，无所不利；没有好的开始但会有结果。发布新令适合在庚日的三天前即丁日，以及在庚日的后三天即癸日，吉祥。

《象辞》说：九五吉祥，是因为居位正而中。

上九：随顺进入床下，卑恭地死守君命，丧失了刚坚的利斧，固守有凶险。

《象辞》说：卑恭地死守君命，上九居于极端穷困之位。丧失了象征决断刚正的利斧，如此固守必致凶险。

◎哲学美学启示

巽为风，风吹万物，无所不入。巽卦以阴顺阳，以下顺上，以臣顺君，故巽为命为令，《系辞传》云："巽，德之制也，巽称而隐，巽以行权。"《说卦传》"巽为绳直"。巽卦以柔顺为卦德所指，但引申意义则为其相反方面的刚直守正，越是到了"进退"之时，越是要具有所谓"武人之贞"，不可在进退不定时犹豫不决、延误时机。从卦辞上看，巽卦"小亨"首尚柔也，其次贵中。但古人辩证地看待柔顺与顺应，指明此柔顺行事的态度在不同情况下要有不同方式方法，这个情况判断的标准就是"守中"，例如，九二爻刚有柔德，且能守中，故获吉，上九刚爻有柔德，然而不中不正，故失果断之德。巽卦的美学意义与柔美优美内在相通，柔美是人类最早认识的美学范畴之一，它所指的是狭义的美即西方传统美学的优美。柔美是与刚美相对的一种美的表现形态，是同刚美、丑、悲剧、喜剧、幽默、滑稽相关的美的范畴。柔美作为阴柔、优雅的美，具有和谐性、静柔性、均衡性等特征。

◎西方美学比较

关于"优美"的探讨一直是西方美学领域的一个重要论题之一。伯克从心理学的角度对人面对"优美"的事物时所产生的心理状态进行分析，他将社会性情感带给人的喜悦与快乐理解为心理学上的快感，并以这种社会性的情感所产生的愉悦的快感为基础，提出"优美"产生的社会情感和心理根源。康德同样将"优美"看作是独立的审美范畴，以崇高与优美的对比阐释说明，"优美"与"崇高"的区别在于"优美"给人以欢愉的感觉，而"崇高"却使人敬畏。并且从二者之间对立统一的辩证关系出发，认为崇高如果没有优美来调和，就不可能持久，它会使人感到可敬而不可亲，会使人敬而远之而不是亲而近之；另一方面，优美如果不能升华为崇高就无法得到提高，就会陷入低级趣味的危险，虽然可爱但却不可敬了。可以说，西方围绕优美的美学探讨在不同历史阶段都有着其各自特征。而在中国传统文化和美学语境中，优美既有与西方美学相通之处，如与"刚美"的对比中展现的柔顺、静谧、和谐等等，但以《巽卦》所展现的柔顺之美为例，优美的中国话语范式更多表达为道德上的某种适宜性,即中正守中,在与外界情势的互动关系中能够掌握适宜的尺度,通过某种整体和谐来体现自身的柔顺之美,而不是一味的跟随顺应,以至于丧失中正原则的"矫揉造作",这些都是周易辩证美学观所内涵的重要思想。

兑为泽

《周易》第 58 卦：兑卦

◎ **古经**

兑：亨，利贞。

《象》曰：丽泽，兑；君子以朋友讲习。

初九：和兑，吉。

《象》曰：和兑之吉，行未疑也。

九二：孚兑，吉，悔亡。

《象》曰：孚兑之吉，信志也。

六三：来兑，凶。

《象》曰：来兑之凶，位不当也。

九四：商兑，未宁，介疾有喜。

《象》曰：九四之喜，有庆也。

九五：孚于剥，有厉。

《象》曰：孚于剥，位正当也。

上六：引兑。

《象》曰：上六引兑，未光也。

◎ **《彖传》**

兑，说也。刚中而柔外，说以利贞，是以顺乎天而应乎人。说以先民，民忘其劳；说以犯难，民忘其死。说之大，民劝矣哉！

《彖传》说，兑是喜悦的意思。刚强者居中而柔顺者居外，喜悦而适宜守持正固。因此要顺应天道，并且应和人心。君子为了让百姓获得幸福而不辞辛劳，百姓也必然能忘记劳苦；先让百姓感到喜悦幸福，百姓也必然能舍生忘死。兑卦表达的喜悦之意义宏大，足使百姓自我勉励。《序卦传》有云："入而后说之，故受之以《兑》。《兑》者，说也。"进入某种状态后，接触沟通才会彼此喜悦，所以接着是兑卦。兑，就是喜悦。《杂卦传》云："兑见而巽伏也。"兑卦实际上是讲人与人之间如何建立和悦关系的方式方法，要实现合于正道的悦，需要刚中柔外，即内心刚健笃实而外在柔和谦逊。

◎释义

兑卦：通达，适宜正固。

《象辞》说：两水交流是兑卦的卦象。君子观此卦象，须广交朋友，与志同道合之人一起谋事成志。

初九：平和喜悦地待人，吉祥。

《象辞》说：以和而悦吉祥，是因为它坚守正道而行动没有疑惑。

九二：诚信和悦地待人，吉祥，悔恨消失。

《象辞》说：因诚信而喜悦，是以诚信作为心意。

六三：主动前来阿谀奉承的和悦，有凶险。

《象辞》说：主动前来谀悦，有凶险，因为六三居位不当。

九四：商量难以迅速做出决定，心中不能安宁，隔绝谄媚则有喜庆。

《象辞》说：九四之喜，可惠及天下。

九五：得到陷入衰退之人的信赖，有危险。

《象辞》说：能得到陷入衰退之人的信赖，因为九五阳刚中正而居于尊位的缘故。

上六：悄然引诱君王一起和悦。

《象辞》说：需要悄无声息地引诱，它的作用未得施展广大。

◎哲学美学启示

兑卦卦象两泽水相融而彼此附丽，相互浸润受益。兑为喜悦、取悦，又为泽，泽中之水可以滋润万物。兑卦讲人与人之间如何建立和悦的关系问题，以贞正为先决条件的和悦，方能带来亨通，否则有可能导致阿谀之和悦，反倒不利。而实现合于正道的悦关键在于刚中柔外，即内心的刚健诚笃与外在的柔和谦逊。兑之和悦，在于"和而不流"，即汇聚一起在于志同道合所带来的喜悦，而不是谄媚或不良目的而结成的利益之盟。相处中的和悦，是用正道来使人获得幸福感但又不失去原则的节制，外不失人心，内不失操守，同德相求，彼此同心，和衷共济，所以吉祥。兑卦将人与人、人与团体之间的志同道合之悦引入政治伦理范畴，以君王与人民之间的和谐和悦关系建立作为现实落脚点，表达了辩证的政治伦理和政治美学观念。

◎ **西方美学比较**

约瑟夫·布罗茨基是俄裔美国诗人，散文家，诺贝尔文学奖获得者。他以一个诗人的身份表达其伦理学观点：美学即伦理学之母。人首先是一种美学的生物，其次才是伦理的生物。一个个体的美学经验愈丰富，他的趣味愈坚定，他的道德选择就愈准确，他也就愈自由，尽管他有可能愈是不幸。布罗茨基引用陀思妥耶夫斯基的著名命题"美将拯救世界"抨击苏联时期僵化的体制矛盾带来的精神束缚，将政治美学、政治伦理的命题以诗歌形式展现得淋漓尽致。事实上，伦理道德对一个执政党来说，是一种理想信念、思想境界，也是一种精神支柱、内在力量。政党虽然是为实现共同理想和目标而结成的政治团体，其整体力量可能是非常强大的，但无论有多强，政党所持有的政治伦理即党内成员的组织尊严、价值取向、道德品质、行为方式则应是积极的、光明的和正当的，并因此而是美的。周易《兑卦》以汇聚之人的内心刚健诚笃与外在柔和谦逊，来表达兑之和悦，这样以"顺天应人"之正道汇聚起来的团体和政党，不仅外不失人心，内不失操守，而且人与人能够同德相求，彼此同心，和衷共济，是符合政治伦理所要求的和悦，所以吉祥。

第三十七讲

涣卦与节卦

风水涣

《周易》第59卦：涣卦

◎古经

涣：亨，王假有庙。利涉大川，利贞。

《象》曰：风行水上，涣；先王以享于帝立庙。

初六：用拯马壮，吉，悔亡。

《象》曰：初六之吉，顺也。

九二：涣奔其机，悔亡。

《象》曰：涣奔其机，得愿也。

六三：涣其躬，无悔。

《象》曰：涣其躬，志在外也。

六四：涣其群，元吉；涣有丘，匪夷所思。

《象》曰：涣其群，元吉，光大也。

九五：涣汗其大号；涣王居，无咎。

《象》曰：王居无咎，正位也。

上九：涣其血去逖出，无咎。

《象》曰：涣其血，远害也。

◎《彖传》

"涣,亨",刚来而不穷,柔得位乎外而上同。"王假有庙",王乃在中也。"利涉大川",乘木有功也。

《彖传》说,"涣卦,亨通",刚强者从上位下来而不困穷,柔顺者在外得位而与上位者同心。君王来到宗庙祭祀,是说九五君王以中道聚合人心。适宜渡过大河,乘着木舟渡河,必能成功。《序卦传》有云:"说而后散之,故受之以《涣》。《涣》者,离也。"人在喜悦的时候气息精神就会舒散,所以,接着就是涣卦。涣有涣散的意思。《杂卦传》云:"涣离也,节止也。"涣节一卦相互颠倒。涣卦,风行水上,流水有波涛之美,波浪也有层层离去之象,所以说"涣离也"。

◎ 释义

涣卦:亨通,因为君王亲临宗庙。适宜渡过大河,适宜守持正固。

《象辞》说:风行水上是涣卦的卦象。祭享亨通,君王到宗庙推行德教,以归系人心。适宜渡过大河,适宜守持正固。

初六:用健壮的良马来救济,可获吉祥。

《象辞》说:初六的吉祥,是因为顺承九二。

九二:处涣之时君王来到庙中,奔向供神的几案供奉,悔恨消失。

《象辞》说:涣散之时向供神的几案供奉,是说九二志向得遂。

六三:涣散自己的私心追随上层,无所悔恨。

《象辞》说:涣散自己的私心追随上层,是说六三的心志在外。

六四:涣散了自己的朋党,最为吉祥。涣散之后还能使整个天下积累聚集而为一,不是平常人所能想到的。

《象辞》说:处涣散险难之时,涣散了自己的朋党,使得群贤聚集最为吉祥,因为六四的德行广大。

九五:像发散身上有出无回的汗水一样,发布革旧布新的盛大号令;君王疏散其居积,必无咎害。

《象辞》说:君王疏散其居积,必无咎害,说明九五有中正之德。将天下国家长期淤积的疾病像发一场大汗一样祛除,这样的大政令必须从"王居"发出。

上九：涣散至极而致聚合，使身体气血舒畅，忧患自然消亡，没有咎害。
《象辞》说：涣散至极而致血灾涣散，说明上九已经远离祸害。

◎**哲学美学启示**

涣有涣散的意义，风行水上，推波助澜，水向四方流溢，水流流散之意。涣卦讲涣散之势，也讲处于涣散之时治涣的方法和意义。涣象征组织和人心涣散，联系到治国安邦方面，必须用积极的手段和方法克服，治涣济涣贵在贞，即上位君爻的中正与下位各爻的随顺，战胜弊端，挽救涣散，方能转危为安。涣卦所谓"涣散"的内涵充满了辩证思想，涣并非意为"散乱"而无可救药，而是包含着"聚合"的依存关系。卦辞以"君王"的关键作用发挥体现由"散"到"聚"的这一决定变量的发生，以君王祭庙喻指聚合"神灵"之佑，以涉越大河喻指聚合人心，说明事物物质形态的涣散只是暂时的，如若精神层面能聚合一致，必致获得亨通。涣卦带有一定的英雄主义倾向，爻辞中"用拯马壮""涣王居"等指代表述都有体现君王凭借一人之力，足以拯救危难、扭转全局的意味。

◎**西方美学比较**

英雄是人类永恒的话题，每种文化都塑造了各自独特的英雄，都展现了不同文化背景下独特的英雄主义以及英雄美学。古希腊英雄因为个人本位的文化价值观念英雄，更加重视个体生命的价值，个人的利益高于一切。在西方英雄主义视域里，更倾向于对人的个性的关怀，主张自由平等和自我价值，在充分尊重自我的前提下，崇尚个人力量的发挥，与此相应的英雄美学均围绕此展开。中国则是集体主义下的个人英雄崇拜，从古至今也不乏英雄主义美学和历史的描绘，盘古开天辟地、夸父逐日、女娲补天、精卫填海等等神话英雄故事是中国原始社会对英雄的想象与崇拜。古代文学经典《三国演义》和《水浒传》则是中国古人对英雄的审美书写，匡扶天下、救国救民、侠肝义胆、智勇双全等英雄品质已经得到从士大夫到民间的普遍认同，乃至成为民众的精神与行为楷模。重建英雄叙述和崇高美学，正是每一个时代呼唤英雄，创造时代价值的永恒追求，正如古希腊哲学家朗基努斯在著作《论崇高》中所言，崇高是伟大心灵的回声。《涣卦》以君王凭借一人之力重整涣散危局、凝聚人心，最终脱离险境，表达出英雄主义崇高的美学价值追求。

水泽节

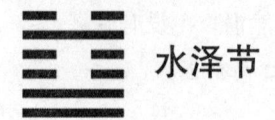

《周易》第60卦：节卦

◎ 古经

节：亨；苦节不可贞。

《象》曰：泽上有水，节；君子以制数度，议德行。

初九：不出户庭，无咎。

《象》曰：不出户庭，知通塞也。

九二：不出门庭，凶。

《象》曰：不出门庭，凶，失时极也。

六三：不节若，则嗟若，无咎。

《象》曰：不节之嗟，又谁咎也。

六四：安节，亨。

《象》曰：安节之亨，承上道也。

九五：甘节，吉；往有尚。

《象》曰：甘节之吉，居位中也。

上六：苦节，贞凶，悔亡。

《象》曰：苦节贞凶，其道穷也。

◎《彖传》

节，亨，刚柔分而刚得中。苦节不可贞，其道穷也。说以行险，当位以节，中正以通。天地节而四时成，节以制度，不伤财，不害民。

《彖传》说，节卦，通达，刚强者与柔顺者分开，并且刚强者取得中位。苦涩的节制不能固守，因为节制之道已到困穷。人逢喜悦则放任安享，遇到坎险则思止，居位得当才能节制，居中守正才可通达。天地有节律周期，四季才会形成，君主用制度来节制，就能不浪费资财，不损害百姓。《序卦传》云："物不可以终离，故受之以《节》。"事物不可能永久离散下去，所以接着就是节卦。《杂卦传》云："涣离也，节止也。"节卦，坎上兑下，水在泽中有一定节度，满则溢。又互震为竹，互艮为止，合起来就像竹节，中空而上下封闭，所以说"节止也"。

◎释义

节卦：亨通。苦涩的节制，不可正固。

《象辞》说：沼泽上有水，这是节卦。君子由此领悟，要制定礼数和法度，确立政纲制度和伦理原则。

初九：不跨出户庭，没有过失。

《象辞》说：不跨出户庭，说明认识到畅通则行、阻塞则止的道理。

九二：不跨出门庭，有凶险。

《象辞》说：不跨出门庭，有凶险，因为丧失了适中的时机。

六三：不能节制，难免嗟叹悔恨，不能责怪别人。

《象辞》说：没有节制而带来的悲叹，又能责怪谁呢？

六四：安定的节制，通达。

《象辞》说：安定的节制而通达，因为上承九五刚中的正道。

九五：甘美贞正的节制，吉祥；前往受到推崇。

《象辞》说：甘美贞正的节制，吉祥，说明九五尊居正中之位。

上六：苦涩的节制，如果坚持实行下去，必然凶险；如果能知悔，终止苦节，懊恼就会消失。

《象辞》说：苦涩的节制，如果坚持实行下去，必然凶险，是因为路已经走到尽头。

◎哲学美学启示

节卦讲述的是对事物的运动发展过程从尺度上加以适当的限制，节卦贵中。不止节制以及过分节制的苦节，都会因为过犹不及而带来哀叹。在六十四卦中，艮卦与节卦都是讲"止"的卦，区别在于，艮卦的止在于提示人们动静结合、当止则止，动止不失其时。节卦的止更多讲的是一种施加主观能动性的限制，即自我控制而使事物不至于发展太过，适可而止，告诫人们认识到纵然是当行的事情，也要有个限度，不宜过分，即适可而止。节卦反映出易经"贵中"的

269

哲学价值取向。在美学和艺术意义上，当代艺术中"节制"的设计让元素、色彩和材料虽然简化到最少的程度，但对色彩和材料的质感提出了更高的要求，目的是达到以少胜多、以简胜繁的艺术和美学效果，一定意义上也是对简约生活美学的一种回归。德谟克利特说，人们通过享乐上的节制和生活上的宁静淡泊，才得到愉快。西方人讲究节制，中国人讲究中庸之道，其实都蕴含了人类在漫长的历史长河中锤炼出的生活艺术。

◎西方美学比较

中世纪以来的西方美学史大体走过了对人的欲望、个性的压抑、启蒙、释放和张扬的过程。究其根源，还需要从西方人"二元"哲学思维方式的源头说起，集中表现为感性与理性的对立冲突及其在艺术实践与美学理论的分裂，以禁欲主义与后来的纵欲主义作为比较，西方审美历史的两种基本倾向往往随着时代发展交替反复，很难在一种互通平衡中同时获得成长。反观之，中国美学既没有遵循禁欲主义路线，更没有采取纵欲主义路线，中国式艺术与审美更多是对感性欲望和冲动的节制与升华，以其简朴的感性形式触发、营造丰富的内心体验。《节卦》所倡导的"贵中"原则即是代表，是一种在人的主观能动控制之下的有限节制，而非节制无度，对于矛盾事物的可控而非排斥，对于和谐之美的推崇，某种程度上形成了中国式的处理感性领域以及感性与理性之关系的实践和方法。说到底，不同的美学精神反映的是不同的文明取向。

第三十八章

中孚卦与小过卦

☴☱ 风泽中孚

《周易》第 61 卦：中孚卦

◎ **古经**

中孚豚鱼，吉；利涉大川，利贞。

《象》曰：泽上有风，中孚；君子以议狱缓死。

初九：虞吉，有它不燕。

《象》曰：初九虞吉，志未变也。

九二：鸣鹤在阴，其子和之，我有好爵，吾与尔靡之。

《象》曰：其子和之，中心愿也。

六三：得敌，或鼓或罢，或泣或歌。

《象》曰：或鼓或罢，位不当也。

六四：月几望，马匹亡，无咎。

《象》曰：马匹亡，绝类上也。

九五：有孚挛如，无咎。

《象》曰：有孚挛如，位正当也。

上九：翰音登于天，贞凶。

《象》曰：翰音登于天，何可长也。

◎《彖传》

中孚，柔在内而刚得中，说而巽，孚乃化邦也。豚鱼吉，信及豚鱼也。利涉大川，乘木舟虚也。中孚以利贞，乃应乎天也。

《彖传》说，中孚，柔顺者居内而刚强者取得中位。喜悦而随顺，诚信才可感化邦国。"猪和鱼，吉祥"，是说诚信已经到了能够感动猪和鱼的程度。适宜渡过大河，乘坐空木船安全。内心诚信而适宜正固，就是顺应天的节律。《序卦传》有云："节而信之，故受之以《中孚》。"有所节制才能取信于人。所以接着是中孚卦。《杂卦传》："小过，过也；中孚，信也。"小过卦所有爻改变，就成中孚，反之，中孚变成小过。小过意为小的超越，因而说"小过，过也"。中孚，大象上为大的离卦，离为心、为中央土，土主信，所以说"中孚信也"。

◎释义

中孚卦：用豚鱼献祭，虽物薄但心诚，吉利。并利于涉水过河，吉利。

《象辞》说：泽上有风，风起波涌，这是中孚的卦象。君子观此卦象，有感于以德性教化治理国家，因而谨慎判决讼狱，不轻易使用重典。

初九：安守则获吉祥，另有它求则不得安宁。

《象辞》说：安守则获吉祥，因为心志不改变。

九二：大鹤鸣于幽暗的夜半，小鹤随声应和，我有甜美的酒食，我愿与你们共享。

《象辞》说：鹤宝宝随声应和，因为双方内心有所共鸣，是衷心所愿。

六三：遇到敌人，或擂鼓进攻，或休兵撤退，或悲泣或欢歌。

《象辞》说：或进攻或休兵，因为六三不当位。

六四：月亮将要满盈，马匹丢失，没有过失。

《象辞》说：马匹丢失，是说离开同类六三而去顺从九五。

九五：用诚信维系彼此，没有咎害。

《象辞》说：用诚信维系彼此，亲比的双方都处于正位。

上九：鸡欲使自己的鸣叫传到天上，这样下去，会有凶祸。

《象辞》说：鸡鸣的声音传到天上，怎么能长久呢？

◎ **哲学美学启示**

中孚的卦义是诚信发自内心，它包括两个必要条件。一是诚信的来源不是外界压力下的被动行为，而是从内心发出的真诚；二是所处位置的贞正与中正，人的真诚不仅是自我的内心使然，也要符合像天道即自然规律那般的公正无私，从这个意义上说，真诚也有其客观性要求。同时，君子以思不出其位，也是贯穿于《周易》各卦的一条原则，它也适用于中孚卦，即君子应根据自己所处环境和位置思考和践行自己的诚信，有时需要安分不表露出来，而有时需要及时与外界发生共鸣，积极应和以表露诚信。以中国古代经典为例，《论语》的核心就在于向善，而向善的力量在于真诚，真诚所带来的美的体验是直达心灵的，因而也是令人感触最为强烈的一种审美体验。

◎ **西方美学比较**

如果将真诚与诚信纳入审美范畴予以考察，那么在西方文化中，真诚之美似乎可以追溯到两个源头：一个是基督教宗教文化中的诚信观，一个是古希腊文化延伸出来的契约伦理。诚信原则在这个契约伦理里经过发展，一则成为固化下来的法律制度，一则形成工业化以来的等价交换原则及其伦理思想。在前者那里，西方人有宗教信仰来拯救和抚慰人的灵魂，而中国则有诸如儒释道合而为一的中华文化滋养人们的道德与审美，这同样可以使我们的灵魂获得升华与平静；而在后者那里，经济上的平等诚信必然带来社会意识形态上的平等诚信、互帮互助，但在西方文化中，其基础是基于一种契约关系，而在中国文化中则是基于一种守望相助的道义伦理。无论两种文化是否在内容、形式及其实现方式上存在多少异质性，真诚在本质上都是由人内心的真实情感出发，散发于外并与之达成的某种情感共鸣，相形之下，西方注重依靠内在信仰（如宗教）与外在规约（如法律）来达到目标，而中国更注重依靠人自身的体悟道德予以践行，并由此获得一种德性审美体验。

雷山小过

《周易》第62卦：小过卦

◎ **古经**

小过：亨，利贞；可小事，不可大事；飞鸟遗之音，不宜上，宜下，大吉。

《象》曰：山上有雷，小过；君子以行过乎恭，丧过乎哀，用过乎俭。

初六：飞鸟以凶。

《象》曰：飞鸟以凶，不可如何也。

六二：过其祖，遇其妣；不及其君，遇其臣，无咎。

《象》曰：不及其君，臣不可过也。

九三：弗过，防之；从，或戕之，凶。

《象》曰：从，或戕之，凶如何也。

九四：无咎，弗过，遇之；往厉，必戒，勿用，永贞。

《象》曰：弗过，遇之，位不当也。往厉必戒，终不可长也。

六五：密云不雨，自我西郊；公弋取彼在穴。

《象》曰：密云不雨，已上也。

上六：弗遇，过之；飞鸟离之，凶。是谓灾眚。

《象》曰：弗遇，过之，已亢也。

◎ **《彖传》**

小过，小者过而亨也。过以利贞，与时行也。柔得中，是以小事吉也；刚失位而不中，是以不可大事也。有飞鸟之象焉：飞鸟遗之音，不宜上，宜下，大吉，上逆而下顺也。

《彖传》说，小过，柔小之事有所超过，故能亨通。超过而适宜正固，是要配合时势来运行的。柔顺者取得中位，因此小事吉祥；阳刚者失位而不居中，所以不可行大事。卦中有飞鸟之象，飞鸟遗下悲哀的鸣声，不宜于向上强飞，宜于向下安栖，大为吉祥，是因为往上走违背时势，而往下走顺应时势。《序卦传》有云："有信者必行之，故受之以《小过》。"人有所信，必然表现在行动上，有行动必有所超越，所以接着就是小过卦。《杂卦传》："小过过也，中孚信也"。小过全变成中孚，中孚全变成小过。小过是尺度上的有所超越、超过。

◎释义

小过卦：亨通，适宜守持正固。适宜于小事，不适宜大事。飞鸟空中过，鸣叫声遗留耳边，提示人们：高处不胜寒，向下安顿为吉。

《象辞》说：山上有雷，是小过的卦象。君子观此卦象，行为要超过一般的恭敬，丧事要超过一般的哀伤，费用要超过一般的节俭。

初六：飞鸟逆势向上而有凶险。

《象辞》说：飞鸟逆势向上而有凶险，无可奈何。

六二：越过祖父，得遇祖母；不可超越君位，只可与大臣相处，没有咎害。

《象辞》说：不可超越君位，是说六二之臣不可妄想超过君王。

九三：不过分防范小人，反而追随它，就必然受到戕害，有凶祸。

《象辞》说：若随从小人，恐被戕害，其凶险无可奈何。

九四：没有咎害，不是主动超越但也会遇到。前往有危险，一定要警戒，不可有所作为，应当长久坚守正道。

《象辞》说：不主动超过也会遇到，是因为处位不当。前往有危险，一定要警戒，是因为最终不可长久。

六五：有密集的乌云而没有降雨，风从我西边的郊野吹来；王公射取隐藏穴中的鸟兽。

《象辞》说：有密集的乌云而没有降雨，因为阴气停留在上方，没有向下与阳气汇合。

上六：没有相遇，就飞越过去了。飞鸟陷入罗网，有凶祸。这叫作天灾人祸。

《象辞》说：不能遇合，已飞越界限，没有止于高亢之地。

◎哲学美学启示

小过卦，卦象下卦艮为山，上卦震为雷，过山雷鸣，不可不警惕畏惧。过是超过常态，矫枉过正。小过是小事的超过，不是大事的超过。人们常说过犹不及，适中最好，但人处小过之时，不能不过，也不可太过，只应小有超过，以所谓的矫枉过正体现对不利时局的警戒堤防,这是顺应时势的必要作为。过于恭敬,过于哀伤,过于俭约,都是为了矫正一时的弊病,它们虽然不属于中庸的行为,但也足以矫正社会弊端,勉励世俗向善。小过也有一定的限度,是小有超过才吉。比如节俭,值得提倡,这是相对于奢靡之风而言。如果节俭过度,犹如小过卦的上六,超越了一定界限,往往"飞鸟离之,凶。是谓灾眚"。

◎西方美学比较

西奥多·阿多诺是德国哲学家、社会学家、美学家,法兰克福学派第一代的主要代表人物,社会批判理论的理论奠基者。阿多诺深谙美学及现代音乐,他的音乐批判理论是法兰克福学派社会批判理论中最具特色的。阿多诺的美学思想是以他独特的"否定的辩证法"为哲学基础的,他从"否定的辩证法"出发,深入地研究了艺术、特别是现代艺术的本质及其审美特性,认为艺术的本质特征应该是否定性,艺术是对现实世界的否定性认识。否定美学视域中,超越意识和象征意识是其美学的核心意识,阿多诺以否定性艺术去对抗异化现实的力量。否定性艺术作品必须是一种包含了否定性契机的、须由美学形式体现的否定,以此引导出一种新的意识和新的感知的出现。除此之外,阿多诺还把艺术社会性的基本指向规定为否定的功能,即对社会旧形态的新的改造,以此来看待现实状态下的超越之美及其审美价值。相比之下,中国式"超越"思维不是西方的否定批判,而是以一种永恒人格魅力为表征的人格美的坚守,以及现实生活面前永远保持对美的执着追求,如豁达乐观、舍生取义等,"超越之美"正是建构人格之美的基础上形成的,《小过》卦内涵的价值超越意味大抵如此,人们对自身坚信的美好始终如一的坚守,顺应时势予以适当矫正,通过改变自身的自我塑造影响外在,展现出人格之美。在这个意义上,中国人的超越意识指的是主体对客体必然性的超越特征,以及对生命永恒审美价值的充分肯定。艺术作为人的超越性的生命生存方式而存在,"超越"是艺术生命的"灵魂",也是对"实用目的"的超越。

第三十九讲

既济卦与未济卦

水火既济

《周易》第 63 卦：既济卦

◎古经

既济：亨小，利贞；初吉终乱。

《象》曰：水在火上，既济；君子以思患而豫防之。

初九：曳其轮，濡其尾，无咎。

《象》曰：曳其轮，义无咎也。

六二：妇丧其茀，勿逐，七日得。

《象》曰：七日得，以中道也。

九三：高宗伐鬼方，三年克之；小人勿用。

《象》曰：三年克之，惫也。

六四：繻有衣袽，终日戒。

《象》曰：终日戒，有所疑也。

九五：东邻杀牛，不如西邻之禴祭，实受其福。

《象》曰：东邻杀牛，不如西邻之时也；实受其福，吉大来也。

上六：濡其首，厉。

《象》曰：濡其首厉，何可久也！

◎《彖传》

既济，亨小，小者亨也。利贞，刚柔正而位当也。初吉，柔得中也。终止则乱，其道穷也。

《彖传》说，既济卦中"亨小"是说柔小者可通达。适宜守持正固，因为刚爻柔爻皆居位得正。起初吉祥，是因为柔顺者取得中位。最后就会混乱，是因为这条路走到了尽头。《序卦传》有云："有过物者必济，故受之以《既济》。"有过人的才能和德行，就一定可以把事情办成，所以接着是《既济》卦。《杂卦传》："既济定也。"既济卦，上坎下离，阴阳得配，六爻得位，表示事物发展已经到了完结的状态，所以说"定也"。

◎ 释义

既济卦：柔小者可通达，适宜守持正固；起初吉祥，最终将致危乱。

《象辞》说：水上火下，水浇火灭，是既济之卦的卦象。君子观此卦象，从而有备于无患之时，防患于未然之际。

初九：倒拉住车轮，浸湿狐狸的尾巴，使之不能贸然前进，没有过失。

《象辞》说：倒拉住车轮，理当没有咎害。

六二：妇人遗失车驾上的蔽饰，所以暂时不能出行，不用追寻，七日将失而复得。

《象辞》说：七日将失而复得，因为得乎中道。

九三：高宗讨伐鬼方国，用了三年才获胜；不是一般人可以担当此任的。

《象辞》说：用了三年才获胜，是说征战疲惫持久。

六四：舟船渡水时候为防止渗漏，必须准备好破衣烂衫，整天都处于警戒状态。

《象辞》说：整天都处于警戒状态，是因为有所疑虑。

九五：东邻杀牛举行大祭，还比不上西邻的薄祭，九五阳刚受到福佑。

《象辞》说：东边邻国杀牛盛祭，不如西边邻国薄祭，这是因为西邻顺天时而行；西邻大得民心，故更能承受福泽，吉祥。

上六：小狐渡河沾湿头部，有危险。

《象辞》说：小狐渡河沾湿头部，有危险，成功之后的守成怎会长久呢。

◎ **哲学美学启示**

既济卦是六十四卦中唯一一个六爻全部当位、相应、亲比的卦，其爻象在六十四卦中达到了最完美。下位离火，曰炎上，上为坎水，曰润下，水火相交，刚柔相济，如泰卦天地之交，故既济有泰卦之德，是六十四卦爻象中最为圆满的卦，此所以为"既济"也。《既济》卦名的取义借小狐狸涉水喻示事情发展已经完结，"既济"之时虽万事皆成，但要安保这一既成局面却非易事，故全卦大旨阐发了"守成艰难"的道理与强烈的忧患意识。而让既济排在未济卦之前，也反映出《周易》思想中"唯变"的永恒性，即没有事物是一定完结的，暂时的结束之后马上会再重新开始一个新的阶段，这就是所谓的事物螺旋式上升发展的"终则有始"。所以六十四卦的最终一卦不是既济而是未济，反映了《周易》"物不可穷"的深刻辩证思想。

◎ **西方美学比较**

人们普遍认为，美和审美是变化发展的，关于美和审美也像一切事物一样会有一个产生、发展、完结的过程的观点也越来越流行，而在德国古典美学集大成者黑格尔那里，这种观点就明确地形成为"艺术终结论"。黑格尔的艺术终结论可以表达为：当艺术到达浪漫型阶段时，艺术将走向终结。黑格尔认为宗教、艺术、哲学都是绝对精神的表现，根据他提出的"美是理念的感性显现"把艺术分成三个类型：象征型艺术。代表是东方艺术，是艺术的原始阶段，代表是形式大于内容；古典型艺术。它是艺术的成熟阶段，克服了象征性艺术的双重缺陷，代表是希腊艺术，达到了内容与形式的统一，是艺术最完整的阶段。浪漫型艺术。这个阶段艺术走向解体，主要特征是内容大于形式，艺术开始走向终结，并最终会转向哲学。在中国古代哲学美学思维中，终结是不成立的命题，这是基于中国人审美思维中"天人合一"的深刻思想基底，只要自然万物不停止运转，宇宙生命的生生不息就会一直延续下去，不存在终结的可能。《既济卦》虽然描述了事物发展已经到达了完结状态，但也是作为对一个阶段性完成状态的描述，而不是"终结"，至于最后一卦的《未济卦》，则更为深刻的诠释出易经思想中生生不息的"非终结"特征，相应的艺术与审美也不会终结，因为终则有始。

水火未济

《周易》第64卦：未济卦

◎ 古经

未济：亨，小狐汔济，濡其尾，无攸利。

《象》曰：火在水上，未济；君子以慎辨物居方。

初六：濡其尾，吝。

《象》曰：濡其尾，亦不知极也。

九二：曳其轮，贞吉。

《象》曰：九二贞吉，中以行正也。

六三：未济，征凶；利涉大川。

《象》曰：未济征凶，位不当也。

九四：贞吉，悔亡；震用伐鬼方，三年有赏于大国。

《象》曰：贞吉悔亡，志行也。

六五：贞吉，无悔；君子之光，有孚，吉。

《象》曰：君子之光，其晖吉也。

上九：有孚于饮酒，无咎；濡其首，有孚失是。

《象》曰：饮酒濡首，亦不知节也。

◎ 《彖传》

未济，亨，柔得中也。小狐汔济，未出中也。濡其尾，无攸利，不续终也。虽不当位，刚柔应也。

《彖传》说，未济卦通达，因为六五柔爻得中。小狐狸将要渡过河，是说还没有出离危险的中流。被水沾湿尾巴，没有什么适宜的事，是说不能坚持到终点。虽然位置不当，但刚爻与柔爻全部相应。《序卦传》有云："物不可穷也，故受之以《未济》终焉。"事物发展不可能穷尽,所以接着以未济卦作为六十四卦的结束。物不可穷,是说事物的发展变化没有穷尽,一个过程的终止也是下一个过程的开始。生生不已,没有止境,集中反映在未济卦,未济就是不会穷尽。易道以不终结为终结表达着一种新的开始。六十四卦不终于既济而终于未济,是因为既济已经穷尽,而未济代表无穷,以既济引出未济,以未济接续既济,正所谓"生生之谓易"。《杂卦传》云:"归妹女之终也。未济男之穷也。"未济,上离为火,下坎为水,火性上炎而在上,水性润下而在下,二者不能相互为用,所以是未济,表示未完成。"男之穷也"似与"女之终也"相并而论,也就是说男子完婚后变成丈夫身份,作为少男的状态走向终结,所以说"男之穷也"。

◎ 释义

未济卦:亨通。小狐狸快要渡过河,却打湿了尾巴。此行无所利。

《象辞》说:火在水上,水不能克火,两者不能相容,是未济卦的卦象。君子观此卦象,有感于水火错位不能相克,从而以谨慎的态度辨别事物的性质,使其各居其所。

初六:小狐渡河沾湿尾巴,有所憾惜。

《象辞》说:沾湿尾巴,说明不知谨慎持中。

九二:向后拖曳车轮不敢轻易前进,守正可获吉祥。

《象辞》说:九二守正可获吉祥,是因为居于中位又实行正道。

六三:没有渡过河去,前进将有凶险;适宜渡过大河。

《象辞》说:没有渡过河去,前进将有凶险,因为六三不当位。居六三之位固然"征凶",但若已然处于险境之地,又岂能坐以待毙?应当积蓄力量、待时而动,故曰利涉大川。

九四:始终做到坚守正道,可获吉祥,懊恼消失。振奋起来讨伐鬼方国,花了三年时间,得到了大国的奖赏。

《象辞》说:守正可获吉祥,悔恨消失,是说志向得以实现。

六五:守正可获吉祥,没有悔恨;君子的光辉照耀四方,心怀诚信必得吉祥。

《象辞》说:君子光辉的照耀可以带来吉祥。

上九:信任他人,安闲饮酒,不致咎害;但沉湎于酒肉的享乐之中,如同小狐渡河被水沾湿头部,无限度地盲从信任于人,必将损害正道。

《象辞》说:饮酒逸乐而如小狐渡河沾湿头部遭致祸害,说明上九已不知节制。

◎哲学美学启示

《未济卦》卦象火在水上,水性下注,火势向上,水不能克火,水火不交,阴阳不得正位,代表未能完成和未能成功之意。《周易》以乾坤二卦为始,以既济、未济二卦为终,充分反映了事物变化发展无穷无尽的思想,在六十四卦阴阳两种因素相互交织作用发展到一定程度后,既济卦所代表的阴阳合一、水火交融业已达成,而再往下前进,则必然发生阴阳平衡的打破,一切会重新开始并周而复始,故名未济。《未济卦》与《既济卦》各爻的阴阳关系截然相反,且所有爻均不在正位但数量相同,这种六爻皆不正的形态体现出阴阳平衡而无交宇宙混沌的原初状态,为下一发展阶段中物以类聚,阳爻归于阳爻,阴爻归于阴爻,从混沌进入有序的《乾》《坤》二卦提供了逻辑前提。

◎西方美学比较

海德格尔是德国现代著名哲学家、美学家,被西方思想家公认为是由现代跨向后现代的桥梁。海德格尔是西方存在主义的创始人和实践者,存在问题是海德格尔美学与哲学思想的根本问题,并创立了独特的"存在美学"。在这一美学体系中,美的时间性是海德格尔十分关注的一个方面,在海德格尔看来,人与世界融合的构成境域就是时间性,而时间不等于时间性,时间性是在时间不断流变的时序当中形成的,包含了主体对自然万物与自身存在的感知。可以说,"时间性"思想为追寻存在本源开启了一个思考维度,由此,审美也只有放在时间性的境域中加以考察,才能回归至本源状态。在中国古代天文历法中,一年并非只有简单的春夏秋冬,而是用二十四个如诗如画的名字串起的与众不同的四季:立春、雨水、惊蛰、春分、清明、谷雨、立夏、小满、芒种、夏至、小暑、大暑、立秋、处暑、白露、秋分、寒露、霜降、立冬、小雪、大雪、冬至、小寒、大寒,这二十四节气的时间刻度,作为分辨四季时序的时间标示,与自然万物的生发状态一一对应,所内涵的美学哲学意蕴已经深深刻进中国人日常生活的方方面面。或许这就是富有诗意的中国节气之美、时间之美所在,一年四季,年年如是,周而复始,不停变化,永不间断,从具体时空境域的视角完成了对《未济卦》卦德卦意的生动诠释。

第四十讲

系辞传与说卦传

系辞　上传

◎《系辞上传》第一章

天尊地卑，乾坤定矣。卑高以陈，贵贱位矣。动静有常，刚柔断矣。方以类聚，物以群分，吉凶生矣。在天成象，在地成形，变化见矣。

是故刚柔相摩，八卦相荡。鼓之以雷霆，润之以风雨。日月运行，一寒一暑。乾道成男，坤道成女。乾知大始，坤作成物。

乾以易知，坤以简能；易则易知，简则易从；易知则有亲，易从则有功；有亲则可久，有功则可大；可久则贤人之德，可大则贤人之业。易简，而天下之理得矣；天下之理得，而成位乎其中矣。

◎译文

天尊贵在上，地宽厚在下，《易经》乾坤的位置依此确定。事物都是按从低到高、由简入繁的位次成长和发展，《易经》六爻位置依此排定。运动和静止都是有规律的，《易经》中阳刚为动、阴柔为静依此判定。宇宙自然万物依据其禀赋特征，顺其类则聚集而吉，逆其群则分离而凶，《易经》中卦爻的吉凶依此发生。天上有日月星辰之象，地上有山川动植之形，天地万物通过交感作用发生变化，《易经》中卦爻的相互关系就是依照这种变化规律而模拟演进的。

因此，阳刚、阴柔相互交感产生八卦，八卦推移变动产生卦序。阳气的萌动始于震雷,离电紧随其后,阴气的滋润始于巽风,坎雨紧随其后;日月往来运行,出现寒暑交替。乾为阳,构成男性之象征;坤为阴,为构成女性之象征。乾主管天地之创始,坤主管万物之作成。

乾的作为以平易为人所知,坤的作为以简约见其功能。平易就容易使人明了,简约就容易使人顺从;容易明了就有人亲近,容易顺从则可建立功业;有人亲近处世就可以维系长久,可建功勋立身就能弘大;处世长久是贤人的美德,立身弘大是贤人的事业。因为乾坤的平易和简约,天下的道理就不难懂得;懂得天下的道理,则可成就人之地位于天地之中。

◎《系辞上传》第二章

圣人设卦观象,系辞焉而明吉凶,刚柔相推而生变化。是故吉凶者,失得之象也;悔吝者,忧虞之象也。变化者,进退之象也;刚柔者,昼夜之象也。六爻之动,三极之道也。是故君子所居而安者,《易》之序也;所乐而玩者,爻之辞也。是故君子居则观其象而玩其辞,动则观其变而玩其占,是以"自天祐之,吉无不利"。

◎译文

圣人设立八卦,观察卦象、爻象,贯以卦名、卦辞、爻辞,以明吉凶悔吝;卦爻阳刚或阴柔,相互推移,因而产生无穷变化。所以《易经》中所言"吉凶",是表示成功与失败的现象;"悔吝",是表示有忧虑顾虑的现象。"变化",是前进或后退的象征;"刚柔",是昼夜交替的象征。六爻之变动,涵盖天地人三极之道。所以君子静处之时,观察卦爻象而玩味卦爻辞的义理;遇到有行动,则观察《易经》的变化而玩味占筮的吉凶,这样就如大有卦上九爻辞所说:"从天而来的祐助,吉祥而无所不利。"

◎《系辞上传》第三章

彖者,言乎象者也;爻者,言乎变者也。吉凶者,言乎其失得也;悔吝者,言乎其小疵也。无咎者,善补过也。是故列贵贱者存乎位,齐小大者存乎卦,辩吉凶者存乎辞,忧悔吝者存乎介,震无咎者存乎悔。是故卦有小大，辞有险易；辞也者，各指其所之。

◎ 译文

象辞即卦辞，是总释全卦的卦意卦德。爻辞，乃是分释各爻之变化。"吉凶"是说明其成功或失败的。"悔吝"是说明其小有弊病与过失的。"无咎"是说善于补救其过失的意思。所以分别贵贱，依其所居之爻位而定。辨正大小，依其各卦的卦象而知。由爻位和卦象可审其吉凶，通过卦爻辞得以辨明。悔吝，介于吉凶之间。无咎，在于能否用心领悟。所以卦象有阴阳大小之分，爻辞就有凶险平易之别；各卦爻指向的是事物发展变化的趋势。

◎《系辞上传》第四章

《易》与天地准，故能弥纶天地之道。仰以观于天文，俯以察于地理，是故知幽明之故；原始反终，故知死生之说；精气为物，游魂为变，是故知鬼神之情状。与天地相似，故不违；知周乎万物，而道济天下，故不过；旁行而不流，乐天知命，故不忧；安土敦乎仁，故能爱。范围天地之化而不过，曲成万物而不遗，通乎昼夜之道而知，故神无方而《易》无体。

◎ 译文

《易》与天地齐准，编写参考天地运行规律，所以能涵括天地的法则。仰而观察天文，俯而考察地理，所以知道幽隐与光明的道理。追寻事物的起始，发展到最终又向原点回归，并重新开始，于是能知晓死生流转的道理。精气言生命存在的物质层面，游魂言生命变化的精神层面，因此而知晓鬼神的情况。《易》与天地相似，所以不违背天地；能周知万物的情态，它的法则将得益于天下，所以不会偏离万物而存在。广泛运行而不会超出界限，乐道而知天命，所以心无所忧。安于所处之境，敦行仁道，所以能怀爱心。囊括天地的变化而不偏离，细致安排成就万物的形成而无遗漏，能通晓昼夜阴阳交替变换之道，所以神妙的变化没有固定方式，《易》也不会固定于一种形态。

◎《系辞上传》第五章

一阴一阳之谓道。继之者善也，成之者性也。仁者见之谓之仁，知者见之谓之知，百姓日用而不知，故君子之道鲜矣。显诸仁，藏诸用，鼓万物而不与圣人同忧，盛德大业至矣哉！富有之谓大业，日新之谓盛德。生生之谓《易》，成象之谓乾，效法之谓坤，极数知来之谓占，通变之谓事，阴阳不测之谓神。

◎译文

一阴一阳的变化就是道，承继它来运行发展的是向善，完成成就它的是本性。仁者见之认为是仁，智者见之认为是智，百姓每天都在使用却并不了解，所以君子所体悟的道是很少有人能了解的。易道显现于仁德，潜藏于日用，催生万物生发却不像圣人那样存有忧患之心，这种盛大的美德可以说是达到极限了！富有无缺是大业，日新是盛德。生生不息就是《易》，形成生长之象是乾，跟随法则运转是坤，推演数理变化以测未来之事的是占问，贯通事物发展变化的是事件，阴阳变化难以测度的可谓之神妙。

◎《系辞上传》第六章

夫《易》广矣大矣！以言乎远则不御，以言乎迩则静而正，以言乎天地之间则备矣。夫乾，其静也专，其动也直，是以大生焉；夫坤，其静也翕，其动也辟，是以广生焉。广大配天地，变通配四时，阴阳之义配日月，易简之善配至德。

◎译文

《易》的道理真实广大啊。用它来谈及广袤宇宙，则没有止境，谈及身边小事，则清楚正确，谈及天地之间的事，则一切尽在完备。乾，就其静止而言，是圆的，就其运动而言，是直的，所以至大的生命力就产生了。坤，就其静止而言，是闭合的，就其运动而言是张开的，所以至广的生命力就产生了。广大与天地相匹配,变通与四时相匹配,阴阳之义与日月相匹配,至简之善与至高之德相匹配。

◎《系辞上传》第七章

子曰:"《易》其至矣乎!夫《易》,圣人所以崇德而广业也。知崇礼卑,崇效天,卑法地,天地设位,而《易》行乎其中矣。成性存存,道义之门。"

◎译文

孔子说:"《易》说明了至高无上的大道理。"《易》是圣人用来推崇道德而开拓事业的。智慧贵在崇高,礼节贵在谦卑,崇高是仿效天,谦卑是取法地。天地创设了上下有序的方位,《周易》的道理就在其间变化通行。助力成就万物的天性,保存万物的存在,就是步入道义的门户。

◎《系辞上传》第八章

圣人有以见天下之赜,而拟诸其形容,象其物宜,是故谓之象。圣人有以见天下之动,而观其会通,以行其典礼,系辞焉以断其吉凶,是故谓之爻。言天下之至赜而不可恶也。言天下之至动而不可乱也。拟之而后言,议之而后动,拟议以成其变化。

◎译文

圣人发现天下幽深难见的道理,就把它模拟成具体的形态样貌,用来象征特定事物适宜的意义,所以称作"卦象"。圣人发现天下万物运动不息,就观察其中会合变通的方式,用来叙述其适宜的典法礼仪,并在卦爻辞的解说中附上判断事物变动的吉凶,所以称作"爻象"。

传《易》者阐述天下至为幽深难见的道理,而不会使人感到厌烦;阐述天下至为纷繁复杂的变动,而不会使人感到杂乱。这些都是模拟自然万物诸经验,在比较之后再作出的说明,需要审慎思考审议爻象然后再去行动,通过卦象和爻象来践行《周易》的变化哲学。

◎《系辞上传》第九章

"鸣鹤在阴,其子和之,我有好爵,吾与尔靡之。"子曰:"君子居其室,出其言善,则千里之外应之,况其迩者乎?居其室,出其言不善,则千里之外违之,况其迩者乎?言出乎身,加乎民;行发乎迩,见乎远。言行,君子之枢机。枢机之发,荣辱之主也。言行,君子之所以动天地也,可不慎乎?"

"《同人》:先号咷而后笑。"子曰:"君子之道,或出或处,或默或语,二人同心,其利断金。同心之言,其臭如兰。"

"初六,藉用白茅,无咎。"子曰:"苟错诸地而可矣。藉之用茅,何咎之有?慎之至也。夫茅之为物薄,而用可重也。慎斯术也以往,其无所失矣。"

"劳谦,君子有终,吉。"子曰:"劳而不伐,有功而不德,厚之至也。语以其功下人者也。德言盛,礼言恭,谦也者,致恭以存其位者也。"

"亢龙有悔。"子曰:"贵而无位,高而无民,贤人在下位而无辅,是以动而有悔也。"

"不出户庭,无咎。"子曰:"乱之所生也,则言语以为阶。君不密则失臣,臣不密则失身,几事不密则害成。是以君子慎密而不出也。"

子曰:"作《易》者,其知盗乎?《易》曰:'负且乘,致寇至。'负也者,小人之事也。乘也者,君子之器也。小人而乘君子之器,盗思夺矣!上慢下暴,盗思伐之矣!慢藏诲盗,冶容诲淫,《易》曰:'负且乘,致寇至。'盗之招也。"

◎译文

中孚卦九二爻辞说:"鹤鸣于幽暗的夜半,小鹤随声应和,父母对孩子说:我这里有甜美的酒食,我愿与你们共享。"孔子说:"君子在自己的家里,说出的话有益,那么千里之外也会响应它,况且近处的人呢?在自己的家里,说出的话有害,那么千里之外都不会听,况且近处的人呢?话是自己说出的,影响及于众人;行为发生于近处,影响及于远处。言行,这是君子的枢机;枢机一旦发动,是荣是辱也就定了下来。言行,这是君子之所以能够影响天地的东西,难道可以不谨慎吗？"

同人卦九五爻辞说："聚合众人，先是号啕大哭而后欢笑。"孔子说："君子遵行的法则，或是行走或是站立，或是沉默或是谈论。两人同心的力量可以折断坚硬的金属。知心交谈的气氛犹如兰草一般幽香。"

大过卦说："初六，用白茅垫在祭品底下，没有咎害。"孔子说："哪怕放在地上也是可以的，用茅草衬垫，哪里会有咎害呢？谨慎得很啊。茅草作为物是微薄的，却可以发挥重大作用。慎守这种恭谨的方法而前往，必将无所过失。"

谦卦九三说："劳苦而谦虚，能坚持到最终，吉祥。"孔子说："一个人劳苦而不自夸，功高而不以德自居，这是多么仁厚啊，说话时把功劳归到他人下面。修德讲究盛美，尚礼讲究谦卑，这才是谦，谦通过恭敬他人以保存其位。"

乾卦上九说："龙飞得过高会有悔恨。"孔子说："尊贵而不当位，高高在上失去百姓，贤明之士处下位不能来辅佐，所以只要一行动就产生悔恨。"

节卦初九说："不出家门，没有灾祸。"孔子说："动乱之所以产生，总是以言语作为诱因的。君王行为不缜密就会危及臣子，大臣行为不缜密就会危及自身，机密之事不缜密就会导致失败。所以君子缜密而不随便言语啊。"

孔子说："作《易》的人大概懂得盗贼的心思吧。《易》的《解卦》六三说：'背着东西又坐着车，招引来盗贼。'负物，是小人做的事；乘车，是君子的器物。小人占据了君子的器物，于是激发了他人的盗窃之心；在上位的懈怠，在下位的暴戾，敌国才谋划征伐国家。疏于藏锋招引盗贼，打扮妖艳招引调戏。《易》说：'背着东西又坐着车，招引来盗贼。'这是讲盗贼之所以被招来的原因。"

◎《系辞上传》第十章

大衍之数五十，其用四十有九，分而为二以象两，挂一以象三，揲之以四以象四时，归奇于扐以象闰，五岁再闰，故再扐而后挂。天数五，地数五，五位相得而各有合。天数二十有五，地数三十，凡天地之数五十有五，此所以成变化而行鬼神也。《乾》之策二百一十有六，《坤》之策百四十有四，凡三百六十，当期之日。二篇之策，万有一千五百二十，当万物之数也。是故四营而成《易》，十有八变而成卦。八卦而小成，引而伸之，触类而长之，天下之能事毕矣。显道神德行，是故可与酬酢，可与祐神矣。子曰："知变化之道者，其知神之所为乎！"

◎译文

天数一、地数二，天数三、地数四，天数五、地数六，天数七、地数八，天数九、地数十。天数有五个，地数有五个，天数与地数代表五个方位，并且它们两两相互搭配。五个天数相加为二十五，五个地数相加为三十，这是用来推算阴阳的各种变化形式，反映阴阳所体现出来的神妙情况。用来推演变化的蓍草作为一种推演用具，用五十根表示大型推演之数，但其中发挥作用的只有四十九根。将四十九根任意分为两部分用来象征两仪，从其中任何一部分中拿出一根挂在旁边使分开的三部分象征三才，再对所分开的两部分每四根为一组分成若干组用来象征四季，将其中一部分中剩下的不够四根夹在手指缝中用来象征闰月，对另一部分所剩下的也像这样夹在手指缝间，然后一起挂在旁边。乾卦用二百一十六根蓍草（乾卦有六个阳爻，每爻以四根蓍草为一组，而阳数用九，故总数为六乘以三十六），坤卦会用一百四十四根（坤卦有六个阴爻，每爻以四根蓍草为一组，而阴数用六，故总数为六乘以二十四）。总共用三百六十根，相当于一年的天数。《易经》上下两篇共有六十四卦，合计所用的蓍草数有一万一千五百二十根，相当于万物的数目。因此，经过分成两部分、挂一根在旁边、四根分组、放下剩下的这四个步骤而得出表示变化形式的卦象，经过这样十八次推演而成为一个卦象，这样就得出了八卦中的一个卦象。按照这个办法继续推演，碰到同类的情况以此类推而形成六十四卦之中的一卦，天下的一切事物就都可以通过所得到的卦象完全体现出来了。《易经》可以使阴阳之道明确地显示出来，使其功能与效果显得更加神妙，因此可以用来应付万事万物，可以用来助成神明的化育。孔子说："了解变化规律的人，大概能了解神明的所为吧。"

◎《系辞上传》第十一章

《易》有圣人之道四焉：以言者尚其辞，以动者尚其变，以制器者尚其象，以卜筮者尚其占。是以君子将有为也，将有行也，问焉而以言，其受命也如响，无有远近幽深，遂知来物。非天下之至精，其孰能与于此。参伍以变，错综其数，通其变，遂成天地之文；极其数，遂定天下之象。非天下之至变，其孰能与于此！《易》无思也，无为也，寂然不动，感而遂通天下之故。非天下之至神，其孰能与于此？夫《易》，圣人之所以极深而研几也。唯深也，故能通天下之志；唯几也，故能成天下之务；唯神也，故不疾而速，不行而至。子曰"《易》有圣人之道四焉"者，此之谓也。

◎译文

《易经》中包含四个方面的圣人之道：用来指导言论时格外重视卦爻辞，用来指导行动时格外重视阴阳变化的规律，用来指导制作器物时格外重视卦象的形象，用来预断吉凶时格外重视占卜。因此，君子将要有所作为，将要有所行动，到《易经》的卦爻辞中来询问吉凶趋向，他所得到的吉凶答复好比回声一样，不管是远是近，还是幽隐精深的事情，所以能知道未来事物的吉凶趋势。如果不是天下最为精深的道理，哪一种能够达到这种程度。将天数和地数综合参考来寻求变化的规律，将这些数字交错分析，能够与自然的变化规律相通，于是就形成了能够体现天地变化的文辞；极尽这些数字的变化，于是就确定了能够体现天下万事万物的卦象。如果不是天下最精妙的变化，哪一种能够达到这种程度呢？《易经》所体现的道理，不是凭借人的思考，更不是人为地创造出来的，它无声无响，寂静不动，通过感悟这种道理就可以通晓天下万事万物的事理。如果不是天下最神妙的道理，哪一种能够达到这种程度呢？《易经》是圣人用来深入探求研究事物微妙之理的书。正因为其深奥，所以能够与天下人的心志贯通；正因为其微妙，所以能够成就自然万物的功业；正因为神妙，所以能够不急于求成却自然而然地很快成就，不用快速行进却照样准时到达。孔子说："《易经》中包含圣人之道的四个方面"，说的就是这个道理。

◎《系辞上传》第十二章

天一，地二；天三，地四；天五，地六；天七，地八；天九，地十。子曰："夫《易》何为者也？夫《易》开物成务，冒天下之道，如斯而已者也。"是故圣人以通天下之志，以定天下之业，以断天下之疑。是故蓍之德圆而神，卦之德方以知，六爻之义易以贡。圣人以此洗心，退藏于密，吉凶与民同患。神以知来，知以藏往，其孰能与于此哉！古之聪明睿知，神武而不杀者夫。是以明于天之道，而察于民之故，是兴神物以前民用。圣人以此斋戒，以神明其德夫！是故阖户谓之坤，辟户谓之乾，一阖一辟谓之变，往来不穷谓之通。见乃谓之象，形乃谓之器，制而用之谓之法，利用出入，民咸用之谓之神。

是故《易》有太极，是生两仪，两仪生四象，四象生八卦，八卦定吉凶，吉凶生大业。是故法象莫大乎天地；变通莫大乎四时；悬象著明莫大乎日月；崇高莫大乎富贵备物致用，立成器以为天下利，莫大乎圣人探赜索隐，钩深致远，以定天下之吉凶，成天下之亹亹者，莫大乎蓍龟。是故天生神物，圣人则之；天地变化，圣人效之；天垂象，见吉凶，圣人象之；河出图，洛出书，圣人则之。《易》有四象，所以示也。系辞焉，所以告也；定之以吉凶，所以断也。

◎译文

孔子说："《易经》是用来做什么的呢？《易经》是研究天下万事万物的规律而成就天下的功业，涵盖万物运转的法则，如此而已。因此，圣人用它来与天下人的心志相贯通，用它来创立天下的事业，用它来决断天下人的疑难问题。"因此，用蓍草的作用圆通而神妙，卦象的作用方正而智慧，六爻的特征变化而彰显吉凶。圣人根据其理来洁净自己的心志，将自己退藏于隐秘之中，无论吉祥还是凶险都与民共同承受。神妙而能知道未来的情况，充满智慧而包藏着以往的经验，又有什么样的道理能够达到这种程度呢？大概只是古代那种耳聪目明、神勇过人而又炫耀自己的人才可以吧。因此，认识到天地运行之道，体察到民众实际情况，这才制作了用来占卜的神妙的预测之物。圣人根据它洗心防患，使自己的德行更加神妙圣明。于是，关闭门户静处可以叫作坤，打开门户活动可以称为乾；一开一闭叫作变化，往来不穷尽叫作通达。呈现出来的叫作现象，具有形态的叫作器物，从具体事物推定出抽象的事理叫做法则，利用这种法则活动于天地之间，百姓都能使用它叫作神妙。因此，《易经》揭示了太极之道，从太极分化出阴阳两仪，阴阳两仪分化出少阳、太阳、少阴、太阴四象，四象分化出乾、兑、离、震、巽、坎、艮、坤八卦，八卦决定事情的吉祥或凶险，对吉凶趋势的准确判断成就伟大的功业。因此，最高的法则没有什么能超过天地的，最神妙的变通没有什么能超过四季的，高悬而彰显现象没有什么能超过日月的，人们尊崇和高尚的目标没有什么能超过富有和尊贵的。齐备万物而能使人们使用，创造各种器物用来给天下人带来利益，没有谁能够超过圣人的。探求万物的复杂情况，探索其中隐含着的道理，挖掘深刻的哲理，推及演算幽远的事物，以此用来判断万事的吉凶，促成天下之人勤勉追求，没有什么超过蓍草和龟甲的。因此，上天产生了神妙的万物，圣人取法于它。天地之间出现各种变化，圣人效法它而推演出《易经》。上天出现各种自然景象，显示吉凶趋势，圣人模仿它而定出卦爻辞。黄河出现了"河图"，洛水出现了"洛书"，圣人取法它而创造了八卦。《易经》设少阳、太阳、少阴、太阴四象彰显自然奥妙，用来指导人们的行动。圣人编写出卦爻辞，用来告诫人们吉凶、判断祸福。

◎《系辞上传》第十三章

易曰："自天佑之，吉无不利。"子曰："佑者，助也。天之所助者，顺也；人之所助者，信也。履信思乎顺，又以尚贤也。是以'自天佑之，吉无不利'也。"子曰："书不尽言，言不尽意。"然则圣人之意，其不可见乎？子曰："圣人立象以尽意，设卦以尽情伪，系辞焉以尽其言。变而通之以尽利，鼓之舞之以尽神。"乾坤，其《易》之邪？乾坤成列，而《易》立乎其中矣。乾坤毁，则无以见《易》。《易》不可见，则乾坤或几乎息矣。是故形而上者谓之道，形而下者谓之器。化而裁之谓之变，推而行之谓之通，举而错之天下之民谓之事业。是故夫象，圣人有以见天下之赜，而拟诸其形容，象其物宜，是故谓之象。圣人有以见天下之动，而观其会通，以行其典礼，系辞焉以断其吉凶，是故谓之爻。极天下之赜者存乎卦；鼓天下之动者存乎辞；化而裁之存乎变；推而行之存乎通；神而明之存乎其人；默而成之，不言而信，存乎德行。

◎译文

《易经》说："从上天得到保佑，吉祥而没有什么不好。"孔子说："保佑就是辅助。上天所辅助的对象是能够顺从天地之道的人；人所辅助的对象是讲究诚信的人。履行诚信并虚心顺从天地之道，可以使圣贤被人们尊崇。所以能够从上天得到庇佑，吉祥而没有什么不好的。"孔子说："书写出来的文字不能完美地表达要说的意思，语言不能完美表达心意；这样，圣人的心意难道就不能显示出来了吗？"孔子说："圣人设立爻象用来表达心意，设立卦象用来完备地表达真实与虚伪，附上卦爻辞用来准确地表达出要说的意思。通过卦爻变化的形式和贯通其中的道理来为人求得利益，鼓动百姓自觉的顺从其理而体现其中神妙功用。"乾卦和坤卦，是理解《易经》奥秘的关键。乾坤二卦排列成序，

《易经》的法则也就存在于其中了。乾坤所代表的天地如果毁坏了，那么也就无法彰显《易经》的法则；《易经》的法则如果不再彰显了，那么乾坤所代表的天地可能也就要消亡了。因此，超出具体形象之上的叫作道，具有固定形体的叫作器，改造并裁定的情况叫作变化，推演而用来指导行事的叫作通达。推演大道并应用于百姓的叫作事业。因此，所谓象，是因为圣人看到了天下纷繁复杂的情况，而用具体的形式模拟出来，象征万物的道理，此所谓卦象。圣人因为看到天下万物的变化运动，而观察它们汇合贯通的道理，用来创立礼仪法则，再附上卦爻辞用来判断吉凶情况，此所谓爻辞。将天下所有的纷繁复杂的情况表现在卦爻象中，激励天下人的行动的意愿表现在卦爻辞中，让卦象变化改造的在于卦爻的变动，促使卦象推演而运行不已的在于通达。把握卦象的神妙并彰显出来的在于圣人。默默成就卦象，不必多说而追求诚信的在于德行修养。

系辞　下传

◎《系辞下传》第一章

　　八卦成列，象在其中矣；因而重之，爻在其中矣；刚柔相推，变在其中焉；系辞焉而命之，动在其中矣。吉凶悔吝者，生乎动者也；刚柔者，立本者也；变通者，趋时者也。吉凶者，贞胜者也；天地之道，贞观者也；日月之道，贞明者也；天下之动，贞夫一者也。

　　夫乾，确然示人易矣；夫坤，隤然示人简矣。爻也者，效此者也。象也者，像此者也；爻象动乎内，吉凶见乎外，功业见乎变，圣人之情见乎辞。天地之大德曰生，圣人之大宝曰位。何以守位？曰仁。何以聚人？曰财。理财正辞、禁民为非曰义。

◎译文

　　八卦排成系列后，宇宙万象也就包含在其中了。将八卦重叠成六十四卦，六爻的微妙奥秘也就包含在其中了。阳刚阴柔之爻相互推移，变化之道也就包含在其中了。附上卦爻辞在后面用以说明，那么变动趋向也就包含在其中了。

所谓吉凶悔吝，是事物变动产生的结果。阴阳刚柔，是推动变动的根本。变化与通达是因势利导以适应不同的时空。所谓的吉凶祸福是人心正则吉，心不正则凶。天地法则是正大显现的，日月之道是正大光明的，天下万物的变化统一于常道的。

乾卦明确地显示出刚健的道理；坤卦柔顺地显示出简易的法则。所谓的"爻"，就是效法天地易简的法则。所谓的"象"就是模拟天地万物的形态。爻与象在卦的内部活动，吉与凶表现于外，功业表现在对变化机遇的把握，圣人之情则通过卦辞来显现。天地最伟大的德行是化生万物，圣人最大的宝物是崇高的地位。那么如何守住地位呢？要靠仁爱。怎样才能把百姓聚集起来呢？要靠财富，所以需要依靠管理财富来使百姓端正言行，禁止民众为非作歹，这就叫道义。

◎《系辞下传》第二章

古者包羲氏之王天下也，仰则观象于天，俯则观法于地，观鸟兽之文与地之宜，近取诸身，远取诸物，于是始作八卦，以通神明之德，以类万物之情。作结绳而为网罟，以佃以渔，盖取诸《离》。

包羲氏没，神农氏作，斫木为耜，揉木为耒，耒耨之利，以教天下，盖取诸《益》。日中为市，致天下之民，聚天下之货，交易而退，各得其所，盖取诸《噬嗑》。

神农氏没，黄帝、尧、舜氏作，通其变，使民不倦，神而化之，使民宜之。《易》穷则变，变则通，通则久。是以"自天佑之，吉无不利"。黄帝、尧、舜垂衣裳而天下治，盖取诸《乾》《坤》。刳木为舟，剡木为楫，舟楫之利，以济不通，致远以利天下，盖取诸《涣》。服牛乘马，引重致远，以利天下，盖取诸《随》。重门击柝，以待暴客，盖取诸《豫》。断木为杵，掘地为臼，杵臼之利，万民以济，盖取诸《小过》。弦木为弧，剡木为矢，弧矢之利，以威天下，盖取诸《睽》。

上古穴居而野处，后世圣人易之以宫室，上栋下宇，以待风雨，盖取诸《大壮》。古之葬者，厚衣之以薪，葬之中野，不封不树，丧期无数。后世圣人易之以棺椁，盖取诸《大过》。上古结绳而治，后世圣人易之以书契，百官以治，万民以察，盖取诸《夬》。

◎ 译文

上古时代，伏羲氏统治天下，他抬头观察天体星象，低头俯察地上万物，观察鸟兽的皮毛纹理，考察大地的物产法则，近处取法人的形象，远处取法万物的形象，于是创制出八卦，以此会通神明的功能，类比天下万物的变化情形。伏羲氏用绳草编织成捕兽的网和捕鱼的罟，教导人们捕兽捉鱼，这大概就是取法于离卦的卦象。

伏羲氏过世之后，神农氏兴起，他砍下木头削制成犁，把木棒揉弯做成犁柄，耕田种地就很便利了，以此教导天下人使用，这大概就是取法于益卦的卦象。规定每天正午的集市买卖，招来天下百姓，聚集天下货物，人们相互交换货物然后各自散去，各自得到自己想要的东西，这大概就是取法噬嗑卦的卦象。

神农氏过世之后，黄帝、炎帝、舜帝前后兴起。他们通达事物的变化，使民众幸福生活而不感劳倦，用高明的办法教化了百姓，使民众得到更多实惠。《易经》的道理是事物发展到了穷尽地步，就要发生变化，变化就能通达，通达就能持久。黄帝、尧帝、舜能遵循这一法则，所以自会得到上天的保佑，吉祥而无不利。他们不必辛劳奔波，垂衣拱手便可带来天下的无为而治，这大概是取法乾坤两卦。将树干挖空做成船，削木制成桨，船桨的便利在于渡过阻隔的河流而到达远方，去造福天下之人，这大概是取法涣卦。牵上牛鼻子将牛驯服可以牵载重物，骑上马就可以到达远方，从而使天下人得到便利，这大概是取法随卦。设置多重的门并打更巡夜，以防备盗贼侵入，这就是取法于豫卦。切断木头制成杵，在地挖洞做成臼，臼与杵的便利使得天下百姓都从中得到了益处，这大概是取法小过卦。揉弯木头做成弓，把木头削成箭，用弓与箭的威势，来威慑天下的恶人，这大概取法睽卦。

上古时期的人们住在洞穴和野外，后来圣人教导百姓建筑了房屋居住，上有栋梁，下有屋檐，以遮风避雨，这大概取法于大壮卦。上古时代埋葬过世的人，只用厚厚的柴草进行覆盖就葬在荒野中，不建造坟墓也不植树以立标志，服丧也没有一定的期限。后世的圣人教百姓用棺椁来代替，这是取法于大过卦。上古时代没有文字，先民们靠结绳记事，后世的圣人发明文字，用文书书契来替代结绳，官吏以此来处理政务，百姓得以知道过往历史，这大概是取法于夬卦。

◎《系辞下传》第三章

是故《易》者，象也；象也者，像也。彖者，材也；爻也者，效天下之动者也。是故吉凶生而悔吝著也。

◎译文

由此可知，《易经》的内容在于卦象。所谓卦象是指模拟宇宙万物的形象。彖辞说明的是全卦的意义。六爻的变化是效法天下万物的变动情形。所以，事物一旦有变动，就会生出吉凶，相应悔吝也就显现出来。

◎《系辞下传》第四章

阳卦多阴，阴卦多阳，其故何也？阳卦奇，阴卦偶。其德行何也？阳一君而二民，君子之道也。阴二君而一民，小人之道也。

◎译文

《易经》中的阳卦多阴爻，阴卦多阳爻，这是什么缘故呢？因为阳卦要求是奇数，阴卦要求是偶数，阳卦有一个阳爻两个阴爻，故以一阳当主，阴卦中有一个阴爻两个阳爻，故以一阴为主。阳卦阴卦的功能与象征如何呢？阳卦中一阳爻二阴爻，象征一君二民，一君而使民归心，这是君子所具有的风度。阴卦中一阴爻二阳爻，象征一民二君，二君争夺一民，这是小人的作风。

◎《系辞下传》第五章

《易》曰："憧憧往来，朋从尔思。"子曰："天下何思何虑？天下同归而殊途，一致而百虑。天下何思何虑？日往则月来，月往则日来，日月相推而明生焉。寒往则暑来，暑往则寒来，寒暑相推而岁成焉。往者屈也，来者信也，屈信相感而利生焉。尺蠖之屈，以求信也；龙蛇之蛰，以存身也。精义入神，以致用也；利用安身，以崇德也。过此以往，未之或知也；

穷神知化，德之盛也。"

《易》曰："困于石，据于蒺藜，入于其宫，不见其妻，凶。"子曰："非所困而困焉，名必辱。非所据而据焉，身必危。既辱且危，死期将至，妻其可得见耶！"

《易》曰："公用射隼于高墉之上，获之，无不利。"子曰："隼者，禽也；弓矢者，器也；射之者，人也。君子藏器于身，待时而动，何不利之有？动而不括，是以出而有获，语成器而动者也。"

子曰："小人不耻不仁，不畏不义，不见利不劝，不威不惩。小惩而大诫，此小人之福也。《易》曰：'履校灭趾，无咎。'此之谓也。""善不积不足以成名，恶不积不足以灭身。小人以小善为无益而弗为也，以小恶为无伤而弗去也，故恶积而不可掩，罪大而不可解。《易》曰：'何校灭耳，凶。'"

子曰："危者，安其位者也；亡者，保其存者也；乱者，有其治者也。是故君子安而不忘危，存而不忘亡，治而不忘乱，是以身安而国家可保也。《易》曰：'其亡其亡，系于苞桑。'"

子曰："德薄而位尊，知小而谋大，力少而任重，鲜不及矣。《易》曰：'鼎折足，覆公餗，其形渥，凶。'言不胜其任也。"

子曰："知几其神乎！君子上交不谄，下交不渎，其知几乎？几者，动之微，吉之先见者也。君子见几而作，不俟终日。《易》曰：'介于石，不终日，贞吉。'介如石焉，宁用终日？断可识矣。君子知微知彰，知柔知刚，万夫之望。"

子曰："颜氏之子，其殆庶几乎？有不善未尝不知，知之未尝复行也。《易》曰：'不远复，无祗悔，元吉。'"

天地氤氲，万物化醇。男女构精，万物化生。《易》曰：'三人行则损一人，一人行则得其友。'言致一也。

子曰："君子安其身而后动，易其心而后语，定其交而后求。君子修此三者，故全也。危以动，则民不与也；惧以语，则民不应也；无交而求，则民不与也；莫之与，则伤之者至矣。《易》曰：'莫益之，或击之，立心勿恒，凶。'"

◎译文

《易经》咸卦"九四"的爻辞说："心思不定地走来走去，朋友跟从你的想法"。孔子说:"天下人到底在思考什么忧虑什么?天下的万物殊途同归,天下的道理本来就是一致的,人们都有着同样的目标却出自千百种考虑。天下万物又在想什么忧虑什么?日往则月来,月往则日来,日月相互推移而光明自然产生。寒往则暑来,暑往则寒来,寒与暑交替推移就形成一年四季的时序。所谓的'往'并非是一去不返,只是暂时退藏;所谓的'来',也不是永久的存在,只不过是暂时的伸展。退藏与伸展交互感应就能产生有利局面。尺蠖这种小虫将身体弯曲收缩,是为了求得下一步的伸展。龙蛇冬天蛰伏起来,是为了保全生命。深入研究义理达到神妙的境界是为了致用。学习知识来使安顿自己,是为了提升德行。超过这些再往前推求,就不是一般人所能认识的了。穷尽神妙之理而知天地变化法则,乃圣人具备的最崇高德行。"

《易经》困卦"六三"的爻辞说:"困于大石之中,倚靠在蒺藜丛中,以致进退两难。返回家中看不到妻子,凶险的征兆。"孔子说:"在不该被困的地方却陷于困境,名誉定会被辱;在不该倚靠的地方却倚靠,身体定会处于险境。既受侮辱又处险境,死期就要到了,哪里还能见到妻子呢?"

《易经》解卦"上九"的爻辞说:"王公去射站在高墙之上的鹰隼,擒获它就无所不利。"孔子说:"鹰隼是飞禽,弓箭是利器,射猎是人。君子将利器藏在身上,等待时机行动,又怎么不利呢?行动起来毫不迟疑,所以出手就有收获。就是告诉人们要有充分的准备方能采取行动。"

孔子说:"小人不让他蒙羞便不会心生仁爱,没有让他生畏的东西就不会懂得道义,不看到有利可图便不会进取,不受威慑就不知惩戒。"假如受到小的惩戒而避免闯下大祸,这正是小人的福气啊!《易经》噬嗑卦"上九"的爻辞说:"带上脚镣刑具,遮住脚趾,受到惩罚,但以后就不会有灾祸了。"说的就是这个意思。善行不积累,不足以成就名声,罪恶不积累,便不会毁灭自身。小人认为小的善行对自己无益,就不会去做,认为小的恶行不会造成大的伤害就不会摒弃,以至恶行逐渐积累到无法掩盖的地步,罪恶大到了无法消解的程度。故《易经》噬嗑卦上九爻的爻辞说:"肩上扛着枷锁,遮住耳朵,凶。"

孔子说:"危险的,是那自认为所处位置很安全的;灭亡的,是那自认为可以长久保存自身的;动乱的,是那自认为天下大治的。所以,君子在安定时不忘记危险,生存时不忘记灭亡,天下太平时不忘记动乱。如此方能自身安稳无事,国家才能保全。《易经》否卦九五爻的爻辞说:想到要灭亡了,要灭亡了,于是才会系在大桑树上。"

孔子说:"德行浅薄却地位高贵,智慧不足却图谋大事,力气微小却担负重担,很少有人不会招致灾祸的。《易经》鼎卦九四爻的爻辞说:'鼎足折断了,打翻了君王赏赐的美食，自己身上也弄脏了，凶'。这是说才华不足以胜任。"

孔子说："了解事物微妙的玄机，大概就是大智慧了吧！君子对上不献媚讨好，对下交往不轻慢，这也许算作了解事物微妙玄机了吧。所谓玄机，就是事物变化最细微的征兆，是吉凶结果的预先显示。君子如果察觉到事物变化的微妙玄机，就应从容进取而不是被动等待。《易经》豫卦六二爻说：'正直如同坚硬的大石，怎会被动等待呢，定会有其独到的见识。君子通过察觉细微的征兆就可以预知未来显著的结果，懂得何时要柔顺何时要刚强，所以能成为万人敬仰的人了。"

孔子说："年轻人具有颜回这样的修养，大概就差不多了吧。有了过失很快就能自我察觉，察觉之后就再不会再犯了。《易经》复卦初九爻说：走错路不远就能返回来，便不会有悔，最为吉利。"

天地间阴阳气交互流通，万物得以化成孕育。雌雄交合，万物得以生育成长。《易经》损卦六三爻说："三个人一起行动，主张不同，有一个人就必须放弃己见。一人单独行动，反而会得到志同道合的友伴。"这是说阴阳之道在于合而为一。

孔子说："君子先要安顿好自己才可行动，心情平静了才说话，建立了友情才求人。"君子能有此三方面的修养，就能够称为一个完美全面的人。如果不考虑现实危险就采取行动，那么民众就不会支持参与；心情恐惧时说话，那么民众就不会有响应；与民众没有交流情感而对他们有所期求，那么民众就不会支持。没有人支持拥护，那么伤害他的人就会到来了。《易经》益卦上九爻说："没有人来支持增益他，却有人来打击他，所定立的志向无法持久，结果当然是凶。"

◎《系辞下传》第六章

子曰："乾坤，其《易》之门耶？"乾，阳物也；坤，阴物也。阴阳合德，而刚柔有体。以体天地之撰，以通神明之德。其称名也，杂而不越。于稽其类，其衰世之意邪？夫《易》，彰往而察来，而微显阐幽，开而当名辨物，正言断辞，则备矣。其称名也小，其取类也大。其旨远，其辞文，其言曲而中，其事肆而隐。因贰以济民行，以明失得之报。

◎ 译文

孔子说："乾坤两卦，大概是进入《易经》的门户吧？""乾"指阳性的物，"坤"指阴性的物。阴与阳相互配合功能，从而产生阳刚阴柔各自的形体，由此体现出天地间的一切化育，以贯通神明之德。卦象的名称虽然繁杂，却不超越天地之道。考察各卦的具体类型，所说的大概是商末周初衰败时代的现象吧！《易经》的主旨，在于通过认识过往而察觉未来发展趋势，进而探究现象中细微的变化，阐发隐幽的道理。各卦所使用的名称虽然有限，但取材的类别却十分广大。其特点是旨意深远，文辞典雅，其中的言论委婉却中肯恰当，叙事直接却隐藏深意。依据吉凶判断来辅助民众的行动，显示失与得相互依存的关系以及吉凶祸福的各自报应。

◎《系辞下传》第七章

《易》之兴也，其于中古乎？作《易》者，其有忧患乎？是故《履》，德之基也，《谦》，德之柄也，《复》，德之本也，《恒》，德之固也，《损》，德之修也，《益》，德之裕也，《困》，德之辨也，《井》，德之地也，《巽》，德之制也。《履》，和而至。《谦》，尊而光，《复》，小而辨于物，《恒》，杂而不厌，《损》，先难而后易，《益》，长裕而不设，《困》，穷而通，《井》，居其所而迁，《巽》，称而隐。《履》以和行，《谦》以制礼，《复》以自知，《恒》以一德，《损》以远害，《益》以兴利，《困》以寡怨，《井》以辨义，《巽》以行权。

◎ 译文

《易经》兴盛流行起来，也许是在中古时代吧！创作《易经》的圣人，也许是有忧患意识的人吧？所以，《易经》才有这样的象征：履卦尊礼而行，谈德行的基础；谦卦勤劳谦逊，谈德行的抓手；复卦教导返归本性，谈德行的根本；恒卦教导持久坚固，谈德行的稳固；损卦教导克制欲望，谈德行的修养；益卦教导增益之道，谈德行的充裕；困卦教导应对困顿之策，讲德行的辨别；井卦教导要有标准，谈德行施展天下。巽卦教导顺服以进，讲德行的制宜。"履"和谐而有成，"谦"谦逊而光耀，"复"微弱而能明辨，"恒"纷杂而不令人生厌，

"损"开始困难而后渐易,"益"增长充裕而不自恃其力,"困"穷困而求得通达,"井"懂得规范而广施利益,"巽"合乎时势而顺应人心。"履"用来协同人们共同行动,"谦"用来制定礼节,"复"用来自我反省,"恒"用来专一德行,"损"用来远离大祸,"益"用来增长德行,"困"用来历练磨砺,"井"用来明辨道义,"巽"用来因地权宜。

◎《系辞下传》第八章

《易》之为书也！不可远,为道也屡迁,变动不居,周流六虚,上下无常,刚柔相易,不可为典要,唯变所适。其出入以度,外内使知惧。又明于忧患与故。无有师保,如临父母。初率其辞而揆其方,既有典常。苟非其人,道不虚行。

◎译文

《易经》并不一部与今人遥远无关的书,它所阐述的法则常在变化。《周易》之道是变动而不固定的,在六爻爻位上循环周流,或上或下没有常规,阳刚阴柔交互变化,不拘泥于固定的模式,总是适应不同的变化而发挥功能。《易经》教导人们来去知节度,内外知谨惧,明察忧患的缘由。即使没有像老师那样的教导保护,也能获得如同父母就在身边一样的指导。学易者,起初要遵循卦辞言辞,再去推断它的方法,往后就能发现事物变化所内在的可循规律。不过学易经之道也因人而异,并非人人都能领会,如果不是这样的人,易之道也不会凭空施用。

◎《系辞下传》第九章

《易》之为书也,原始要终,以为质也。六爻相杂,唯其时物也。其初难知,其上易知,本末也。初辞拟之,卒成之终。若夫杂物撰德,辩是与非,则非其中爻不备。噫！亦要存亡吉凶,则居可知矣。知者观其象辞,则思过半矣。二与四同功而异位,其善不同；二多誉,四多惧,近也。柔之为道,不利远者；其要无咎。其用柔中也。三与五同功而异位,三多凶,五多功,贵贱之等也。其柔危,其刚胜也。

◎译文

《易经》这本书的目的，是由始知终，明因识果，以了解事物的本质。六爻的变动错综复杂，只有把它们放到一定的时空里才能了解把握。初爻内涵往往难于了解，到了上爻就比较容易知道了，这是如同事情的开始与结束，初爻的文辞是比喻事物的开始，最后到上爻表明事物已发展到终极。置于错综各爻以确定卦的功能，辨别是非以判断存亡吉凶的趋势，不了解中间四爻则不能有所完备。啊，要知晓存亡与吉凶，看爻所处位置就知道了。智慧的人仔细考察象辞，一多半的情况就能了然于胸了。"二"与"四"爻功用相同但位置不同，因而境遇也就各不相同。二爻通常多赞誉，四爻则多戒惧。这是由于"二爻"在下卦的中央，远离"五"的君位，而"四"爻接近君位，容易冒犯得咎，故经常处在戒惧中。柔爻的法则在于不远离刚爻太远，如若避免灾祸，柔爻须居中位。三爻与五爻功用相同而位置有别，通常情况下三爻多凶险，五爻多功绩，这是由于贵贱等级不同。"三爻"在下卦顶端，刚强过度，又处于臣下的地位，所以多凶险，"五"在上卦中央的君位，刚毅中庸，又居君王的地位，所以多功绩。在这两个位置上，柔爻有危险，刚爻则可胜任。

◎《系辞下传》第十章

《易》之为书也，广大悉备。有天道焉，有人道焉，有地道焉。兼三才而两之，故六。六者非它也，三材之道也。道有变动，故曰爻；爻有等，故曰物；物相杂，故曰文；文不当，故吉凶生焉。

◎译文

《易经》这部书，内容广大而无所不包。其中有天之道，有人之道，有地之道。综括天、地、人三才而两两相重，所以每一卦都有六个爻。六爻所代表的不是别的，就是三才的变动法则。三才法则变动，所以叫"爻"，爻有交的意思。爻有上下不同的等级，用来象征等级地位不同的"物"。万物相互杂处呈现于天地之间，叫作"文"。文的交错之象不恰当，就产生了吉与凶。

◎《系辞下传》第十一章

　　《易》之兴也，其当殷之末世，周之盛德耶？当文王与纣之事耶？是故其辞危。危者使平，易者使倾。其道甚大，百物不废。惧以终始，其要无咎，此之谓《易》之道也。

◎译文

《易经》的兴起，大概是在殷商末期、周朝兴盛的时期吧？是正当周文王与殷纣王之间发生事端的时期吧？因此《易经》的言辞中隐含着危机感，危机感使之平安，疏忽陷于失败。其中的道理非常广大，所有的事物无不包含。立身处世自始至终戒惧谨慎，其目的在于求得无过失灾祸，这就是《易经》这部书要讲的道理。

◎《系辞下传》第十二章

　　夫乾，天下之至健也，德行恒易以知险。夫坤，天下之至顺也，德行恒简以知阻。能说诸心，能研诸侯之虑，定天下之吉凶，成天下之亹亹者。是故变化云为，吉事有祥。象事知器，占事知来。天地设位，圣人成能。人谋鬼谋，百姓与能。八卦以象告，爻彖以情言，刚柔杂居，而吉凶可见矣。变动以利言，吉凶以情迁。是故爱恶相攻而吉凶生，远近相取而悔吝生，情伪相感而利害生。凡《易》之情，近而不相得则凶，或害之，悔且吝。将叛者其辞惭，中心疑者其辞枝，吉人之辞寡，躁人之辞多，诬善之人其辞游，失其守者其辞屈。

◎译文

乾卦象征的是天下最刚健的力量，其德行恒久易见却能让人知道艰险所在。坤卦代表天下最为柔顺的力量，其德行恒常简易却能让人明白阻碍所在。《易经》的道理能愉悦人心，可以探求诸侯的思虑，能断定天下事物发展的吉凶，成就天下间勤勉进取之人。所以在天地间的一切变化及人的言行举动中，吉事就会有吉祥之兆。由卦象所模拟的现象，就能知道器物产生之法，由占断的事情就可以知道其发展的未来。天地设定了位置，圣人成就了它们的功能。圣人用智慧谋划，天道于无形中谋划，百姓不知却能参与其中成其大功。八卦用图像象征的方式来告知，爻辞与象传以道理来明言。阳刚阴柔杂居于六位之中，吉凶就显现出来了。变动按照适宜与否来说明，好恶相互冲突就产生了吉与凶，远近比较取舍产生了后悔与烦忧，真实与虚伪相互感应就产生了利与害。《易经》所描述的情况是：两爻相近而不相容，就有凶祸或伤害，造成困难懊悔。想要背叛的人说话会有羞愧的表情，心中疑惑的人说起话来会乱无章程。吉祥涵养的人总是话说得少，浮躁的人话便说得多。诬蔑良善的人说起话来游移不定，有失操守的人说起话来卑躬屈膝。

说卦传

◎《说卦传》第一章

　　昔者，圣人之作易也，幽赞于神明而生蓍。参天两地而倚数，观变于阴阳，而立卦；发挥于刚柔，而生爻；和顺于道德，而理于义；穷理尽性，以至于命。

◎译文
从前古代的圣人之所以制作易经，其意图是为了追究探索幽深不明的天地道理，在一旁通过赞颂神明的功能以尽人之责，从而创制蓍草占筮之法。从天所代表的奇数和地所代表的偶数出发，依之类推确定演算方式，观察阴阳的变化而设立八卦，发挥阳刚阴柔的作用而产生爻，协调顺从天道而合于义理，穷究事物内在规律本性以求把握命运。

◎《说卦传》第二章

　　昔者圣人之作易也，将以顺性命之理，是以立天之道，曰阴与阳；立地之道，曰柔与刚；立人之道，曰仁与义。兼三才而两之，故易六画而成卦。分阴分阳，迭用柔刚，故易六位而成章。

◎译文
圣人创制《易经》，是用以顺应反映先万物本性与命运道理，以此将天的法则定义为阴与阳，将地的法则定义为柔与刚，将人的法则定义为仁与义。综括天地人三才而两两相重，八卦是兼备天、地、人三才之道理，例如每卦的六爻"初""三""五"，都是阳位、刚直的，而"二""四"则都是阴位、柔和的。阳则又代表人之道的义，阴即代表人之道的仁。所以六爻六画所组成的变化，就有六十四卦，其中分为阴位、阳位，并互相变化位置刚柔不同，刚柔互换，也因在这六个位子上的变化，建立了有条理、有法则的系统。

◎《说卦传》第三章

　　天地定位，山泽通气，雷风相薄，水火不相射，八卦相错，数往者顺，知来者逆；是故，易逆数也。

◎译文
天与地上下定位，山与泽气息贯通，雷与风相互激荡，水与火背道而驰，这便是八卦互相交错影响的现象。推算过去要依其顺序往前推去，这叫作"顺"，判断未来则要逆向倒算，所以叫作"逆"。因此，《易经》是逆序而数的。

◎《说卦传》第四章

　　雷以动之，风以散之，雨以润之，日以烜之，艮以止之，兑以说之，乾以君之，坤以藏之。

◎译文
震卦有如在鼓动、震动万物，巽卦象征风的吹动流散万物，坎卦如雨、水一般能滋润万物，离卦象征日的照耀光明万物，艮卦象征山川能阻止万物行进，兑卦似万物能和悦生长，乾卦象征天的阳刚正直，有如君临天下般的主宰一切，坤卦象征地的阴柔顺和，包藏储有万物。

◎《说卦传》第五章

帝出乎震，齐乎巽，相见乎离，致役乎坤，说言乎兑，战乎乾，劳乎坎，成言乎艮，万物出乎震，震东方也。齐乎巽，巽东南也，齐也者，言万物之洁齐也。离也者，明也，万物皆相见，南方之卦也，圣人南面而听天下，向明而治，盖取诸此也。坤也者地也，万物皆致养焉，故曰致役乎坤。兑正秋也，万物之所说也，故曰说；言乎兑。战乎乾，乾西北之卦也，言阴阳相薄也。坎者水也，正北方之卦也，劳卦也，万物之所归也，故曰劳乎坎。艮东北之卦也，万物之所成，终而所成始也，故曰成言乎艮。

◎译文

震位代表东方，天帝乃是由震位开始，到了巽位使万物整齐并列地一起生长着，到了离位象征着光明，万物都可显明地看到彼此，到了兑位使万物愉悦欢喜，到了乾位使万物互相奋战，到了坎位使万物劳苦倦怠，到了艮位使万物有所成就。万物从震位生长出来，震卦位在东方。到了巽位万物整齐生长，巽卦位在东南方。所谓整齐，是完备整齐。离卦是一个南方的卦，离位有君王"南面而王"之意，意思是指坐北朝南以治理天下万民，可如离卦一般的光明。坤卦象征地，坤位如同大地一样是养育万物的场所，使得万物都得到了帮助孕育。兑卦是象征秋天作物繁茂之时，乃万物喜悦的时候。乾卦代表西北方，乾位之时阴与阳交替激荡好比交战。坎卦象征水，代表正北方，如水一般不停流动着，是劳苦的象征，是万物劳累而需要回去休息的时刻了。艮卦代表东北方，象征万物在此结束后又重新开始了活动，因而表示使一切成功完成完结之意。

◎《说卦传》第六章

神也者，妙万物而为言者也。动万物者，莫疾乎雷；桡万物者，莫疾乎风；燥万物者，莫熯乎火；说万物者，莫说乎泽；润万物者，莫润乎水；

终万物始万物者，莫盛乎艮。故水火相逮，雷风不相悖，山泽通气，然后能变化，既成万物也。

◎译文

所谓神的意思，是说很神妙地使万物自然化成。使万物震动、振荡，没有比雷更激烈的了。使万物弯曲、摇动的，没有比风更迅速的了。能使万物干燥的，没有比火更炙热的了。能使万物喜悦、和悦的，没有比泽更有效的了。能让万物滋润的，没有比水更潮湿的了。使万物由终结到重新开始，没有比山更宏大的了。所以水火其实是相互作用的，雷与风也不是相互背离的，山与泽的气息是相通的，然后才使万物化成孕育。

◎《说卦传》第七章

乾，健也；坤，顺也；震，动也；巽，入也；坎，陷也；离，丽也；艮，止也；兑，说也。

◎译文

乾为刚健，坤为柔顺，震为震动，巽为进入，坎为下陷，离为附丽，艮为阻止，兑为喜悦。

◎《说卦传》第八章

乾为马，坤为牛，震为龙，巽为鸡，坎为豕，离为雉，艮为狗。兑为羊。

◎译文

乾卦如马，坤卦如牛，震卦如龙，巽卦如鸡，坎卦如猪，离卦如山鸡，艮卦如狗，兑卦如羊。

◎《说卦传》第九章

乾为首,坤为腹,震为足,巽为股,坎为耳,离为目,艮为手,兑为口。

◎译文

乾卦代表头部,坤卦象征腹部,震卦代表脚,巽卦象征大腿,坎卦代表耳朵,离卦有如眼睛,艮卦代表手,兑卦代表口舌。

◎《说卦传》第十章

乾天也,故称乎父;坤地也,故称乎母;震一索而得男,故谓之长男。巽一索而得女,故谓之长女。坎再索而得男,故谓之中男。离再索而得女,故谓之中女。艮三索而得男,故谓之少男。兑三索而得女,故谓之少女。

◎译文

乾卦代表天,故以乾象征父;坤卦代表地,故象征母;震卦是坤母向乾父索得第一个阳爻所生出的男孩,叫作长男,所以震卦代表长男。巽卦是父亲乾卦向母亲坤卦索取第一个阴爻所生出的女孩,叫作长女,所以巽卦代表长女。坎卦是坤母向乾父索得第二个阳爻所生出的男孩,叫作中男,所以坎卦代表中男。离卦是父亲乾卦向母亲坤卦索取第二个阴爻所生出的女孩,叫作中女,所以离卦代表中女。艮卦是坤母向乾父索得第三个阳爻所生出的男孩,叫作少男,所以艮卦代表少男。兑卦是父亲乾卦向母亲坤卦索取第三个阴爻所生出的女孩,叫作少女,所以艮卦代表少女。

◎《说卦传》第十一章

乾为天、为圜、为君、为父、为玉、为金、为寒、为冰、为大赤、为良马、为老马、为瘠马、为驳马、为木果。

坤为地、为母、为布、为釜、为吝啬、为均、为子母牛、为大舆、为文、为众、为柄、其于地也为黑。

◎译文

乾卦的象包括：本身象征天，天是圆的，乾也代表圆形。天主宰万物如君王一般治理百姓，在家庭中则代表一家之主的父亲。天的本性刚健，故可象征坚硬的金属物质与玉石之物。乾卦方位在西北，象征西北方寒冷以及结冰现象。乾卦三爻纯阳旺盛，代表大红。刚健有如马一般，但终究有终，纯阳变老阳如马成为老马、瘠马、驳马，又如天上的众星与地上繁多的果木，所以象征繁富。

坤卦的象包括：本身象征大地，在人类家庭中，母亲是生养子女，故也象征母亲。坤卦的性质柔和温柔，所以象征布，如锅是可以容纳东西的。阴爻代表吝啬阴柔，却又如大地一般又对万物平均对待，无丝毫偏袒，故为均。温和如牛。大地载育万物如大车，为万物提供容纳之所，由此呈现多彩多姿，故象征文采。地生万物之众，如广大百姓群众。坤如大地化育万物，反过来看也决定、操纵着万物生存，所以也象征着"柄"。因坤卦是地，以黑色为代表。

◎《说卦传》第十二章

震为雷、为龙、为玄黄、为敷、为大涂、为长子、为决躁、为苍莨竹、为萑苇。其于马也，为善鸣、为馵足、为作足、为的颡。其于稼也，为反生，其究为健，为蕃鲜。

巽为木、为风、为长女、为绳直、为工、为白、为长、为高、为进退、为不果、为臭。其于人也，为寡发、为广颡、为多白眼、为近利市三倍。其究为躁卦。

坎为水、为沟渎、为隐伏、为矫輮、为弓轮。其于人也，为加忧、为心病、为耳痛、为血卦、为赤。其于马也，为美脊、为亟心、为下首、为薄蹄、为曳。其于舆也，为多眚、为通、为月、为盗。其于木也，为坚多心。

离为火、为日、为电、为中女、为甲胄、为戈兵。其于人也，为大腹、为乾升、为鳖、为蟹、为蠃、为蚌、为龟。其于木也，为科上槁。

艮为山、为径路、为小石、为门阙、为果蓏、为阍寺、为指、为狗、为鼠、为黔喙之属。其于木也，为坚多节。

兑为泽、为少女、为巫、为口舌、为毁折、为附决。其于地也，为刚卤、为妾、为羊。

◎**译文**

震卦的象包括：振动万物象征雷，又如飞龙一般腾跃，也代表阴阳之开始交替、变化，天为红，地为黄，二者混杂如玄黄色，便象征震卦。敷有布施之意，震为阳爻初生，如春天一般使万物普遍得到布施而生长，"涂"通"途"，象征着成长之路途。如父母初得一男孩，故也象征家庭中的长子。震卦本质的动性象征行动决断、快速。所谓"苍筤竹"与"萑苇"，均代表草木在春天生长的茂盛，也代表好动、好鸣的马，"弁足"是指左脚白色的马，其活跃也可代表脚步快速的马。"的颡"指额头白色的马。"反生"是指先向下扎根再往上生长的植物。探其根源，震卦是万物之初生，萌芽时期其性质是刚健不息，能使万物发展而蓬勃，故为鲜活茂盛。

巽卦的象包括：巽卦具有卑顺的性质，如木之柔顺可以制成各种形状与器具，引申为工匠与度量。巽卦是入，本身代表风，风是无颜色的。乾卦向坤卦索得一阴，在家庭中来说有如初得一女孩的长女。风是无孔不入的，因而可进可退、可长可高，对人可比喻成不果断，不定向。不好的气味也由风传送，故说它也象征有味的。对人来说，巽卦代表风，风的吹拂可以显示人的头发稀少，风的无色如白色，如人的眼白。由乾卦初变为巽卦，乾卦有金玉之象征，而巽卦有"入"的象征，故可喻为赚得三倍的利益。巽卦象征急躁且又不果断，如风的本性急速而又不定向。

坎卦的象包括：坎卦代表水，水是在河道、沟渠中流动的，故亦象征沟渠。水的流动往往隐伏在地下，具有隐伏的特性。水性柔顺，可以任意改变形状方向，具有娇柔之性，如同弓与轮的弯曲顺应。以人来比喻的话，坎卦的险难、隐伏、阴柔，有令人担忧的内涵，引申为使人产生心病。坎卦代表耳朵部位，又象征耳病。因血和水同为液体流动状，所以坎卦象征血与相应的红色。坎卦的阳爻在卦的中间，象征马的背脊，引申为一匹心中烦闷，不安的马的形象，因而有垂头磨蹄的愁容，故说象征"亟心""下首""薄蹄"。坎卦代表劳累与苦厄，以车子来说表现为险陷、困厄与障碍。以水为喻则体现流通无阻，古人认为月与水具有共通性，坎卦如水般柔顺的本性也象征月。以人来说，盗贼通常隐伏、阴暗的活动犹如坎卦。以植物来说，坎卦卦象一阳在中，象征树木中间的实心。

离卦的象包括：离卦本身代表火，卦象如太阳般光明照耀，代表明亮、流通，而本身中虚不能持久，故也象征电。在家庭中，如乾卦向坤卦索二阴爻所生的第二个女孩，故称为次女。离卦刚爻在外，形如甲胄般保护内部，其坚硬正直可象征刀枪。以人为喻，离卦中空内虚如人的腹部。离卦是火、是日，故有干燥之意。鳖、蟹、蠃、蚌、龟的甲壳类动物，它们都是外有硬壳而内中柔弱。以树木为喻，来说的话，离卦所象征的木与坎卦相反，外部坚实却中间腐朽，有如一中空的枝干。

艮卦的象包括：艮卦本身代表山川，山上有小路可以行通，小路多小石，是有所阻滞不易行走的，故艮卦象征山、小路与小石子。山之高用于生活居所，大概莫如城门或宫殿等建筑的门楼、门阙。植物中，生长在地上的果实叫蓏，生长在树上的果实叫果，艮卦卦象乃阳爻终结在上，象征附着在地上、树上的果实。"阍"指看守门户的人，"寺"则指后宫内的宦官、侍者，他们同样都是难以外出并负责把守之人，与艮卦内含阻止之意想通，对人则可以手形代表阻止。对动物来说，狗有阻止生人进入的功能。黔喙是黑色的口，也代表猛兽，或有锐利牙齿的动物，故而艮卦象征老鼠。以植物来说，艮卦卦象外为刚爻，代表树木外在坚硬且多枝节。

兑卦的象包括：兑卦卦性有如水积在地上所成的泽水。兑卦是乾卦向坤卦索得第三个阴爻后所生的第三个女孩，故称为少女。古代巫师是口舌主持祭祀，兑卦象征巫师与口舌。兑卦阴爻在外，口舌之能如挑拨辩论。时序上，兑卦也代表秋季，正是草木毁折凋敝之时，故象征植物损折凋落，此时草木枝头上的果实、叶子成熟凋落，依附在大地上，故也象征"附决"。对于秋天的大地来说，水泽干枯变成硬而含盐的土地，故象征"刚卤"。以人为喻，兑卦的柔顺少女常常能够喜悦、取悦于人的，与妾的感觉相配，故兑卦象征妾。以动物来说，兑卦的柔顺温和则象征羊。